中国建筑文化品牌丛书

集

红基因 蓝色力量 绿色发展

新时代中国建筑文化品牌丛书编委会 编著

collectedworks of
RED GENE BLUE POWER
GREEN DEVELOPMENT

经济管理出版社
ECONOMY & MANAGEMENT PUBLISHING HOUSE

图书在版编目（CIP）数据

"红色基因 蓝色力量 绿色发展"文集/新时代中国建筑文化品牌丛书编委会编著. —北京：经济管理出版社，2018.12

ISBN 978-7-5096-6073-7

Ⅰ. ①红…　Ⅱ. ①新…　Ⅲ. ①建筑企业集团—中国—文集　Ⅳ. ①F426.9-53

中国版本图书馆 CIP 数据核字（2018）第 240653 号

组稿编辑：杨国强
责任编辑：杨国强　张端军
责任印制：黄章平
责任校对：陈　颖

出版发行：经济管理出版社
　　　　　（北京市海淀区北蜂窝 8 号中雅大厦 A 座 11 层　100038）
网　　址：www. E-mp. com. cn
电　　话：（010）51915602
印　　刷：三河市延风印装有限公司
经　　销：新华书店
开　　本：720mm×1000mm/16
印　　张：21.5
字　　数：320 千字
版　　次：2019 年 1 月第 1 版　　2019 年 1 月第 1 次印刷
书　　号：ISBN 978-7-5096-6073-7
定　　价：88.00 元

序　言

　　党的十九大报告要求"培育具有全球竞争力的世界一流企业"。中国建筑从组建伊始至今成为全球最大投资建设集团，走过了一条创业、立业、兴业的发展之路，实现了"每十年多环比增长 10 倍"的快速发展目标。党的十八大以来，随着中国经济进入"新常态"，中国建筑发展势头不减，营业收入突破万亿元，世界 500 强排名升至第 23 位。中国建筑的历史积淀、辉煌业绩和发展奇迹，成为了公众关注和探究的课题。

　　2017 年，中国建筑推出了"红色基因　蓝色力量　绿色发展"文化品牌，这既是中国建筑贯彻落实国家战略，成为党和国家可信赖的依靠力量，在市场竞争中锤炼成全球最大投资建设集团背后的精神禀赋，更是为"培育具有全球竞争力的世界一流企业"给出的"中建方案"，对于中国建筑乃至中国投资建设领域未来的发展有着重要的借鉴意义。沿着这条文化品牌的脉络，回顾历史，总结成绩，展望未来，不仅能够提升中国建筑文化品牌软实力，梳理中国建筑发展历程中宝贵的历史资料，总结和展示中国建筑辉煌的发展成就，激励和强化中国建筑员工文化向心力，更为国有企业转型升级，实现高质量发展提供重要的实践案例。

　　为打造好"红色基因　蓝色力量　绿色发展"文化品牌，中国建筑推出"红色基因　蓝色力量　绿色发展"专题丛书，带领人们去领略中国建筑的文化品牌魅力：传承"红色基因"，坚持党的领导、加强党的建设，作为"共和国长子"，为企业发展赋予党的优良传统和鲜明的时代特征；凝聚"蓝色力量"，把政治优势转化为企业的发展优势，把"红色基因"转化为企业的"蓝色力量"，始终坚持市场化的改革方向，形成规模、品牌、效益等方面无可比拟的竞争优势；推动"绿色发展"，贯彻落实创新、协调、绿色、开放、共享五大发展理念，不断探索绿色建造、智慧建造、建筑工业化等新兴科技和生产方式，投身国家新型城镇化、区域经济发展、基础设施建设、雄安新区建设、供给侧结构性改革、"一带一路"等重大战略实践，在服务国家战略中实现企业高质量发展，走出一条听党指挥、勇当先锋、引领行业、走向世界的特色发展之路。

作为"红色基因　蓝色力量　绿色发展"专题丛书的首部曲，《红色基因　蓝色力量　绿色发展文集》会聚了中国建筑系统内各层级、各业务线人员撰写的 63 篇高水平文章。系统总结、论述了中国建筑深入学习宣传贯彻习近平新时代中国特色社会主义思想和党的十九大精神，传承历史、砥砺奋进而取得的辉煌成就及宝贵经验，以及迈向新时代，打造"具有全球竞争力的世界一流企业"的新气象和新作为。相关内容，希望能为广大读者提供有益参考。

新时代中国建筑文化品牌丛书编委会

2018 年 9 月 28 日

目　录

贰

叁

红色基因 铸牢企业的
"根"和"魂"

中建集团党组

红色基因是共产党人永葆本色的生命密码，根植于共产党人的血脉之中，体现了共产党人的身份自信和使命担当。新时代传承和弘扬红色基因，就是要求共产党人不忘初心、牢记使命，巩固坚定理想信念宗旨根基，永葆党的性质、宗旨和本色。党的十八大以来，特别是全国国企党建会以来，中建集团党组以习近平新时代中国特色社会主义思想为指引，旗帜鲜明坚持党的领导，理直气壮加强党的建设，筑牢企业"根""魂"优势，着力破解"四化"难题，为打造具有全球竞争力的世界一流企业提供了坚强保障。

一、旗帜鲜明讲政治 牢牢把握正确政治方向

集团党组始终把两个"坚决维护"作为最大政治、最根本的政治纪律政治规矩，牢固树立"四个意识"、坚定"四个自信"，做党和国家最可信赖的依靠力量。

习近平总书记在全国国企党建会上指出："党对国有企业的领导是政治领导、思想领导、组织领导的有机统一。国有企业党组织发挥领导核心和政治核心作用，归结到一点，就是把方向、管大局、保落实。"

集团党组把党的十九大精神学习贯彻作为首要政治任务，扎实开展大学习、大宣贯、大培训、大讨论、大调研"五大"活动，着力打造中建特色的"四个走进"。党组成员以高度的政治担当，带头学习宣讲，推动党的十九大

精神进机关、进基层、进项目、进班组；集中开展 58 期、覆盖 4692 名县处级领导干部专题轮训，教育党员干部不忘初心，提升在党为党的政治能力；打造融媒体学习宣传平台，推进"红色基因、蓝色力量、绿色发展""新时代新担当新作为"主题实践和宣传活动，强信心、聚民心、稳人心、筑同心，广大干部职工领悟了精髓要义，增强了政治认同，汇集起高昂的奋斗正能量。

作为党执政兴国的重要支柱和依靠力量，国有企业地位重要，作用关键，不可替代。

集团党组把准"六个力量"全新定位，将习近平新时代中国特色社会主义思想转化为推动企业走在高质量发展前列的生动实践，制定"1211"中期目标和 2050 年远景目标，落实新发展理念，推进供给侧改革，全面融入"三大攻坚战"，全力践行"三大战略"，加快转型升级、提质增效，集团行业排头地位愈加巩固、骨干央企作用愈加突出、建筑铁军形象愈加彰显，在贯彻执行党中央重大决策部署、确保国有资产保值增值、推动区域经济协调发展等工作中发挥了骨干中坚和表率引领作用，展现了大国重器的脊梁担当。

强大的精神力量，源于导向和引领。

集团党组始终坚守思想建党原则，推动习近平新时代中国特色社会主义思想入脑入心。充分发挥各级理论学习中心组示范带头作用，推动学习向有效性、针对性延伸，实现务虚与务实有效结合，不断提高领导干部马克思主义理论水平；党员干部深入基层宣讲习近平新时代中国特色社会主义思想和核心价值观，增强了形势任务教育的持续性、广泛性和覆盖面；整合内外部媒体资源，聚合新媒体传播平台，广泛宣传党的创新理论，推广学习新做法、新经验，营造了良好氛围、创造了强大声势，党员干部进一步坚定了理想信念，矢志不移为建设世界一流企业、服务党和国家大局作出更大贡献。

国有企业要发展，既要用党的思想筑魂，也要让党的领导扎根。

集团党组聚焦中国特色现代国有企业制度这篇大文章，推动两个"一以贯之"落地生根，推进上市和非上市、境内和境外子企业党建工作要求进章程，且应进必进；梳理 151 项决策清单，划分决策权限，规范决策流程，全面落实党组织研究决策前置要求；持续完善"双向进入，交叉任职"领导体制，全面推进"一肩挑"；真正把党的领导融入公司治理各环节，把企业党组织内嵌到公司治理结构，形成了有效制衡的法人治理结构，建立了灵活高效的市场化运营机制，牢牢把准了企业改革发展正确方向。

二、持之以恒打基础　从严从实夯实三基建设

国有企业党建工作是系统工程，统一领导、统一谋划、统一部署、统一实施是关键。

习近平总书记在全国国企党建会上强调："各级党委要抓好国有企业党的建设，把国有企业党的建设纳入整体工作部署和党的建设总体规划。"

中建集团党组落实新时代党的建设总要求，按照习近平总书记在国企党建会上提出的"三个有利于"标准，做好顶层引领，重构党建布局，系统构建了"112"党建工作框架体系、资源保障体系、强基固本体系、党建工作责任制体系"四大体系"，从源头搭建起了党要管党、从严治党的"四梁八柱"，明确为推进新时代集团党的建设各项工作的基本纲要。

抓基层打基础，是长远之计，更是固本之举。

集团党组把基层组织建设作为全部工作和战斗力的基础，狠抓"四同步四对接"要求，确保业务拓展到哪里，党的组织就跟进到哪里，党员职工走到哪里，党的工作就开展到哪里；高度关注支部带头人队伍建设，实行支部带头人准入机制，组织开展集中式、穿透式党支部书记培训，锻造了一支高素质专业化新时代党务干部队伍；坚持从硬建设支部，从严管理党员，抓好基层党建四项重点任务落实，推进党支部"两化"建设，严肃党内政治生活，落实党员发展"三个倾斜"，基层党组织更加坚强有力，党员教育管理更加规范严格；扎实推进"两学一做"学习教育常态化制度化，围绕重点工程建设和急难险重任务，全面推进"三亮三比三评"岗位建功行动，健全民主管理制度，发挥党员先锋作用、干部表率作用、支部战斗堡垒作用，激发职工群众奋斗争先精神，在国内外浇铸了一个个坚如磐石、充满活力、战斗力强的建功堡垒，把无形的党建工作转化成有形的企业发展优势。

问题是时代的声音，也是破题的"钥匙"。

集团党组深入推进农民工党建，印发实施意见，全面打造信息管理、组织建设、学习教育、建功立业、服务保障"五大平台"，有效破解了农民工党

员身份识别难、发挥作用难、教育管理难等瓶颈；因地制宜开展境外党建，构建境外党建制度体系、责任体系、考核体系、组织体系，搭建多元学习教育平台，推进属地文化建设，实现了境外党建与国内党建的同标准、同步调、同作用，打造了独具中建特色的农民工党建、境外党建新路径；创新推进"互联网+党建"，构建了以"党建云"、先锋网为核心的"云管理"体系，实现组织建设信息化、党员教育网络化、党员管理智能化、过程监督同步化，真正把互联网这个最大变量转化为了党建提档升级、推动改革发展的最大增量。

从严治党，重在科学确责、督促履责、精准考责、严肃问责。

集团党组把好方向盘，立起指挥棒，从严推进党的建设考核工作，出台管理办法和考评办法，形成可量化、可考核、可追责的党建工作任务清单和责任清单，有效解决了制度分散、多头考核局面，推动党建工作由"软任务"变为"硬杠杠"；层层签订从严治党主体责任书，严格推行年度党建工作报告制度、党组织书记抓基层党建述职评议，夯实"一岗双责"，构建了压实责任、过程管控、量化考核、反馈整改的党建工作闭环，用刚性考评问责机制，倒逼各级党组织、党员干部扛牢抓实政治责任，推动管党治党从宽松软走向严紧硬。

三、严格标准重导向　着力打造高素质专业化干部队伍

习近平总书记在全国国企党建会上强调："国有企业领导人员是党在经济领域的执政骨干，是治国理政复合型人才的重要来源，必须做到对党忠诚、勇于创新、治企有方、兴企有为、清正廉洁。"

上有所呼，下有所应。

集团党组建立适应现代企业制度要求和市场竞争需要的选人用人机制，突出抓好领导干部这个"关键少数"，坚决贯彻党管干部原则、好干部标准和国企领导人员"二十字标准"，突出政治把关，注重市场认可和关键岗位、复合型经历，切实把在实践中成长起来的良将贤才选拔到领导岗位上来，打造了一支政治合格、作风过硬、任事担当、清正廉洁的企业家干部队伍。

干部选拔任用，严防"带病提名""带病提拔"是根本。

集团党组发挥在干部选拔任用中的领导和把关作用，担负选人用人主体责任，强化选拔任用过程监管，明确干部选用各环节标准要求，推行干部选用全过程纪实，落实"凡提四必"要求，强化纪检组对干部选用工作的全程监督，仅 2018 年上半年就参与干部人事任免事项讨论 75 人次，确保了干部选拔任用工作的严谨严格，打造了一支忠诚干净担当的干部人才队伍。中组部考核评价集团选人用人满意度持续提升。

为激发人才队伍新活力，集团党组完善坚持党管干部原则与市场化选聘、建立职业经理人制度相结合的有效途径，全面推进职业经理人制度改革，建立容错纠错机制，以机制变革实现领导人员"能上能下、能进能出、能增能减"常态化；加大青年人才、后备人才培养力度，建立常态化"人才盘点"机制，按照企业家标准，挖掘培育值得托付中建未来事业的企业领导者梯队；不断优化人才结构，通过转型一批、引进一批、培养一批，投资、产融结合、海外、基础设施等重点经营领域人才数量与质量明显提升，为企业改革发展提供了强大的人才支撑。

四、标本兼治求实效　把全面从严治党引向深入

习近平总书记强调："党面临的风险挑战的长期性、复杂性、严峻性，决定了全面从严治党必须一以贯之、坚定不移。"

集团党组以深化中央专项巡视整改为抓手，坚持"不敢腐""不能腐""不想腐"一体推进，集团全面从严治党、党风廉政建设和反腐败工作质量不断提高。

坚持高压惩治，强化"不敢腐"的震慑。坚持无禁区、全覆盖、零容忍，坚持重遏制、强高压、长震慑，坚持受贿行贿一起查，保持反腐败高压态势。加强对党员领导干部的日常教育管理监督，深化运用监督执纪"四种形态"，对苗头性、倾向性问题抓早抓小、红脸出汗；始终把落实中央专项巡视整改要求的政治责任扛在肩上，督促各级党组织梳理修订管理制度 7000 多项；印发《中建集团巡视工作规划（2018~2022 年)》，突出政治巡视定位，推进巡视巡察全覆盖；加强监督检查，对整改不力、拒不整改的严肃问责，做好巡视

"后半篇文章"。

坚持聚焦重点，扎牢"不能腐"的笼子。强化廉洁风险防控，梳理形成"七项权力"负面清单，健全权利运行的制约和监督机制；发布《中建集团市场营销"十条禁令"》，重申纪律底线；完善纪检监察信息系统，把预警机制内嵌到关键业务环节，增强纪检系统对关键业务流程的监控；坚持抓长抓常，深入落实中央八项规定，加大违反八项规定精神案件查办，持续强化作风建设；落实"一把手"负总责的要求，坚决纠正形式主义和官僚主义。

坚持教育先行，增强"不想腐"的自觉。全面加强党章党规党纪教育，增强党员干部纪律规矩意识；强化正面引导，在 4735 个项目开展"超英廉洁文化示范点"创建活动，推进职工群众廉洁文化教育常态化；充分利用反面典型案例，强化警示教育，用身边事教育身边人，做到警钟长鸣。

一流企业需要一流党建，一流党建引领一流企业。立足新的时代方位，国有企业党的领导、党的建设只能加强、不能削弱。党的十九大的胜利召开，指明了党和国家事业的前进方向，绘就了新时代伟大梦想的宏伟蓝图。站在新的历史起点，集团党组将毫不动摇坚持党的领导，毫不动摇加强党的建设，传承中国建筑红色基因，凝聚中国建筑蓝色力量，推动中国建筑绿色发展，全面推进党的建设新的伟大工程，真正把国有企业政治优势转化为做强做优做大企业的竞争优势，为实现"两个一百年"奋斗目标和中华民族伟大复兴的中国梦贡献力量。

壹

以十九大精神为引领
助推海外事业发展进入新时代

海外部（原海外事业部）　陈文健

党的十九大是在全面建成小康社会决胜阶段、中国特色社会主义进入新时代的关键时期召开的一次十分重要的大会，是一次不忘初心、牢记使命、高举旗帜、团结奋进的大会。她揭示了党和国家建设的基本规律，确立了习近平总书记在党中央、全党的核心地位，形成了习近平新时代中国特色社会主义思想，开启了新时代中国特色社会主义建设的新征程。

海外事业部认真学习宣传贯彻党的十九大精神，积极响应中央和集团公司党组号召，在集团公司党组的直接领导和部署下，以高度的政治自觉、思想自觉和行动自觉，把全体干部职工的思想和行动统一到党的十九大精神上来，统一到党中央的重大决策和战略部署上来，统一到落实中国建筑"十三五"发展规划和推进企业改革发展上来，积极传承红色基因、大力凝聚蓝色力量、持续推进绿色发展，用党的十九大精神武装头脑、指导实践，助推中国建筑海外事业进入新时代。

一、传承红色基因，认真学习宣传贯彻党的十九大精神，将党建政治优势转化为发展优势

党的十九大报告指出，中国特色社会主义进入新时代，党要团结带领人民进行伟大斗争、推进伟大事业、实现伟大梦想，必须毫不动摇坚持和完善党的领导，毫不动摇把党建设得更加坚强有力。

党的建设是国有企业的"根"与"魂"，当前国有企业海外党建工作已成为企业党建工作的重要一环，随着海外业务规模不断扩大，中国建筑境外党组织和党员数量明显增多。目前海外事业部党工委所属各级党组织共有37个，分布于20多个国家和地区，全部党员477人，驻外机构党员376人。党的十九大召开后，海外事业部组织分布在数个国家的近300名海外员工与国内同步第一时间聆听习总书记的十九大报告，给党员领导干部和各基层党组织发放十九大报告辅导读本，组织党员干部专题研究学习讨论，推动十九大精神在海外机构落地生根，将十九大精神转化为推动企业发展的切实行动。

由于社会制度、人文环境、生活条件等因素的差异，海外党建工作具有其特殊性，海外事业要有新气象、新作为和新发展，必须用十九大精神武装头脑，以时不我待的紧迫感和舍我其谁的责任感，坚定不移地加强党的建设。海外事业部要求学深、弄透、悟懂、做实十九大精神，从强化党建工作顶层设计入手，持续加强政治建设、思想建设、组织建设、作风建设和廉政建设，严格落实党建工作"一岗双责"，持续加强"五位一体"的党组织自身建设，牢牢树立"四个意识"，保持党的先进性和纯洁性，增强党组织的战斗力和凝聚力，把党建工作传统优势发扬到海外，筑牢众志成城的基层根基，营造风清气正的政治生态，推动中国建筑红色基因在海外工作中不断得到传承，为海外市场拓展和项目顺利实施提供坚强保障。

二、凝聚蓝色力量，贯彻落实党的十九大对外工作新使命，将自身打造成"一带一路"建设的途径和载体

党的十九大报告指出，中国坚持对外开放的基本国策，坚持打开国门搞建设，积极促进"一带一路"国际合作，打造国际合作新平台，扩大同各国的利益交汇点，构建人类命运共同体。

近年来，海外事业部认真贯彻股份公司海外工作部署，紧密结合"十四次海外工作会"和"海外业务推进会"有关工作要求，全力践行国家"一带一路"倡议，努力把自身作为国家落实"一带一路"的载体和平台，将国家倡议的实施期转化为企业开展国际化经营的收获期，有关工作取得一定进展。据统计，"一带一路"倡议提出至2017年底，中国建筑境外累计签约918亿

美元，完成营业收入 495 亿美元，年均增幅分别达 21% 和 19%，占公司组建 35 年来海外业务整体指标的 55% 和 49%。

当前和今后一个时期，国际政治经济形势将继续处于深刻复杂变化之中，前景十分光明，挑战十分严峻。党的十九大科学分析了国内国际形势及其发展趋势，准确把握我国历史方位和国际地位，对中国建筑海外工作的开展具有极强的指导意义，特别是报告中 5 次提及"一带一路"，把推进"一带一路"建设写入党章，强调要以"一带一路"建设为重点，坚持"引进来"和"走出去"并重，遵循共商共建共享原则，加强创新能力开放合作，形成陆海内外联动、东西双向互济的开放格局，体现了党和国家对继续推进"一带一路"建设的高度重视，给中国建筑更好地开展海外工作指明了方向，为公司海外业务的发展带来了前所未有的机遇。海外事业部将以十九大精神为引领，坚定不移地践行"一带一路"倡议，贯彻落实"海外优先"思想，鼓励支持"坚守"和"创新"，积极探索市场发展规律和符合当地市场的业务经营模式，全力跟踪推进"一带一路"建设项目，肩负责任担当、履行政治使命，凝聚蓝色力量，在新的历史时期推动中国建筑海外业务发展实现新的突破。

海外业务推进会

三、实现绿色发展，加快推进海外业务转型升级，为实现具有全球竞争力的世界一流企业的目标做出贡献

党的十九大报告指出，要深化国有企业改革，培育具有全球竞争力的世界一流企业。鼓励国有企业在一些优势行业和领域向价值链高端迈进，带动中国装备制造、技术、标准和服务走向世界，努力在国际市场竞争中占据有利位置。

近年来，海外事业部始终坚持与时俱进的发展态度，不断加大改革与转型力度，强化商业模式创新，努力促进业务升级，从分包、总包再到融资承包和投资运营类项目，从房建领域到基础设施领域，中国建筑海外业务在实践中不断发展创新，取得一个又一个突破。当前，海外工程承包的竞争焦点正在发生重大改变，海外比拼的"主战场"已经从单一的项目承建水平升级为综合的"投设建运"全产业链能力，尤其是对企业资本组装、产业导入、运营管理等能力提出系统性要求，这既对公司传统市场形成冲击，又为公司带来弯道超车的难得机遇。

培育具有全球竞争力的世界一流企业，就是要形成一批在国际资源配置中能够逐步占据主导地位的领军企业，形成一批在全球产业发展中有话语权和影响力的企业。中国建筑在高层建筑、工业厂房、深基坑、大跨度等"高精尖"领域具有绝对领先优势，公司将以高端房建作为主攻方向，积极跟踪推进海外体量大、难度高、影响广的房建项目，努力将国内超高层建设优势输出海外。海外基础设施是公司转型升级的重要支撑与国家境外投资的热点领域，公司将把海外公路、隧道、桥梁三个领域作为主攻方向并把海外铁路、港口、电厂三个领域作为培育重点，积极培育基础设施差异化发展优势。此外，公司将积极稳妥开展境外投资业务，统筹协作推进海外并购，在法律体系健全完善的成熟市场，研究采取通过 F+EPC、BOT、PPP 等模式参与基础设施项目，持续扩宽发展路径。海外事业部将在党的十九大精神引领下，在公司整体工作部署下，更加充分地利用信用评级全球最高、产业要素相对齐全、海外经验厚实丰富的比较优势，全力推动绿色发展、积极参与更高水平的海外竞争，着力实现海外发展的模式转型和升级，不断增强中国建筑在全球产业发展和高端价值链条中的影响力和话语权。

刚果（布）1号公路项目

党的十九大开启了中国特色社会主义建设新时代，在新的历史背景下，我们将在党的十九大精神指引下，在集团公司坚强领导下，坚持政治统领，加强战略谋划，强化使命担当，紧紧围绕国家"一带一路"建设的发展机遇，传承中国建筑"红色基因"，凝聚中国建筑"蓝色力量"，全力推进"绿色发展"，做大做强海外事业，以新气象、新担当、新作为、新业绩，奋力开创中国建筑海外事业发展新局面，助力中国建筑海外事业发展进入新时代，为中国建筑成为具有全球竞争力的世界一流企业做出新的贡献。

海外项目人员团结奋进

传承红色基因　推进转型升级

基础设施事业部（中建基础）　吴爱国

国有企业坚持党的领导、加强党的建设，既是国有企业的光荣传统，也是国有企业的"根"和"魂"。近年来，基础设施事业部认真落实中央精神，积极践行"创新、协调、绿色、开放、共享"的五大发展理念，抓住国有企业"把方向、管大局、保落实"这个党建工作的重心，推进党建工作与转型发展的深度融合，推动中国建筑进一步走向国家重大基础设施投资建设的舞台中央，为打造中国建筑成为世界一流的投资建设集团奠定了坚实的基础。

一、传承红色基因，弘扬创业精神

重庆鼎山长江大桥项目

在中建集团党组的坚强领导下，基础设施事业部传承集团红色基因，坚持以"奋斗者为本"的创业文化，在转型升级战略思想的指导下，快速融入国计民生和经济社会发展的再平衡之中，引领中建集团成员企业向基础设施聚集。

十多年来，基础设施事业部从白手起家，从零订单起步，艰苦创业，决心从抢占铁路高端业务入手，通过高端营销推进一大批铁路项目落地，逐步进入基础设施的高端市场，并不断向纵深拓展，继而进入了轨道交通、市政路桥、水工核电等国计民生领域。在中建集团坚定支持下，基础设施事业部先后3次向原铁道部请求参与国家铁路项目的投资建设，抓住原铁道部同意向路外特级企业开放铁路建设市场的机遇，于2006年8月中标了我国第二条能源大通道——太中银铁路二标段项目工程。该标段合同额33亿元，全长近200千米。这是中国建筑在当时有史以来中标的最大工程。33亿元的合同额在当年相当于中建一个三级号码公司全年的合同额。截至2017年，基础设施事业部中标单体合同额超过100亿元的特大型基础设施项目13个，其中最大的投资项目是总合同额近400亿元和500亿元的河北省两条综合打包高速公路工程。其他代表性的国家重大工程还有哈大高铁、沪杭高铁、京广高铁、武九城际、宝兰高铁、郑徐高铁、额哈铁路、蒙西铁路、汉十城际、济青高铁等50多个、全长1800多千米的铁路项目，以及亚洲最大的高铁车站——南京南站，我国最大的高铁站房交通枢纽——天津滨海站交通枢纽和高铁武汉站、太原南站、青岛站等高铁站房工程。

集团通过铁路高端业务的辐射，在地铁、公路、桥梁、水工、核电、机场、市政、综合管廊、海绵城市等基础设施重点业务领域，在深圳、南宁、徐州、重庆、青岛、天津、郑州等地承建了8条地铁全线工程，以及京新高速公路临白段、武汉四环线全线、贵州正习高速公路、云南华丽高速公路等一批服务国家"一带一路"三大战略的标志性工程。承建的重大基础设施项目无论是规模还是施工技术，创造了多项"中建第一""中国第一"甚至是"世界第一"的美誉。自2006年以来，基础设施事业部累计中标合同额6500多亿元，承建重大基础设施项目153个。相当于为中建再造了一个规模较大的工程局，成为中建集团稳定的利润增长极。

京新高速公路项目

集团董事长官庆说：中建集团要以超配的方式推进转型升级战略，承建一批标志国家形象的"世纪工程"，跻身基础设施领域"国家队"的前列，将基础设施打造成为中建融入国家中长期战略有关领域的优秀载体和"超级名片"。

10多年来，中国建筑累计中标基础设施合同额近3万亿元，实现分部毛利过千亿元。中建集团从2006年首入《财富》世界500强名列486位，到2017年上升至《财富》世界500强名列24位，仅用十年时间，实现了全球唯一的建筑企业进入《财富》世界500强前30强，其中包含基础设施爆发式增长的突出贡献。

二、凝聚蓝色力量，推进创新发展

基础设施事业部在创业的初期就敏锐地捕捉到：基础设施业务的快速发展，必须坚定践行中建集团党组确定的发展战略，大力推进中建优秀文化为核心的蓝色力量落地生根，将中国建筑的蓝色力量与创新发展结合起来，激发干部职工创新的潜能，实现从承建业务向投资业务转变，从要素驱动向投资驱动和创新驱动的发展转变。

在中建蓝色力量和"后发也要高点起步"的创新理念的引领下，基础设施事业部吸引了一批国内优秀的投融资建设人才加盟，目前事业部70%的员工具有硕士和博士学历，40%多的员工具有运作投融资项目的实战经验。事业部从上到下以创业、创新的"双创"联动，寻找升级发展新的支撑点。从2006年初，中标太中银铁路进入铁路市场，2007年中标合同额28亿元的湖南长沙"两带一隧"工程，以及投资额达43亿元的河北唐山滨海大道工程等国内首批BT（投资建设—移交）项目，到2012年的EPC+BT模式中标的深圳地铁9号线项目直至2014年以PPP+BT模式中标投资额超过200亿元的徐州地铁1号线打包项目，这是国家财政部当年在全国试点30个PPP项目其中6个落地，也是江苏省第一个PPP项目。在10年里，基础设施事业部一次次"摸着石头过河"，在自身不断成长的同时也帮助业主逐渐掌握和熟练地运用BT、BOT、PPP等投融资商业模式发展地方基础设施。在行业内处于国内领先和引领的地位，实现了商业模式的融合多元。

比如济青高铁和湖北汉十城际铁路是我国首批铁路 PPP 项目，也是中建首次以 PPP 模式+中建"四位一体"联动的方式获取的高铁项目，开创了将 PPP 模式引入高铁建设领域的先例，填补了国内空白，对我国探索高铁建设引入社会资本，发挥重要的引领和示范作用。

基础设施事业部的创新不仅仅局限于以全新的投融资模式获取项目，而且通过项目施工管理模式的创新，实现工程项目优质高效履约。10 多年间，集团共突破 100 多项高铁施工关键技术，获得国家专利技术 36 项，共有 24 项重大基础设施工程获得"鲁班奖"和"国家优质工程奖"。原铁道部党组成员、副部长卢春房曾亲自带领参加"全国铁路建设标准化管理暨质量现场会"的 200 多名代表，观摩由中建承建的南京南站施工现场的标准化建设和工程质量。深圳地铁 9 号线获得国际隧道协会"2016 年度工程奖"其中 2 个提名奖之一，标志中建集团的地铁施工管理水平达到世界前列。

三、坚持绿色发展，传播转型理念

中建集团成员企业的历史悠久，曾经是国家"大三线""小三线"建设主力，奠定了我国工业和基础设施基础。但在"六五"计划之后，根据国家基本建设的需要，中建集团成员企业的主营业务主要集中于房建，我国 90% 的 300 米以上的超高层建筑由中建集团承建，在建筑地产业务方面世界顶尖，但在基础设施领域却鲜为人知。直到 2006 年，中建基础设施事业部成功扮演了创业者和引领者的角色，促进中建集团的升级发展深度融入国计民生。

中建集团总经理王祥明说：中建集团具有集中力量办大事的能力，2016 年实现地下综合管廊业务全国第一，要发挥整合资源的优势，抢抓基础设施窗口期，加速参与轨道交通、公路、铁路、机场、地下综合管廊等基础设施建设，推进转型升级的步伐。

10 多年来，基础设施事业部坚定推进绿色发展理念，转变集团成员企业的发展观，先后 5 次牵头召开全集团基础设施工作会议、4 次牵头召开集团基础设施高层务虚会，将发展基础设施业务作为刚性考核指标，推进集团发展基础设施业务的顶层设计，推动中建集团各成员在转型升级过程中深刻融入绿色发展观，促进集团成员企业统筹转型升级，推进绿色发展。

2016 年，中建集团各工程局基础设施业务新签合同额均突破 200 亿元。有的工程局基础设施业务占比从 2006 年前不足 5%，到 2016 年提升到 34% 以上。中建三局、中建八局 2016 年新签基础设施合同额高达 700 多亿元和 600 多亿元。中建集团形成了二级单位层面转型升级齐头并进的良好局面。在涉及"一带一路"的 65 个国家中，中建集团已经在 45 个国家布局布点。形成了基础设施国内国外一体化，房建、基础设施和海外业务齐头并进的良好局面。专业公司的年新签合同额均超过百亿元。

2017 年 1 月，基础设施事业部中标投资额 301 亿元的郑州地铁 3 号线项目，这也是中国建筑首条投资、建设和运营一体化的地铁全线项目，显示出公司持有运营业务的竞争能力和转型升级的新趋势。

深圳地铁 9 号线项目

2017 年 8 月，中国建设基础设施发展研究院正式揭牌，为事业部第二个十年的发展掀开了新的篇章。研究院依托事业部在基础设施领域积累的大量宝贵资源与优势，致力于研究智能交通、轨道交通与城市一体化开发、通用航空、观光专线、深地层开发等基础设施新业务领域，组织承担已实施项目 PPP 项目的运营及管理，并创新融投资模式，多层次、多渠道引入资金，为基础设施主业服务，构建合理、完善、高效的基础设施融投资体系。2017 年 11 月，中建集团成立基础设施工作推进领导小组，对集团基础设施业务发展提供指引和建议。富有生命力的新业务是绿色发展的始源，我们肩负着建设美丽中国的历史使命，同样也肩负着中国建筑基础设施业务可持续发展的使命。

基础设施事业部的"二次创业"，在绿色发展的道路上渐行渐远。

改革开放献礼赞 "二次创业"谱新篇

中建集团 中海集团 周 勇

2018 年是学习贯彻习近平新时代中国特色社会主义思想和党的十九大精神的开局之年，亦适逢改革开放 40 周年。习近平总书记强调指出："改革开放是当代中国发展进步的必由之路，是实现中国梦的必由之路。"从时间上看，改革开放与中海集团是先后关系；从逻辑上看，改革开放与中海集团是因果关系。可以说，没有改革开放，就没有中海集团，就没有中海集团的今天。中海集团是真正的因改革开放而生，因改革开放而兴，并以卓有建树的企业运营，礼赞改革开放的伟大国策和激情时代。从某种意义上说，中海集团就是改革开放的一个缩影、一个样本，光荣归于时代，成就属于国家。

作为中建集团成立早、建制全、规模大、贡献多的海外运营平台，中海集团能够取得今天的成绩来之不易，其中最根本、最核心的经验是始终坚持党的领导、加强党的建设，坚持把提高公司经营能力和竞争能力、做强做优做大国有资本作为党建工作的出发点和落脚点，坚持发挥"把方向、管大局、保落实"的领导核心和政治核心作用，持续引领公司稳健发展。

2018 年对中海集团来说，也具有非同寻常的意义。特别是新的领导班子上任以后，我们一边吹响"二次创业"冲锋号角，不断加大党建工作力度，积极谋划企业的改革发展；一边推动公司治理的角色回归，加快融入中建集团发展大局，充分发挥中建集团生力军和先锋队作用，持续巩固在中建集团"干在实处、走在前列"的地位和形象。

一、深耕港澳不忘初心

改革开放伊始，思想解放之风劲吹，国家建委施工局（中建集团的前身）积极筹划"走出去"，1979 年 6 月在香港注册成立了中国海外建筑工程有限公司（中海集团的前身）。由此可见，中海集团虽然在香港成立，但出身却是"根正苗红"。中海的首批创业者们，千里迢迢来到香港这片热土，面对资本主义的灯红酒绿和市场经济的波涛汹涌，不忘初心，牢记使命，秉持坚定的理想信念和党性原则，在香江之畔播撒下生生不息的红色基因，成为一代又一代中海人的自觉遵循，推动着公司不断发展壮大。

香港拥有高度成熟的市场经济体系、透明公开的市场环境、完善的法律制度和活跃的资本市场。公司坚持"立足港澳、建设港澳、繁荣港澳"的发展战略，传承红色基因，在港澳资本主义市场经济的洗礼中不忘本来、吸收外来、面向未来，凝聚蓝色力量，在和国际化同行的对标与竞争中，逐步适应并树立市场化竞争的思维观念和运作方式，不断提升自身专业能力和经营水平。特别是以孙文杰董事长为代表的老一辈创业者，发扬艰苦创业、开拓创新、廉洁奉献的精神，与艰苦的工作生活条件做斗争，与激烈的市场竞争做斗争，与传统的经营理念做斗争，公司成功实现了向建筑地产兼营、生产经营与资本经营结合的重大战略转变，从此脱胎换骨，在强手如林的国际化市场占据了一席之地，在完全竞争领域形成了独具特色的核心竞争力和"蜚声港澳"的品牌形象，为香港、澳门日新月异的经济社会发展、城市建设和繁荣稳定发挥应有的作用，做出切实的贡献。

中海集团在香港、澳门建造了大大小小上千项工程，星罗棋布，随处可见。从香港新机场客运大楼、西九龙填海、迪士尼乐园、中环填海、铜锣湾隧道、港珠澳大桥香港接线段、

港珠澳大桥香港接线进度

香港儿童医院、澳门旅游塔、新濠天地、美狮美高梅酒店等承建标志性工程，到香港牛津道一号、歌赋岭、南区·左岸、启德 1 号、寰宇天下等地产代表项目，都是熠熠生辉，为公司赢得业界和市场的良好口碑。港澳承建业务规模位居行业第一，港澳地产与物业规模位居中资企业第一。

迄今，公司在香港、澳门累计建造屋宇面积近 2000 万平方米，平均每 15 个香港人就有 1 人住在公司建造的房子里，平均每 8 个澳门人就有 1 人住在公司建造的房子里；铺设输水管道 286 千米，占香港淡水输水管线总长度的 70%，为香港市民的生活用水起到重要保障作用；填海造地面积达到 885 万平方米，相当于港岛面积的 1/9；在香港建造医院 12 家，占香港医院总数 54 家的 22.2%。

目前，集团在香港地区的员工总数为 7820 人，其中，本地员工 7571 人，外派员工 249 人，本地员工占比高达 96.8%；澳门地区员工总数 807 人，本地员工 734 人，外派员工 73 人，本地员工占比高达 91%。在香港，公司所属建筑地盘平均每日开工人数约 1.1 万人，占香港所有建筑地盘总开工人数的 1/10。集团旗下拥有 5 家香港上市公司：中国海外发展有限公司（00688.HK）、中国建筑国际集团有限公司（03311.HK）、中海物业集团有限公司（02669.HK）、中国海外宏洋集团有限公司（00081.HK）、远东环球集团有限公司（00830.HK），总市值超过 3500 亿港元。其中，中国海外发展兼具红筹和蓝筹概念，与中国建筑国际同属行业龙头股，市值较大，交投活跃，市场瞩目。公司现在的一举一动，不仅关系到企业自身的发展，也关系到香港、澳门千家万户的幸福。这既是无比的荣誉，也是重大的责任。

二、改革开放同频共振

回顾公司的发展历程，中海集团生于改革开放，也兴于改革开放，公司的重大业务发展实现了与改革开放重大历史节点的同频共振，是改革开放的实践者和受益者。

20 世纪 90 年代末中国的住房制度改革，开启了中国城市化发展的进程，21 世纪之初中国成功加入世贸组织，掀起了中国工业化发展的浪潮。面对这轮史无前例的发展机遇，中海集团顺势而为，乘势而进，将投资重点开始向中国内地进行转移，不断把自身在港澳市场的先进技术和管理方法输送到内地，成功分享了改革开放的重大市场机遇，打造了市场驰名的"中海地产""中建国际投资""中海物业"等业务品牌，实现了公司的快速扩张和跨越式发展。

其中，"中海地产"作为中国住宅开发领域的开拓者和领先者，坚持"过程精品、楼楼精品"的理念，形成全国性均衡布局，以及英国伦敦、美国纽约、澳大利亚悉尼等海外重点城市布局。连续 8 年入选恒生可持续发展企业指数，连续 15 年入选"中国蓝筹地产企业"，连续 14 年荣获"中国房地产行业领导公司品牌"，2018 年品牌价值达 722.56 亿元。在产品开发方面，实现了五代产品的升级换代，满足业主对美好生活的需求，助推中国的城市化建设。近年来，大力推进向不动产运营商的升级转型，构建业态多元、产业多样的城市运营产业群，打造产城融合新引擎，取得明显成效。目前累计运营商业物业近 400 万平方米，是中国内地最大的单一业权写字楼发展商。"雄安第一标"——雄安市民服务中心项目 112 天完工、143 天开放，创造了雄安模式、雄安速度、雄安质量、雄安标准，实现了高效履约；"中国第一高"——成都天府新区超高层地标项目是集科技含量、绿色建造、智能社区等元素为一体的大型城市综合体，建成后将成为中国建筑行业的标杆，目前进展顺利。

习近平总书记前不久在推进"一带一路"建设工作 5 周年座谈会发表重要讲话并强调，要坚持稳中求进工作总基调，贯彻新发展理念，集中力量、整合资源，以基础设施等重大项目建设和产能合作为重点，推动这项工作不断走深走实。中国企业"走出去"，既代表企业自身，也代表着国家形象，既要积极贯彻落实"一带一路"倡议，也要坚持稳中求进的思路。

在国家"一带一路"建设大背景下，中海集团发挥立足香港资本市场、控股一系列专业化上

雄安市民服务中心项目

市公司的战略控股平台优势，拓展美国、加拿大、澳大利亚、英国、迪拜等海外市场。在上市公司层面成立海外业务管理部门，对海外业务进行归口管理，不断提升国际化业务管理水平。在澳门特区"中葡平台"战略指引下，2018年上半年，中海集团正式成立葡萄牙公司，为中建集团的"大海外"战略注入中海动力。

党的十八大以来，中海集团的合同额、营业额增长超过150%，年平均增长率超过20%。利润总额、归属中建集团净利润增长分别超过110%和125%，年平均增长率超过18%。资产总额、净资产实现翻番，年平均增长高达23%，相当于再造了一个中海集团。2017年，中海集团实现合同额3392亿港元、营业收入2242亿港元、利润总额454亿港元、净利润354亿港元。

2018年上半年，中海集团完成新签合同额2156亿港元，同比增长18%，完成全年预算的58%；完成营业收入1192亿港元，同比增长6%，因业务节点安排关系完成全年预算的44%；实现利润总额286亿港元、净利润213亿港元、归属中建集团净利润116亿港元，同比分别增长23%、20%和24%，预算完成率分别为54%、53%和54%。基本实现了"时间过半、任务过半"的目标。在保持经营稳健的同时，集团继续保持了合理负债水平，现金充裕，财务健康。特别需要指出的是，2018年上半年各项利润类指标增速均高于规模类指标增速，很好地体现了高质量发展、高效益发展的目标导向。

三、"二次创业"再次出发

一个时代有一个时代的主题，一代人有一代人的使命。中海集团新的领导班子上任后，提出了"二次创业"的思路，其实质就是要真正把习近平新时代中国特色社会主义思想和党的十九大精神全面贯彻到企业发展的战略中，推动中央决策部署在企业全面落地落实，勇做新时代奋斗者，走出"舒适区"，实现企业新一轮的可持续发展。

首先，持续发挥中海集团的阵地作用。中海集团是中建集团在港澳的战略运营平台，更是履行央企政治责任、推动港澳社会进步的重要阵地。要提高政治站位，强化责任担当，坚守"一国"之本，善用"两制"之利，成为"一国两制"实践的坚强力量。要认真贯彻落实习近平新时代中国特色社会主义思想和新时代中央对港澳工作方略，自觉做好四个"表率"，即支持特区政府依法施政、积极作为、发展经济、改善民生的表率；支持香港澳门融入国家发展大局，对接"一带一路"倡仪，积极参与"粤港澳大湾区"建设的表率；积极参与社会事务、服务社会、奉献社会，促进香港澳门长期繁荣稳定的表率；抓班子，带队伍，树立中资企业良好形象的表率。

其次，持续加强中海集团的平台功能。"在商言商"和"在商言政"是相互联系、相互促进、相辅相成的关系。中海要想持续做强做优做大，集团一定要发挥关键的带头和引领作用，加强集中管理和整合资源的平台功能建设力度，进一步加强对下属业务的管控、整合及服务引导。2018年上半年，集团以加强党建和战略管控为目标，进行了总部机构改革。下一步将继续采取措施，持续调整优化集团层面的架构与功能，更好地为主营业务、为上市公司提供组织与机制支持。其中，集团地产和承建投资两个主业投资模式、业务模式的发展和创新，都呈现出资源整合与综合协同的特点，而且两者之间的互补性越来越强，必须从集团层面做好统筹协调工作。

最后，提高发展战略与新时代方略的对标。党的十九大明确指出，中国特色社会主义进入新时代，我国社会主要矛盾已经转化为人民日益增长的美好生活需要和不平衡不充分的发展之间的矛盾，明确提出了"坚持以人民为中心"的方略，必将给企业带来了全新的市场机遇和发展空间。中海集团的核心业务，包括房地产开发与运营、承建与基建投资，以及相关的物业服务、装配式建筑、绿色建筑材料生产等，与人民生活息息相关。因此，集团未来一定要把解决当前我国社会主要矛盾所产生的需求作为战略主线，以提供满足需求的优质产品和服务为战略目标，紧随中央供给侧改革的产业规划和行业战略，积极思考未来自身发展的战略定位，系统调整、科学规划公司发展战略。比如，当前中国住房市场已经由住房短缺阶段转向居住改善提高阶段，其关键点在于改善升级需求的释放，呈现结构性供给不足的趋势，高品质居住环境、高质量住房成为稀缺资源。公司未来经营战略的重点要更加关注消费需求变化，并通过持续业务创新和不动产运营，提供全生命周期、全时空领域的产品与服务。这是坚持新发展理念、实现高质量发展的必由之路。

迈进新时代，展现新作为。中海集团将以习近平新时代中国特色社会主义思想为指导，持续开展党的十九大精神学习宣贯活动，不断增强"四个意识"，坚定"四个自信"，坚决做到"两个维护"，以高质量党建引领"二次创业"的新征程，众志成城，拼搏进取，为中建集团打造具有全球竞争力的世界一流企业做出新的更大贡献。

传承红色基因 展现蓝色力量 深入践行 大党建工作格局 在新征程中展现新作为

中建一局 罗世威

在 2014 年第四次党代会上，公司明确提出大党建工作格局：即各级党组织"五位一体"加强自身建设，局和子企业两级党组织全面履行"五项职能"，基层党支部发挥"五个价值创造点"作用。在党的十九大召开之后，将"五位一体"的自身建设修改为新时代党的建设总要求，即形成"155"的大党建工作格局。持续坚持强"根"固"魂"，强基固本，将党组织的政治优势转化为企业竞争的强大优势，推动基层支部建设全面进步、全面过硬，让党的旗帜在每一个项目、每一个工地高高飘扬。

权威刊物刊登构建大党建工作格局成果

一、在新时代党的建设总要求指导下，把握正确的政治方向，传承红色基因

党的领导是中国特色社会主义制度的最大优势，是实现经济社会持续健康发展的根本政治保证，体现了习近平新时代中国特色社会主义经济思想的重要内涵，也是习近平新时代中国特色社会主义思想的重要组成部分。

始终把党的政治建设摆在首位。一局党委坚决贯彻新时代党的建设总要求，不断加强党的领导、加强党的建设，牢牢把握正确的政治方向，牢固树立"四个意识"，坚定"四个自信"，推进党建工作责任制，坚持民主集中制，强化企业思想政治工作，构建全面从严治党责任体系，加强廉洁从业教育，严格意识形态责任制落实，强化青年团员"三观"教育，推进实行党政"一肩挑"，推动全面从严治党向纵深发展；依托党的群众路线教育实践活动、"三严三实"专题教育、"两学一做"学习教育的成果，增强自我净化、自我完善、自我革新、自我提高的能力，使广大党员领导干部、职工紧密团结在党中央周围，进一步发挥党组织领导核心和政治核心作用，推动一局党的建设深入发展。中宣部《思想政治工作研究》、国务院国资委《国资报告》等权威刊物多次刊登中建一局构建大党建工作格局、锻造央企红色竞争力的文章。

始终加强党对企业的全面领导。党政军民学、东西南北中，党是领导一切的。中建一局党委深入执行这一要求。第一，体现为两个"一以贯之"。将坚持党的领导和建立现代企业制度两个"一以贯之"的要求紧密统一，把企业党组织内嵌到公司治理结构之中，完成各级企业的党建进章程，明确党组织在公司治理结构中的法定地位和在决策、执行、监督各环节的权责、工作方式，处理好党组织和其他治理主体的关系，使党组织发挥作用组织化、制度化和具体化。第二，体现为科学决策和民主决策。全面执行"三重一大"决策监督机制，党委会、董事会、董常会等决策会议运行顺畅、科学高效。出台《子企业董事会建设指引》，推进董事会全覆盖，全面加强子企业决策体系建设。第三，体现为加强班子建设。以提升"543能力素养"要求加强领导班子建设，既有严格的制度要求，又有实际的考量标准，不断提高领导人员的整体作战水平，努力把全局每个班子都建设成为团结战斗的坚强集体，带

动全体职工上下同欲、目标一致，实现企业持续稳定健康发展。

始终全面从严落实"两个责任"。牢记自身的第一职责是为党工作，自觉做到对党忠诚、为党尽职，把党建主体责任严格落实到位，实现全面从严治党责任书签订率100%，同时开展子企业"两个责任"全覆盖自查和现场检查。落实党委书记管党治党第一责任人职责，既要对本单位的政治生态负责，抓好主责主业，又要牢固树立"抓好党建是本职、不抓党建是失职、抓不好党建是不称职"的意识，把抓好党建作为自己最大的政绩；专职副书记专心专责抓党建，其他班子成员要严格落实"一岗双责"。

始终持续强化组织建设和党建力量。始终坚持把支部建在项目上，在施项目部党支部的覆盖率达到100%；持续提升城市公司、项目部党政"一肩挑"比例，具备条件的达到100%；创新成立区域党工团组织，试点海外联合党支部建设；做好党务工作机构设置和力量配备工作，确保架构完整、设置科学、配置合理；不断强化各级党组织书记的轮训工作，提升党建工作整体水平。

始终传承党的建设的优良传统。中建一局成立于1953年，是由军队转业而组建的新中国第一支建筑行业的"国家队"。曾被国家建工部誉为"工业建筑的先锋，南征北战的铁军"，具有红色的军队基因和良好的党建基础。十九大开幕的当天，公司组织海内外2万余名员工集体收看实况；十九大闭幕当天下午，笔者得到子企业讲专题党课，讲自己的学习体会，并及时召开全局学习宣传贯彻十九大会议精神部署会暨中心组学习扩大会，班子成员率先在学懂、弄通、做实上下功夫，始终在政治立场、政治方向、政治原则、政治道路上同党中央保持高度一致。

二、在全面履行"五项职能"中，统管企业发展大局，展现蓝色力量

方位决定方略，在正确政治方向上的科学战略就是企业最大效益。中建一局2014年提出的1135战略体系，搭起治企兴企的体系框架，确定了企业发展的战略目标、发展理念、实施路径和重大举措，是引领中建一局中长期发展的总目标和路线图。大党建工作格局的构建与践行，使一局进一步坚定

政治方向，统管企业发展大局，实现党建工作与生产经营的深度融合。2016年，中建一局荣获中国政府质量最高奖——中国质量奖，是工程建设行业唯一获奖企业；2017年，中建一局与下属单位建设发展公司荣获"创建鲁班工程突出贡献单位"莫斯科中国贸易中心项目获得莫斯科市优质工程第一名，充分展现中国建筑的蓝色力量。

在十九大精神引领下，一局党委解放思想、改革创新，坚持问题导向，保持战略定力，紧跟国民经济发展战略新方向、紧跟国家投资新动向、紧跟建筑行业创新发展新模式，要求党委在履行"五项职能"中，坚定全局转型升级的决心，提出高质量发展的8项要求，明确上下发展基础设施和强化海外投资的具体措施，勇做"中国制造向中国创造、中国速度向中国质量、中国产品向中国品牌转变"的新时代先锋，展现中建蓝色力量。

一是将"五项职能"全面履行，实现党建工作与生产经营的深度融合。"五项职能"就是两级党组织要全面履行"抓战略、掌全局，抓班子、带队伍，抓文化、塑品牌，抓廉洁、守底线，抓自身、创价值"。我们以习近平新时代中国特色社会主义思想为指引，贯彻落实十九大精神，坚持和加强党的全面领导，落实新时代党的建设总要求，及时修订"十三五"战略规划，使之作为企业经营发展的"指南针"、改革创新的"方向盘"。中建一局将五项职能的履行统一到提高企业效益、增强企业竞争实力、实现国有资产保值增值的大局下，统一到做强、做优、做大国有企业的大局下，统一到一局1135战略体系、"十三五"战略规划扎实落地的大局下。中建一局将局和子企业两级班子领导能力的提升作为治企兴企的组织保障。中央提出建设国有企业家队伍，进一步明确了国有企业领导人员的选育标准。中建一局进一步要求两级领导人员守纪律讲规矩，严格执行"三重一大"集体决策制度，强调要有大胸怀、大格局、大担当，有战略布局和战略执行能力，有较真碰硬的扎实作风，有敢于拼搏的先锋精神；建立容错机制，为致力于企业发展的创新者、开拓者和担当者提供价值创造的舞台；牢固树立"向成功者倾斜是企业最大的公平"的绩效理念，持续加大业绩考核在干部选拔使用中的力度，激发领导人员"想做事、能做事、做成事"的积极性，不断提高领导人员的整体作战水平。中建一局以企业改革发展成果作为企业党建工作的出发点和落脚点，作为检验企业党组织工作和战斗力的标准，将党建责任目标列入局班子成员和总部部门的共同确保目标，将完成年度经营业绩指标列入子企业《全面从严治党主体责任书》，过程中强化监督检查，年底进行党建联查，评价结果与责任人薪酬挂钩，推进党建工作与生产经营的深度融合。

二是以创新精神，打造"5.5精品工程生产线"。该生产线具体包括5个步骤、5个平台、5条底线。5个步骤，即"目标管理→精品策划→过程控制→阶段考核→持续改进"，在建筑产品生产现场的PDCAS循环，以此实现全面质量管控，确保全过程每个环节都是精品后再交给下一个工序。5个平台，即"科技、人力资源、劳务、物资及安全平台"，局、子企业两级总部为工程生产提供全方位的资源要素支撑，以此实现五大发展理念。5条管理底线，即最低也要达到行业中等水平以上的质量底线、按照合同时间交付使用的工期底线、必须达标的安全底线、必须做到"四节一环保"（节能、节地、节水、节材和环境保护）达标的绿色建造底线、必须达标的施工现场形象管理底线。这5条管理底线是质量管理的红线和高压线，不可触碰、不可逾越。

很多重点工程都出自这条生产线。以中国国际贸易中心建筑群为代表的首都长安街40余项经典名筑、以水立方为代表的10座2008年北京奥运场馆、以北京城市副中心和新机场安置房等为代表的疏解非首都功能工程，都

是这条生产线的代表作。一次完成竣工验收、已投入使用的中国最高楼——深圳平安金融中心也出自这条生产线。这座600米超高层创造了16项世界和中国建造之最，并成功完成世界第一次C100高强混凝土泵送至千米高空实验，使人类建造千米高楼的梦想成为现实。

深圳平安金融中心项目

三是要在新时代新征程中，全面推动一局的高质量发展。中国特色社会主义进入了新时

代，我国经济发展也进入了新时代，已由高速增长阶段转向高质量发展阶段。这也是中国经济步入新常态的重要特征。不唯量增，更求质优。进入新时代，实现伟大梦想，必须进行伟大斗争、建设伟大工程、推进伟大事业。新的一年，中建一局深刻把握高质量发展的核心内涵，在加强党建的过程中，全面推动中建一局的高质量发展。

坚持不忘初心、牢记使命。中建一局的初心和使命是为国家做贡献，为企业谋发展，为员工谋幸福。无论顺境逆境，中建一局都将坚定信仰、不改初心，时刻把党的意志、国家命运和企业发展、员工幸福统一起来，把个人理想融入提高企业效益、增强企业竞争力、做强做优做大国有资本的伟大实践中。这个初心和使命就是中建一局必须肩负起的最高责任，也是推动企业高质量发展的根本动力。

坚持稳中求进科学发展。处理好"稳"与"进"的关系，实现底线之上的增长，不以低质量经营换取规模虚胖，不以带息负债和应收款项高增长换取低效发展，确保各项指标持续增长、不倒退不回流，确保效益结构稳健合理，实现"四高一低"发展目标（高合同额、高营业收入、高效益、高现金和低负债）。

坚持结构优化的创新发展。中建一局将抓住新时代的新发展机遇，敢于开辟新领域，培育新优势，打造新的竞争力。实施供给侧结构性改革，是实现高质量发展的基本路径。以国家战略投资方向和建筑市场结构调整为导向，中建一局将产业定位调整为：深耕国内国外两个市场、统筹推进 1+3 板块（房屋建筑+基础设施、环境治理、投资运营）协同发展。

坚持选定领域的领先发展。中建一局要以挑战"无人区"的勇气和先锋精神，在打造产品线、客户线、模式线和属地化上狠下功夫，在所选定的领域实现全面领先。坚持科技先行，从创造供给和满足需求两端同时发力，在推进精益建造、绿色建造、智慧建造和建筑工业化上加大力度，抢占选定领域先进生产力的制高点。同时，立足国际视野，产品和服务品质实现行业、区域、业主排名领先，永做国家重点建设和"一带一路"建设的先锋队和主力军。

坚持立足总体的安全发展。牢固树立"大安全"发展观，筑牢企业安全发展防线。完善党领导下的各级安全工作责任制,坚持党政同责、一岗双责、失职追责,不断提高各类风险的防范和应急处置能力,营造良性运转、风清气正的企业安全发展生态。落实国家"打好防范化解重大风险攻坚战"的战略要求,坚决防控以"两金"为代表的运营风险。遏制安全生产事故。责任事故必须向集团党委常委会汇报原因及对责任人的处理决定。还要确保品牌安全,坚决杜绝群体上访、质量和环保投诉以及所有对一局品牌造成严重损害的新闻危机。

坚持知行合一的诚信发展。中建一局要从企业生死存亡的高度敬畏诚信、褒扬诚信、惩戒失信。坚持以底线管理来打造诚信,做到战略执行和目标完成不打折扣、规则与底线坚守不讲借口。坚持以诚信为底线的用人原则,凡因不诚信受到追责的人员,一律不予提拔使用。

坚持瘦身健体的全面发展。勇于深化改革,铲除懒政不作为,坚决消灭僵尸企业和僵尸岗位;铲除优势企业中的骄傲自满和故步自封、弱势企业中的怨天尤人和自暴自弃,坚决消灭子企业间发展质的离散度。以规模品牌效益协同发展为目标,做强做优做大一批四梁八柱的骨干公司,在比学赶超中实现高质量发展。

坚持富有活力的高效发展。构建完善的治理体系和高效的工作机制,持续提升组织运营效率和人均创效水平,激发企业的组织活力和战斗力。要通过构建市场化人才发展机制和激励约束机制,打造行业领先的高质量人力资源队伍,激发企业蓬勃向上的内生发展动力,确保企业具备发展潜力和发展后劲。

三、在实现"五个价值创造点"中,发挥堡垒先锋作用,确保企业战略目标的实现

党的十九大报告明确提出,要以提升组织力为重点,突出政治功能,加强基层组织建设。习近平总书记强调,基层是党的执政之基、力量之源。中建一局在工作中深切体会到,"求木之长者,必固其根本"。党的工作最坚实的力量支撑在基层,只有基层党组织坚强有力,党员发挥应有作用,党的根基才能牢固,党组织才有战斗力。中建一局努力在实现"五个价值创造点"

作用中，夯实基层基础，充分发挥党支部战斗堡垒作用和党员先锋模范作用，确保企业战略目标的实现。

（1）在组织建设上，以"四维一体"党支部建设强化组织保障。"四维"即坚定一个政治方向、打造一支军队、建成一所学校、组成一个家庭，通过强化思想政治工作，推进标准化党支部建设、书香项目建设以及职工之家建设来实现。"一体"是指加强党支部组织建设。一局党委强化"三个基本"建设，把项目党支部建设作为重中之重。2017年9月，一局党委专门下发了《中建一局项目党支部工作指引》，要求项目党支部发挥"组织建设、目标完成、制度执行、文化建设、廉洁从业"五个价值创造点，推进支部工作与项目生产经营工作的深度融合，推进基层党建工作理念创新、机制创新、手段创新，让党支部在基层工作中唱主角、挑大梁、担重任；基层党支部要充分发挥"五个价值创造点"作用，将自身建设成为贯彻党的方针政策、落实上级的战略部署、带领本单位党员群众攻坚克难的坚强战斗堡垒。项目党组织建设同项目管理三大建设和项目目标责任制落实紧密结合，以"四维一体"建设和项目绩效检验"五个价值创造点"的执行力。建立科学有效的基层党建制度和考核机制，实施分级管理和差异化管理，一级抓一级，逐级明确党建责任，层层抓好落实，使党支部真正成为团结群众的核心、教育党员的学校、攻坚克难的堡垒。为加强外埠项目党建工作，2017年，一局党委先后成立西南和西北区域联合党工团组织，并组织区域党建联建活动，强化党建培训和对标学习，推进属地资源对接，将全面从严治党责任向区域深入推进。

（2）在目标完成上，以"三个提升"实现党建工作与项目生产经营深度融合。一局党委要求项目党支部发挥好组织优势、政治优势与项目管理实际紧密结合，将组织引领与完成项目目标责任书指标融为一体，强化项目班子建设，坚持"三会一课"制度，推进项目组织设置和活动方式创新，做好青年人才培养，推进项目履约能力、盈利能力、客户持续满意度"三个提升"，项目支部堡垒作用和党员先锋模范作用充分发挥，获得上级和社会的广泛赞誉。莫斯科中共六大会址修复工程项目党支部克服严寒、工期短、工艺复杂等不利条件，提前交工，获得2016年"中国建筑先进基层党组织"称号，被《人民日报》赞为"以中国品质占领市场，以中国标准带动同行"。

（3）在制度执行上，以"两个体系"确保战略体系和规划的落地实现。一是基层党建工作责任体系。项目书记为项目党建工作第一责任人，将明确目标、政治坚定、素质综合、作风过硬、服务团队和职工五个条件作为硬杠杆，党群部门承担引领、服务、评估、监督职责；二是项目管理"三大建设"制度执行体系。要求项目班子带领员工对项目管理三大建设系列制度学深悟透、知行合一、执行到位，以项目管理"三大建设"制度的完全执行，推动1135战略体系和"十三五"规划目标的落地实现。北京城市副中心C1项目部重视提前策划，实现北京市副中心在建项目月度质量考核的八连冠。

（4）在文化建设上，以"先锋文化"推进构建昂扬向上项目文化。党的十九大报告要求我们坚定文化自信。一局党委高度重视企业文化建设工作，把企业文化建设作为品牌兴企战略的4个维度之一，1135战略体系的5项重点工作之一。要求支部书记带头宣贯、践行中建信条、十典九章、先锋文化；强化现场CI形象打造，提升中建品牌；选树青年先锋、巾帼先锋、"一局先锋"，以新媒体为载体，深入宣传品牌项目和品牌人物，深植先锋文化，凝聚团队精神，构建昂扬向上的项目文化，形成项目发展合力推动项目的生产经营工作。2017年6月，在湘江抗洪抢险中，一局衡阳二环东路项目部书记赵勇，带领项目部全体人员，连续奋战48小时，轻伤不下火线，确保衡阳穿江隧道的安全，并及时解救了当地居民，其事迹被当地媒体广泛报道。

中国国际国贸中心一、二、三期项目

（5）在廉洁从业上，以"廉洁文化进项目"为载体构建风清气正的廉洁从业氛围。以增强规矩和纪律意识、盯住项目班子"关键少数"、设定廉洁风险点、加强廉洁从业教育、强化经济责任追究5项推进"廉洁文化建设进项目"措施，做到真管真严、敢管敢严、长管长严，把严的标准、严的措施、严的纪律落实到基层，把激励和约束机制落到实处，积极营造项目风清气正的廉洁从业氛围。

进入新时代，党的建设新的伟大工程起着统领和决定性作用。"明者因时而变，知者随事而制"。身处这样的大势，一局党委将因势而谋、因势而动、因势而进。2018年是贯彻党的十九大精神的开局之年，是改革开放40周年，是决胜全面建成小康社会、实施"十三五"规划承上启下的关键一年。改革开放的新征程赋予了一局新的历史使命。立大事者，必有坚韧不拔之志。立足新时代，我们将以习近平新时代中国特色社会主义思想为引领，以更大的决心和勇气，积极投身新时代中国特色社会主义伟大实践，毫不动摇地坚持和完善党的领导，继续深入践行大党建工作格局，保持战略定力，坚定做落实新发展理念的排头兵、创新驱动发展的排头兵、实施国家重大战略的排头兵，锲而不舍，确保企业战略和各项指标全面实现，"一张蓝图绘到底"，为做强做优做大中建一局，以新的作为、新的气象助力实现中建梦、中国梦，持之以恒推进一局的改革开放和高质量发展。

履行好第一职责　落实党建工作责任制
努力培育具有全球竞争力的一流企业

中建二局　陈建光

"坚持和加强党的全面领导"是党的十九大对新时代党的建设提出的总要求。坚持党的领导、加强党的建设，也是我国国有企业的光荣传统，是国有企业的"根"和"魂"。一直以来，中建二局党委以全面建设最具价值创造力的企业党组织为目标，传承红色基因，积蓄蓝色力量，推动绿色发展，认真学习宣传贯彻党的十九大精神和习近平新时代中国特色社会主义思想，落实中建集团党组"112"制度体系，紧扣企业发展诉求，充分释放党组织的价值创造功能，培育竞争新优势，开启发展新征程。

一、履行第一职责，必须带头深入学习宣传贯彻党的十九大精神，增强"四个意识"

党的十九大报告站在历史和时代的高度，深刻阐述党的十八大以来党和国家事业发生的历史性变革，深刻阐述新的历史条件下坚持和发展中国特色社会主义的一系列重要思想、重要观点、重大判断、重大举措。报告还从发展新时代中国特色社会主义的全局，对加快国企经济布局优化、结构调整、战略性重组，深化国有企业改革，推动国有资本做强做优做大，培育具有全球竞争力的世界一流企业提出要求。作为党建第一责任人，要切实增强四个意识，带头学习，带头宣讲，带头践行，率先垂范，把学习宣传贯彻党的十九大精神作为当前和今后一个时期最重要、最紧迫的政治任务，更加坚定自党地用习近平新时代中国特色社会主义思想武装头脑、指导实践、推动工作，努力将党的十九大精神转化为落实中建集团的红色基因、蓝色力量、绿色发展的力量源泉，转化为践行"六种力量"、贯彻新发展理念、投身"一带一路"倡议、推动中建集团"1211"发展目标实现的力量源泉，使学习成为推动企业健康快速发展的生动实践。

二、履行第一职责，必须强化党组织"两个核心"作用，增强政治引领力

习总书记在全国国有企业党的建设工作会上，把国有企业党组织定位为企业的领导核心和政治核心。二局党委在认真总结以往党建工作的成功经验和中建集团党组的"112"制度体系要求的基础上，将党组织的"两个核心"作用在企业管理中的定位具化为：党建工作是企业管理的一个重要的、不可或缺的、有机的组成部分，是国有企业综合竞争实力的一个独特优势。如何把这个独特优势转化为企业转型升级的核心凝聚力与核心原动力，局党委坚持有所为有所不为，抓大事要事、抓主要矛盾、抓顶层设计。具体体现为：一是提高政治站位，切实增强四个意识，突出政治建设，保证党和国家方针政策、重大部署的贯彻执行。二是把党建工作纳入公司章程，把巩固企业党组织"两个核心"地位和董事会制度有机结合，实现有效的衔接和高效的运转。三是强化战略引领，通过召开党代会实施民主决策，确立企业发展目标和规划，引领企业健康、稳定、可持续发展。四是明确党建责任。制定党委书记、党委班子、党支部书记、党支部班子4张责任清单，层层落实党建工作责任落实机制，切实增强党组织的引领力。

三、履行第一职责，必须融入中心抓好党建创新，增强发展推动力

习近平总书记指出，要以企业改革发展成果检验党组织的工作和战斗力。中建二局党委坚持用党建红利促进企业发展，以企业发展业绩来检验党建成效，真正把党建工作成效转化为企业的发展力和竞争力。

比如中建二局连续七年打造的特色党建"双十佳"品牌，将项目党建融

入经营管理中心环节，使创新、创优、创效成为企业健康发展的内在基因。通过制定《党群工作创先争优五年滚动计划》，使党建工作与中心工作同步实现"当地领先、系统领先、行业领先"的工作目标和要求。

刚刚过去的 11 月，中建二局获全国文明单位 2 个，全国示范性劳模和工匠人才创新工作室 2 个，全国职工职业道德标兵 1 名。企业进入转型升级的关键时期，党建工作也面临许多新挑战，需要中建二局不断创新保障发展动能。比如正在开展的 PPP 新业务，项目党建工作的对象不仅包括施工单位和分包，而且还有地方政府、设计院和监理，需要中建二局准确把握各方的利益诉求，通过组建联合项目党支部，把各方生产要素组合成"一盘棋"，把各个参与团队拧成"一股绳"，从而保障了各项工作的顺利推进。2017 年 1~10 月，中建二局基础设施业务新签合同额 410 亿元、同比增长 101%，完成收入 201 亿元、占比 22.7%，实现毛利 10.3 亿元、占比 21.2%。

华侨城项目部农民工党员王培明和工友收看十九大开幕会

四、履行第一职责，必须抓好基本强基层，增强组织保障力

学习宣传贯彻党的十九大精神，必须从加强基本组织、基本制度、基本队伍建设入手，不断完善各项保障机制和措施，在把方向、带队伍、完成目标等方面发挥作用。二局党委从加强项目党组织建设着手，在体系上坚持党建工作聚焦项目、融入管理、发挥作用，努力形成"党的组织全面覆盖，全程参与项目管理，全力保障项目生产"的机制。在责任上落实好"一人两岗三责"，大力推进"一肩挑"。"一人"指自己，"两岗"指肩挑党委书记、董事长，"三责"指党建第一责任、党风廉政建设第一责任、企业发展全面责任。在工作落实上强化目标考核，设置了《党群工作"双百分"绩效考核评价标准》，将党建工作绩效评价与党建基础工作、管理成效、综合评价紧密融合，

把党建工作"软任务"转化成"硬指标"。在问题整改上一插到底，直接延伸到项目层面。2017 年，局党委共对局属 17 个二级党组织，107 个基层和项目党组织进行"两个责任"检查，共反馈问题 103 个，提出整改建议 120 条，着力解决基层党组织的"四化"问题。组织的加强使党支部真正成为教育党员的学校、凝聚群众的核心和攻坚克难的堡垒。东北分公司党委实施"一站带三红"，党员服务站和"三红小分队"活跃在服务企业、服务员工、服务社会的基层一线；西南分公司党委设立"红心驿站"，全方位构建保障体系，破解了流动党员教育管理难题；上海迪士尼项目曾因美方理念的"水土不服"出现阶段性滞后，项目党支部亮出拿手戏——成立"联合党支部"、开展"党员先锋行动"，各项难题迎刃而解，于是"有问题找党员、有困难找党支部"就成为了美方业主成功解决难题的"钥匙"。

学习十九大精神党委书记培训班合影

2017 年 1~10 月，全局新签合同额 2105 亿元，同比增长 21%，其中国内基础设施合同额 336 亿元，同比增长 65%，海外项目合同额 61.45 亿元，同比增长 62%，实现营业收入 884 亿元，同比增长 5%，实现利润总额 25.96 亿元，同比增长 15%，为年度目标的圆满完成奠定了坚实的基础。

五、履行第一责任，必须坚持抓好关键少数，增强自我提升力

习近平总书记强调，国有企业领导人员是党在经济领域的执政骨干，要打造具有全球竞争力的一流企业，必须有与之匹配的高素质领导干部队伍。二局党委坚持党管干部原则，抓住领导班子这个"关键少数"。

一是注重提升党员领导干部自身的执政能力和执政水平，争做全面从严治党的践行者和带头人。作为央企党员领导干部，要时刻牢记自己的第一职责是为党工作，更加紧密团结在以习近平同志为核心的党中央周围，从自身做起，不断提高执政能力和执政水平，推动全面从严治党向纵深发展，把爱党、忧党、兴党、护党落实到经营管理各项工作中。

二是要坚持德才兼备、实践检验的鲜明导向，加大干部的培养选拔。通过干部轮岗交流向基层和一线项目延伸，向转型升级业务等重点领域加强，积极探索跟地方政府、知名高校、其他央企之间的干部交流模式，同时加大领导班子业绩考核机制建设，着力选拔培养政治过硬、素质全面、实绩突出、群众认可的企业领导人员。

三是要勤于学习，提升党性修养。目前，中国特色社会主义进入了新时代，国有企业改革步入深水区，党建工作也面临新挑战。党员领导干部应时刻以逆水行舟之姿，勉励自己勤于学习，推进"两学一做"学习教育常态化制度化，不断强化作为一名党员干部的政治修养、道德修养、理论修养，在理论建设上紧跟时代，在思想认识上不断深化。

传承红色基因　打造"五个企业"

中建三局　陈华元

承建的首都第一高楼北京中国尊项目

沐浴党的十九大和煦的东风，中建三局广大干部职工深入学习宣传贯彻十九大精神，传承红色基因，积蓄蓝色力量，推动绿色发展，努力建设卓越的建造企业、优秀的投资企业、成熟的跨国企业、杰出的现代企业、一流的文化企业，致力于成为中国建筑业最具价值创造力的现代企业集团。2017年，全局新签合同额、营业收入、利润三项主要指标分别同比增长 20.5%、17.5%、71.6%，3 万余名干部职工、30 万名农民工以十九大精神为指引，不舍昼夜奋战在全球 1200 余个项目上，以实际行动践行新思想、展现新作为。

一、新思想引领航向

新思想引领新时代。党的十九大报告在理论上拓展新境界、在实践上做出新部署，开创了中国特色社会主义新时代，提出了中国共产党的新使命，开启了全面建设社会主义现代化国家的新征程，是党和国家乃至企业各项事业蓬勃发展的思想航标。

党的十九大召开以来，中建三局将深入学习宣传贯彻大会精神作为当前和今后一个时期的首要政治任务，多角度全面解读，多载体立体宣传，多层级深入宣讲，不断掀起学习宣传贯彻十九大精神的热潮。

在武汉，湖北省委宣讲团走进中建三局总部，为全局中层以上领导干部阐释党的十九大报告精髓要义，激发党员干部干事创业的激情。共青团湖北省委宣讲团走进湖北省科技馆新馆工地宣讲十九大精神，激励青年建设者领会新思想、肩负新使命、奔赴新征程。在北京，中建三局举行农民工党建论坛，局属二级单位党委副书记、项目党支部书记、农民工党员代表走上讲台，纵论十九大精神在基层落地生根的路径载体。在兰州，名城广场项目 200 米高的施工现场，百余名农民工挥动国旗，聆听十九大代表何晓春传达十九大"好声音"。在成都，中建三局成都公司工地夜校开设十九大学习课堂，为1000 余名建设者发放《十九大精神学习手册》。在厦门，中建三局三公司全国岗位学雷锋标兵杜建国走进工地，为农民工上了一堂别开生面的十九大精神专题党课，鼓励工友在实现个人梦想的同时共筑伟大中国梦。

党的十九大精神犹如一盏明灯，指引了我们奋进的航向。深入浅出的宣讲、鲜活生动的解读，使广大干部职工方向更明、思路更清、信心更强、劲头更足，共同朝着"铸造一个经久不衰的百年品牌、成就一家受人尊敬的伟大企业"的宏伟目标坚定迈进。

二、新作为驱动发展

2015 年，在成立 50 周年之际，中建三局确定了打造"五个企业"的奋斗目标，即打造卓越的建造企业、优秀的投资企业、成熟的跨国企业、杰出的现代企业、一流的文化企业。十九大报告"培育具有全球竞争力的世界一流企业"的新部署，更加坚定了我们砥砺奋进、铿锵前行的信念。

打造卓越的建造企业。近年来，中建三局致力于从一般房屋承建商向综合性高端建造商转型，持续巩固高端建造领先地位，在不断自我超越中迈向卓越。更加注重调结构，进一步优化专业结构、区域结构、客户结构，重点突破基础设施高端业务领域，持续改善房建"一业独强"的专业格局，稳定经济热点区域产出，做大区域总部市场份额，确保战略客户合同额不低于70%；更加注重转方式，大力推行绿色建造，深化产业延伸，培育一体化总承包能力，形成具有三局特色的"总承包管理+专业施工+增值服务"项目管理模式；更加注重优品质，坚定不移推动建造业务全面向高端集结，深耕高端市场，稳定高端客户，主攻高端项目，实现差异化发展。中建三局先后承建、参建全国 20 个省区市第一高楼、近 50 座 300 米以上摩天大楼，不断刷新城市天际线。

打造优秀的投资企业。"十二五"以来，中建三局坚持建造、投资"两轮"驱动战略，致力于从传统施工企业向建造与投资并重的现代企业集团转型。优化投资区域布局，在深耕湖北的同时，在中建集团投资授权范围内拓展四川市场，形成以局为统领、六大投资专业公司为主体、四大主力公司为支撑、六大区域公司为协同的投资发展责任体系；加快投资品牌建设，倾力打造路、桥、隧专业全覆盖，施工、投资、运营服务全产业链的知名基础设施投资建设商，致力于成为各级地方政府最佳"城建合伙人"。打造城市综合体、中高端住宅产品线，加快孵化建筑工业化、城镇综合建设、地下空间、环保、水务等新业务；培育投资专业能力，提升业务管控、金融创新、资本运营的水平，优化资源配置，完善产业链条，突破新兴业务。截至目前，全局累计完成投资额超 1200 亿元，实现规模、效益持续增长。

打造成熟的跨国企业。党的十九大报告指出，"要以'一带一路'建设为重点，坚持'引进来'和'走出去'并重"。"十二五"以来，中建三局把国际化作为矢志追求的崇高理想，加快"走出去"步伐，积极从专注国内市场向海内外一体化的跨国企业转型。坚定拓展海外决心，坚持国际化的理想不动摇、积极稳妥的原则不动摇、奉献海外的情怀不动摇；推动业务转型升级，坚持区域深耕，紧跟"一带一路"，加快市场布局，推进业务转型，重点拓展高端房建市场，积极拓展工业能源基础设施建设领域，注重模式升级，大力实施 EPC 总承包，探索以投资或融投资带动总承包切入高端市场；建立与国际化企业相匹配的体制机制，完善海外发展责任体系，加强两级总部海外协调服务机制建设，加大资源和政策倾斜，强化考核引导。2017 年，中建三局达到 ENR250 强全球最大国际工程承包商第 91 位标准，海外市场拓展至 19 个国家。

打造杰出的现代企业。党的十九大报告指出，"创新是引领发展的第一动力，是建设现代化经济体系的战略支撑"。中建三局始终将创新作为企业发展的原动力，让创新活力竞相迸发。增强创新创造活力，抓住"互联网+"促进产业变革、重组升级的重大机遇，积极推进商业模式、管理方式、融资模式等创新；提升科技研发水平，组建技术研究总院，培育主营业务核心竞争力，开展建筑工业化、水务、环保领域关键技术引进、消化、吸收、创新；提高现代企业治理能力，建立科学高效、运转有序的决策治理体系，规范合理、统分有度的授权管理体系，导向明确、激励明显的绩效考核体系，构建与转型升级相匹配的组织架构；锻造现代人才队伍，打造结构合理、专业配套、层次科学、素质精良的创新型人才队伍。中建三局多年位列中国建筑业竞争力 200 强企业榜首、湖北省百强企业第二名，经营规模达到世界 500 强 448 位标准。

打造一流的文化企业。党的十九大报告指出，"文化自信是一个国家、一个民族发展中更基本、更深沉、更持久的力量"。多年来，中建三局企业文化建设在实践中提升，在创新中推进，中建信条、争先精神融入员工灵魂血脉，成为企业发展的重要驱动力。充分发挥党建优势，加强党的建设，强组织、正风气、造氛围、聚力量，增强文化软实力，筑牢发展硬支撑；强化文化引领作用，制定《"十三五"企业文化建设实施纲要》，将文化融入企业发展战略；加大文化宣贯践行，开展企业文化之星评比、文化展演、劳动竞赛等活动，使企业文化内化于心、外化于行；打造优秀文化成果，推出企业歌、新宣传片、报告文学、领导干部回忆录、员工故事集等系列文化产品，中建三局获评全国十大企业文化品牌单位；提升文明创建水平，将文明创建工作融入党的建设、生产经营、企业管理、品牌塑造、社会责任的深入实践中，推动企业转型升级、提质增效，中建三局"全国文明单位"总数达7家。

三、新时代再启征程

回首53年的峥嵘岁月，中建三局始终与祖国发展同频共振，初创、发展、壮大、转型⋯⋯每一次重大转折和决策的背后，都饱含着三局人的家国情怀、赤诚担当。

20世纪60年代，在党和国家"好人好马上三线"的号召下，三局人跋山涉水奔赴西南，风餐露宿、肩扛人挑，用青春和热血建设了一批工业、国防

中建三局武汉军运城项目农民工党员史水仿走上讲台，结合十九大报告解答工友关心的问题

和民用建筑，为"三线"建设做出重大贡献，红色基因从此融入三局人的血脉。

20世纪80年代初，改革潮涌，南国春早。三局人以先行者的姿态出征深圳，一举创造举世闻名的"深圳速度"，书写改革开放的代名词。

"80年代看深圳，90年代看浦东。"20世纪90年代，国家实施浦东大开发战略，三局人又一马当先，跃入建设浦东的洪流，在黄浦江畔留下步履铿锵的足音。

进入21世纪，中建三局主承建上海环球金融中心、央视新址、香港环球贸易广场钢结构"三大顶尖工程"，书写了一部励精图治、改革创新、追求大国建筑之梦的传奇史诗……

2017年11月22日，中建三局联合兄弟单位一举夺得雄安第一标——雄安市民服务中心项目，擂响了中国建筑参与雄安新区开发建设的战鼓，矢志为雄安新区打造面向全国乃至世界的窗口。

蓝图绘就，正当筑梦远行；任重道远，更需策马扬鞭。进入新时代，踏上新征程，中建三局将继续秉承"敢为天下先，永远争第一"的企业品格，不忘初心，牢记使命，为中国建筑打造"最具国际竞争力的投资建设集团"贡献力量。

三种颜色　三份责任

中建四局　马义俊

心，在人类世界里，有着超越其文字本身的含义。人们往往用它表达最纯粹、最真实的情感，表达我们内心最热切、最在意的期盼。

习近平总书记所做的党的十九大报告中，共有 57 个"心"字。初心、同心、信心、关心、核心、心连心……我们看到的是，中国共产党对国家和民族的坚定信念，对全心全意为人民服务宗旨的坚守。党的理论无论如何变化，万变不离其宗的，是北京中南海新华门内永远不变的五个大字——"为人民服务"——这是共产党所有理论的起点和终点，也是中国共产党人永远的出发点和归宿。

作为中央企业的我们，不禁要问自己：我们的初心又是什么？我们肩负的责任到底是什么？——我们不能只顾埋头拉车，更要抬头看路；我们既要脚踏实地，也要仰望星空。

一、红色基因铸就"根"和"魂"

回首历史，我们不难发现一个有趣的现象：中建四局的历史始于 1962 年 8 月建筑工程部贵州工程总公司，而母公司中国建筑却于 1982 年组建——与四局一样，作为中国建筑子企业的其他工程局或单位，不管是从原基建工程兵第 21、第 22 支队专业的中建七局和八局，还是东北、西北设计建筑设计院，历史都早于中建集团。中建集团从诞生之初，就不是国家投资建立的一个全新的企业，也不是某个政府部门直接转变形成的，而是由不同行政系统的下属单位归集而成。

然而，就是这样一个最初东拼西凑的企业，在不占有国家大量资金、资源和专利的情况下，在肖桐、冯舜华、张恩树、马挺贵、张青林、孙文杰、易军等一代中建人的带领下，硬是在完全竞争的房地产建筑行业发展壮大，成为时至今日全球最大的投资建设集团。这些背后，正是因为有中国共产党的领导，才能整合资源、集聚能量、化多为一；正是因为中建与生俱来的红色基因，才能组织严密、行动有序、协调一致。

2016 年 10 月 11 日，习近平总书记在全国国有企业党建工作会议上强调："坚持党的领导、加强党的建设，是我国国有企业的光荣传统，是国有企业的'根'和'魂'，是我国国有企业的独特优势。"不仅中建如此，回顾四局过去的发展历程，我们更能切身地感受到：只有坚持党对国有企业的坚强领导，企业改革发展才能赢得一个又一个胜利。

中建四局七届党委班子上任之初，全局 10 家号码公司中有 7 家亏损，15 家区域公司中有 9 家亏损，全局近百个项目中有 75% 已经亏损或面临亏损。对外，各种诉讼官司缠身；对内，长期拖欠职工内债，企业积贫积弱，发展举步维艰。要想迎难而上、破解难题，最根本的，就是必须坚持党的坚强领导，把党的政治优势转化为推动企业前进的发展优势，从而确保方向不跑偏、原则不松弛，进一步形成风清气正、阳光透明的良好氛围。只要有正气，就一定有底气！正因如此，我们才能实现困难企业当期扭亏为盈，才能推进 103 家臃肿低效的管理机构顺利整合，才能顺利安置 47 名机构整合调整下来的公司副职级干部，才能在持续的反腐高压中，始终把纪律和规矩挺在前面，担当起全面从严治党的"两个责任"。

积极开展党建活动

一路走来，我们更加清醒地认识到：企业的一切成绩，离不开党的坚强领导——是党组织"领方向"，打造了我们领先业界的发展能力；是党组织"搭班子"，打造了四局攻坚克难的领导团队；是党组织"建支部"，打造了大江南北无坚不摧的战斗堡垒；是党组织"树旗帜"，打造了舍己为公、拼搏在前的优秀党员；是党组织"聚精神"，打造了助力基业长青的企业文化。有了这样的认识，我们就会明白，全面从严治党、"两学一做"学习教育的目的，其实就是为了唤醒"为民服务"这个理想，强化"为国拼搏"这个信念。只有坚持党对国有企业的坚强领导，我们才能清醒地回答"我是谁、从哪里来、到哪里去"的哲学命题；才能在商海浮沉中，以党性之不变，应对市场之万变；才能带动和影响身边的青年同志，并确保党的企业传承到党和人民信任的一代又一代四局人手中。

二、求实崇实焕发蓝色力量

历史告诉未来：发展的道路不可能永远一帆风顺，总有曲折、迂回、坎坷，甚至暂时的倒退。一直以来，一些唱衰国企的杂音始终不绝于耳，"国有企业末日已经来临"的所谓"专家论调"年复一年……但是无论哪一种声音，在四局乃至中国建筑十年来跨越式大发展的业绩面前都不堪一击、十分苍白！虽然，当前我们的企业还存在着"产业结构还要优化、应收款管理还要加强"等问题，但我们也要看到：这些都是发展中遇到的问题，最终还是要靠发展来解决。我们坚信的是：在过去那么贫穷落后的困境下我们都能迎难而上，创造历史；在企业不断壮大发展的今天，我们更应该充满必胜信心，写下新的传奇！当前，党中央高度重视国有企业改革发展。可以说，在当前建设中国梦的新征途上，我们国有企业"服务人民、报效祖国"的又一个新时代已经来临！所以，我们更要坚定搞好国有企业的必胜信心，理直气壮做强做优做大国有企业。我们就是要用实实在在的发展，教育和鼓舞广大干部职工，特别是青年员工，要对国有企业的未来充满理论自信、道路自信、发展自信，不要妄自菲薄，不必朝三暮四，我们必将继续前进！

时代更迭、岁月流逝，但一代代四局人沉淀的求实崇实的企业品质始终未变，这也是蓝色力量在四局的生动体现。

2005 年，针对当时制度得不到落实、管理混乱的现状，四局党委旗帜鲜明地提出了"简洁、实用、能执行"的管理理念。其目的，就是希望全局干部职工从思想上回归"求实崇实"这一本源，从而在行动上加快转变。2015年，我们又增加了一条"深思、实干、长坚持"作为补充。但无论内涵怎么扩充，其核心要义始终紧扣一个"实"字。

有了这样一种品质，我们才能围绕企业发展这个目标，干实事、出实招、求实效。有了这样一种品质，我们才能以实实在在的诚信赢得业主的信任，以实实在在的品质赢得市场的认可，以实实在在的发展赢得员工的支持。2010 年，中建集团党组大力开展企业文化建设，四局"简洁、实用、能执行"的理念被完全收入《十典九章》，上升为全集团的文化要求。这种肯定更是极大地鼓励我们：必须继续坚守"求实崇实"的企业品质。

但是，近年来我们也该看到有一些干部渐渐丢掉了这个宝贵品质，没有扑下身子把工作做实做透，所以才会造成经营止步不前、应收款居高不下等被动局面；少数领导干部则是彻底丢掉了实干精神，只顾贪图个人享受，有的甚至不惜滥用职权侵吞国有资产，走上了违纪违法的犯罪道路。这些发生在我们身边"不求实、不崇实"的案例，应该引起警醒和深思。当前，企业正处于转型升级的关键时期，任务重、挑战多，越是如此，我们更要继续坚守四局"求实崇实"的企业品质，将蓝色力量变为发展成效，真正做到谋事要实、创业要实、做人要实。唯有如此，我们才能实现新的目标，从一个胜利走向另一个胜利。

三、绿色发展彰显情怀担当

建筑因人而生，以人为本——这既是建筑的归属，也应是建筑人不变的初心。在中建绿色发展理念的引领下，四局大力打造科技建筑、绿色建筑。施工过程做到节能、节地、节水、节材，减少污染，保护环境；广泛投产使用预制构件等建筑材料；开发建造"绿色低碳之城"和"生态宜居之城"。我们正用科技创新绿色施工，推进能源低耗型、资源节约型、施工高效型的"绿色四局"建设，积极以绿色发展，创新拓展人居"幸福空间"。

将绿色环保理念完美注入建筑的每个细节，让人们的生活变得更加美好，这不仅是践行党的十九大精神的具体落点，也是中国建筑一直以来的目标和追求。

红色基因铸就了中建的"根"和"魂"，让我们始终不忘自己的政治本色，履行政治责任；蓝色力量让我们得以始终坚守企业崇实求实的品格，以党性之不变应市场之万变，履行经济责任；绿色发展，以人为本，心怀大爱，既是建筑人应有的情怀和担当，也是履行社会责任。这就是我所理解的中建"红、蓝、绿"，三种颜色三种责任。

聚力大发展　不负新时代

中建五局　田卫国

习近平新时代中国特色社会主义思想是党迈进新时代、开启新征程、挥写新篇章的政治宣言和行动纲领，为包括中建五局在内的国企创新改革与持续快速健康发展，指明了方向，提供了强大动力。

学习贯彻党的十九大精神，必须牢牢把握习近平新时代中国特色社会主义思想这一主线和灵魂，深刻领会其历史地位和丰富内涵，坚定不移地用这一重要思想凝聚发展力量，指导企业创新发展实践。

北大智慧谷产学研项目

一、顺应最好时期，树立发展自信

习近平总书记在党的十九大报告中，回顾了十八大以来极不平凡的历程，阐述了党和国家事业取得的历史性成就、发生的历史性变革。党的十八大以来，中建五局服务于中央和国家战略，合拍于国家和地方政府发展导向，顺应于市场发展形势，推动企业转型升级，内生出拉动经济增长、促进企业发展、改善民生保障等多重积极效应，逐渐向投资商、建造商、运营商"三商一体"的投资建设企业集团转变，企业主要经济指标连创新高：六年来，合同额、营业收入、利润分别增长了184%、151%、132%；2017年营业额突破千亿元，进入千亿级企业集团；连续3年在中建系统经营业绩考核中位居工程局第三，在湖南省百强企业中位居前三。

习近平指出：今天，我们比历史上任何时期都更接近、更有信心和能力实现中华民族伟大复兴的目标。中建五局的发展也处于历史上最好的时期，这些都充分证明习近平新时代中国特色社会主义思想具有强大的真理力量。

尽管未来全党还将应对重大挑战、抵御重大风险、克服重大阻力、解决重大矛盾，中建五局也面临着转型升级、结构优化、人才短缺等方面的困难和考验，但我们有理由相信，在以习近平同志为核心的党中央的坚强领导下，在习近平新时代中国特色社会主义思想的科学引领下，包括中建五局在内的国有企业必将取得更好、更快发展。

二、坚守初心与使命，明确发展目标

中国特色社会主义进入新时代，习近平新时代中国特色社会主义思想提出的"八个明确"和"十四个坚持"，为决胜全面建成小康社会、建设社会主义现代化强国、实现中华民族伟大复兴提供了行动指南，更是中建五局持续快速健康发展等各项具体工作的理论指导和路径指引。

作为共和国长子，五局与共和国共命运、同成长。肩负着央企的政治责任、社会责任和经济责任，使得五局人对国家命运更多一份关切，对中国共产党人的初心和使命更多一份认同，对经济建设更多一份贡献。

党的十九大开启了全面深化改革新征程，"建设美丽中国"，高质量发展、

"一带一路"……现实和历史赋予了五局新的任务和使命。随着建筑企业市场竞争日趋激烈、运营方式发生深刻变革，仅具有单一优势资源、单一优势能力和单一优势市场，已越来越难以适应业务总包、产融联动、建营一体的新业态需求和国际化要求。这更加坚定了五局实现房建、基建、投资、海外的多元协同发展，着力攻坚 EPC 领域，抢占产业链的高端和市场的终端"两端"市场的决心和初心，推动新旧动能转换，坚持速度与质量、规模与效益的有机统一，从而实现高质量发展，为人民幸福、民族复兴贡献央企力量。

三、加强党的建设，凝聚发展力量

党的十九大提出了坚持全面从严治党的新要求。我们深刻认识到，党建兴则国企兴，党建强则国企强。坚持党的领导、加强党的建设，是国有企业的光荣传统，是国有企业的"根"和"魂"，是国有企业的独特优势。

中建五局 25000 余名职工中，共产党员 7000 余名。通过发挥好党组织战斗堡垒作用和党员先锋模范作用，就能凝聚发展共识，将央企党建的政治优势转化为发展优势。

中建五局党委提出："抓发展必须抓党建，抓党建就是抓发展。"五局始终坚持"以党建为魂"，发挥国有企业的政治优势，强化党建，用党建引领增强全局干部职工的凝聚力与战斗力，全体五局人思想同心、行动同向、步伐同调。通过党的建设、优化领导体制，着力发挥领导核心和政治核心作用，做到把方向、管大局、保落实。按照"企业发展到哪里、党的建设就跟进到哪里、党支部的战斗堡垒作用就体现在哪里"的要求，中建五局从机关总部到项目，组建机构同时成立党工团组织。着眼长期规划，中建五局更是将"贯彻全面从严治党，落实'两个责任'，加强企业党建工作"作为发展战略之一，编入企业发展"十三五"规划，构建全面从严治党与生产经营良性互动格局。

思想建党是我们党的光荣传统和政治优势。中建五局将思想政治工作与企业文化建设相结合，并根据不同时期企业发展需要，自 2003 年以来先后开展了五次思想文化运动，通过营造良好的内生态环境，推动了企业跨越式发展。

新时代开启新征程，中建五局党员干部将进一步牢记新使命、新责任、新任务，以新气象、新担当、新作为、新业绩，将国企红色基因的政治优势转化为企业的生产力、发展力、凝聚力，不断推动五局科学发展。

学习贯彻十九大精神的成效，最终体现在企业发展业绩的提升上，体现在企业核心竞争力的提升上。当前和今后一个时期，中建五局将坚持把学习宣传贯彻到以习近平新时代中国特色社会主义思想作为全局的重大政治任务，以全面从严治党推动全面从严治企，以全面从严治企推动企业长期健康稳定发展，更好发挥国有企业作为党执政兴国"六个力量"的应有作用。

牢牢把握稳中求进总基调
正确处理三种辨证关系

中建六局　张爱民

　　稳中求进工作总基调是治国理政的重要原则，也是做好经济工作的方法论。习近平总书记强调"要更好把握稳和进的关系，稳是主基调，要在保持大局稳定的前提下谋进。稳中求进不是无所作为，不是强力维稳、机械求稳，而是要在把握好度的前提下有所作为，恰到好处，把握好平衡，把握好时机，把握好度"。这一论断对稳的内涵、进的内涵和"稳"与"进"的关系作出了精辟论述，对如何"稳"，怎么"进"，指明了方向。"路不行不到，事不为不成。"结合企业发展实际，中建六局改革发展要做到"稳中求进"，破冰高质量发展，必须传承"红色基因"，凝聚"蓝色力量"，推动"绿色发展"，正确处理好"速度与质量、规模与效益、大与强"三大辨证关系。

一、速度与质量必须统筹兼顾

　　中建六局在"蓝色力量"带动下，保持了一定的发展速度，形成了基础设施、地产业务、海外业务、人员总量、房建业务等自身发展比较优势，具备了进一步做强、做大企业的基础和条件。

　　在处理发展速度与发展质量的关系问题上，官庆董事长在 2018 年年中工作会上强调，"面对高质量发展要求，速度与质量必须统筹兼顾，不得偏废，更不得对立起来"，要"以稳速增长营造质量提升的良好环境，以质量提升创造稳速增长的持久动力"。中建六局将严格按照上述要求理顺工作思路，处理好速度与质量的关系。在速度面前，坚持质量第一；在质量面前，保持好速度弹性。同时要分清速度和质量的主次矛盾，优先劣后，精准发力。基础较好的企业要确保企业发展质量大幅提升下的速度有效增长，带动全局整体高质量发展。条件不具备的企业要消除规模焦虑、舍弃速度情结，在不失速的前提下聚力向内建体系、建机制，下苦功、练内功，查风险、排隐患，蓄积力量，厚积薄发。

对于未来发展，中建六局将进一步强化比较优势，将长板继续加长、补强，形成桥梁、轨道交通、市政三大格局。当下的首要任务是强化管控体系建设、制度建设、队伍建设，提高创新发展能力、投资业务能力、项目创效能力，并在突出基础设施业务的同时，协调发展高端房建，严格处理好"速度"与"质量"的关系。

中建六局新总部办公大楼——中建中心项目

在我国经济发展从高速增长转为中高速增长，经济结构不断优化升级，从要素驱动、投资驱动转向创新驱动的新常态下，发展方式的转变，全要素生产率的提升，"人口数量红利"必然向"人口质量红利"转变，随着经济下行压力的不断加大，人多不仅不是优势，反而压力更大。只要我们牢牢抓住生产力中"人"这个关键因素，专注提升员工综合素质、人均创效能力，着力优化人才结构；只要坚持正确选人用人导向，解决好后备人才队伍建设中存在的突出问题，就一定能为六局高质量发展注入强劲动力。

二、有效益的规模才是真正的规模

规模是效益产出的载体，效益是规模发展的目的。只有有效益的规模才能产生规模效益，只有有效益的规模才是真正的规模。中建六局凝聚"蓝色力量"必须把精力和重点放在追求效益上，夯实发展基础和规模基础，增强内生动力。追求有质量有效益的发展规模要坚决丢掉争地位、拼规模的思想包袱，以新常态下的常态之心、久久为功之心，围绕效益做文章。只有企业练好内功，营销能力、管控能力、履约能力、盈利能力才会有更大提升，带动企业发展规模的快速增长。

山东潍坊白浪河大桥摩天轮项目

获世界桥梁界"诺贝尔奖"——亚瑟·海顿奖的张家界大峡谷玻璃桥

　　企业要对自身情况心中有数，做好规模压力测试，科学确定规模临界点或平衡点，既不能为了生存饥不择食，饮鸩止渴，制造亏损的黑洞，也不能以追求效益为名或借口，丧失临界规模，引发矛盾的爆发和系统性风险的产生。特别是基础管控扎实、创效能力强的单位，要自我加压，争取扩大更高质量的经营规模，提速发展。

　　对于提高企业发展效益，中建六局要逐步实现由施工总承包向工程总承包转变，由施工总承包向"投资、建造、运营、发展"四商一体转变。聚焦新型建筑工业化、绿色建造、建筑节能、全流域水环境综合治理、海绵城市建设等领域，不断创新培育新动能，向"新业务"要效益。

　　此外，投资业务也要坚持效率优先，向优势企业集中，更大力度地突出扶优扶强。向热点领域集中，要投向有影响、有体量、有效益的关键领域。向经济高地集中，要在经济发达地区和重点城市择优布局，集中资源将目标地域做深做透，形成更大的区域影响力和全产业链的带动力。向创新业务集中，要紧跟政策导向，投向装配式建筑、绿色建造、生态环境治理等新兴业务。

驱动高质量发展，特别要围绕"绿色建造""生态文明建设"这一国家战略，增强自主创新能力；依托"高、大、难"和"新、特、尖"在施项目，重点研发解决复杂问题的关键技术，创新研发技术含量大、应用价值高、具有自主知识产权的国家级工法和新技术、新产品。挖掘国内先进施工技术，加大自身技术集成，提升全局整体技术水平；着力培养专家级、大师级科技领军人才，拿出培育"院士"的勇气，打造科技人才"名片"。

三、蓄势高质量发展先求强再谋大

六局要破冰高质量发展，积蓄"蓝色力量"，实现强局梦，必须在发展思路上要处理好做大和做强的关系。"大"追求的是体量，是规模。"强"追求的是内涵，是发展动力和综合实力。做强是第一步，只有企业管控能力、创效能力、抗风险能力、市场竞争能力增强，企业才能真正发展壮大，否则就是舍本求末，得不偿失。要进一步在做实、做优、做精上狠下功夫，强基固本，蓄积变革动力，先求强再谋大，持续提高竞争力。

做强、做优中建六局基础设施业务，一方面需要进一步加大基础设施业务的发展力度，整合凝聚资源，提高设计优化能力，全面提升工程总承包竞争力，促进基础设施业务持续稳健增长；另一方面，需要坚持"质量第一、效益优先"原则，全面加强基础设施业务的标准化、精细化、体系化管控，提高项目创效能力。

房建业务要向"做精、做强、做优"发展，必须在顶层设计、政策导向、运营监管、考核机制等方面，做到统筹兼顾、协同推进，尤其在 EPC 工程总承包、装配式建筑、绿色节能建造等方面要加速推进，在做精、做优上不断倾注智慧，把房建业务推向高端。

发展地产业务，必须充分发挥全产业链竞争优势和专业团队优势，立足天津核心市场和基建、房建优势区域潜心发展。加大准入区域拓展力度，并争取在重点地区的投资权限。挖掘企业现有土地资源，盘活低效资产，解决遗留问题的同时实现资产最大收益。此外，企业要发挥地产投资的专业优势，创新商业模式，与基建、房建互动，一体化运作，互为支撑，协调发展，共同发力，降低土地获取成本，夯实规模化发展基础，发挥投资驱动的纽带功能。在土地整理、规划设计、销售、租赁和物业服务等各环节培育盈利点，提高竞争力，打造未来房地产业务全产业链的核心竞争力，并在特色小镇、美丽乡村、医养地产、旅游地产、园区开发方面深度研发，培育发展新动能。未来，中建六局要继续秉承"大市场、大业主、大项目"的"三大"营销策略，聚焦粤港澳大湾区、长三角、京津冀、成渝等核心区域和西安、昆明、郑州等重点市场，在做深、做透上下功夫。要配强区域营销骨干力量，建立高端关系，找到大业主、好业主，争取拿大项目、好项目。坚决屏蔽小业主、小项目，坚决放弃大额垫资、商务条件苛刻等不能满足高质量发展要求的项目，降低经营风险，为高质量发展把好第一关。发展海外业务发展必须紧跟中建集团在新时代"打造具有全球竞争力的世界一流企业"步伐，认真落实海外优先指导思想，推行干部使用优先，政策支持优先，资源配置优先"三大优先"策略，高质量统筹推进海外业务，坚定不移做强、做大。

文莱淡布隆跨海大桥 CC4 标段施工现场

　　传承"红色基因",凝聚"蓝色力量",推动"绿色发展",实现强局梦,必须笃行实干,知行合一,把破冰高质量发展的思路和措施落实到行动上。按照十九大关于高质量发展的总体要求和中建集团提升"十三五"时期发展质量的总体部署,要紧紧抓住"高质量发展"这个牛鼻子,坚持"质量第一、效益优先"原则,聚力发展"基建、地产、房建"三大业务,实现"海外优先"突围,坚持固基和创新并举,坚持投资驱动和承建并举,实施科技和人才强企战略,营造风清气正,机制运行顺畅的政治生态,倡导六局"厚德、笃行、创新、共生"企业精神,构建六局"四个全面"重点工作格局,实现六局"一年固基、两年提升、三年大变样"的发展目标。

薪火传承　逐梦未来

中建七局　方胜利

三十五载峥嵘岁月，三十五载砥砺前行。

2018 年是贯彻落实党的十九大精神的开局之年，是改革开放 40 周年，欣逢中建七局兵改工 35 周年，笔者谨代表局党委、董事会及经营班子向艰苦创业、忘我奉献的历届老领导、老同志致以崇高的敬意！向勇于创新、爱岗敬业的全体员工表示诚挚的感谢！向关心、支持中建七局发展的政府各级领导、中建集团领导以及社会各界表示真诚的谢意！

时光荏苒，见证沧桑巨变；岁月如歌，谱写壮丽诗篇。翻开中建七局兵改工 35 周年的历史画卷，展现在大家面前的是一部筚路蓝缕的创业史，一部催人奋进的发展史，一部自强不息的奋斗史。中建七局自 1983 年集体改编加入中建集团序列以来，坚韧图强，拼搏进取，谱写了一首首建筑史诗，筑就了一幕幕立体风景。特别是近年来，创新发展模式，转变增长方式，一步一个台阶，一年一个跨越，刻画出一条绚丽的发展曲线。中建集团王祥明总经理高度评价中建七局近几年发生了翻天覆地的变化。

这是砥砺奋进、不断壮大的 35 年。兵改工 35 年来，中建七局施工足迹遍布祖国 20 多个省、市、自治区，承建了国家重点工业与民用建筑工程、公共和基础设施项目数万余项，并迈出国门，在非洲、西亚和东南亚等地区建起了中外友谊的丰碑。从有记录以来，合同额增长了 1254 倍，营业额增长了 5538 倍，利润总额增长了 1076 倍。2018 年上半年，全局新签合同额 1253.26

亿元，完成营业收入 406.3 亿元，实现利润总额 11 亿元，三项指标均创历史同期新高。中建七局连续三年蝉联河南省百强企业第四位，河南省建筑企业第一位，跻身河南省盈利及纳税"双十佳"企业，先后荣获 100 余项鲁班奖和国家优质工程奖，1000 余项国家级专利和工法，实现了从"谋发展"到"大发展"、从"追赶者"到"领跑者"、从"系统领先"到"行业领先"的华丽转身。

这是锐意改革、创新求变的 35 年。部队集体改编后，中建七局就闯入市场经济的大潮，从中标河南省首例招投标项目——河南财经学院开始，一步步走出中小城市，将建筑承包的足迹坚定地迈向了省会和大中城市。按照"大市场、大业主、大项目"的经营策略，承揽建造了越来越多的高大新特和标志性工程，并依靠扎实的品质保障，赢得了社会各界的肯定和行业推崇。大力实施专业化、区域化、标准化、信息化、国际化"五化"策略，进一步提升企业整合资源能力和全产业链服务能力。在项目运行机制上，全面落实风险抵押责任承包、强力推进价本分离、强化生产要素集中采购、及时落实过程考核兑现，稳步提升了项目盈利能力。在内控体系建设上，通过建立

新密装配式车间

"大监督"体系以及持续开展核心制度大检查，孕育了企业内生增长的无限动力。此外，坚持把科技创新作为企业发展的强大动力，获批"国家级博士后科研工作站""国家住宅产业化基地"，成为中原地区建筑业科技创新的领军企业。

这是更新观念，转型升级的 35 年。中建七局紧跟国家战略和市场环境的变化，不断调整经济结构和经营方式，推进转型升级。坚持推进业务结构转型，从"一房独大"向基础设施、城镇化、投资开发协调发展的转型升级；推进发展模式转型，从单一生产经营向资本运营与生产经营相结合的转型，组合嫁接政府、银行资源，获取投融资与总承包双重效益；不断创新商业模式，以 BT、快速 BT、股本 BT、城市综合开发、工程土地联动、PPP 等多种方式进行投资建设，有力地支撑了主营业务的转型发展。稳步推进城市综合开发，启动了郑州经开区 10.47 平方千米、南阳新区 6.53 平方千米的城市综合开发项目，带动了由企业"单一建房"到"综合建城"的发展模式升级。创新推进特色金融服务，通过"建造＋金融"创新营销模式，助推高端项目的拓展；通过产融创新实现结构化融资，支持投资业务发展。响应国家"一带一路"倡议重回海外市场，在 6 个国家落地项目近百亿元。中建七局"建设专家、城建伙伴、共赢典范"的品牌形象熠熠生辉。

这是党建引领、文化聚魂的 35 年。坚持党的领导是国有企业改革发展的"定盘星"和"压舱石"。多年来，中建七局党委高度重视党建工作，坚持把党的领导"融入"公司治理各环节，把党组织"内嵌"到公司治理结构之中，充分发挥党组织的政治优势、组织优势、思想优势，为企业求新求进、改革转型提供强大精神动力和政治保障。2008 年，时任河南省委书记徐光春在七局党建经验材料上批示"向你们学习、向你们致敬"。目前，全局 21 个基层党委、党总支 97 个、党支部 528 个，共有党员 7686 名，党员队伍年龄结构和知识结构进一步优化。李文兴同志被中组部追授为"防汛抗洪救灾优秀共产党员"，被国资委党委追授为"中央企业优秀共产党员"。局党委获评"中央企业先进基层党组织""河南省先进基层党组织"。中建七局始终恪守共赢的价值理念，为股东增值，让客户满意，与员工共享，同社会和谐，在一次次的合作交往中升华了品牌形象。共赢文化是中建七局 35 年来不断跨越危机、不断发展前行的内在原因，也必将成为未来持续健康发展的动力源泉。

举办十九大精神轮训班

这是牢记使命、担当履责的 35 年。与祖国同呼吸，与时代同前行，这是优秀国有企业的责任与担当。对国家，中建七局不忘"共和国长子"的光荣使命，驰援唐山、援建映秀、抗洪救灾，每一次社会责任的履行，都有中建七局"大爱无畏"的浩然担当。对社会，积极为灾区群众捐款捐物，捐资建设周口市东新区幼儿园，向郑州市、安阳市捐赠公交车，每年承建 200 多万平方米安置房项目，将政府的"民生工程"建成老百姓的"放心工程"。对员工坚持以人为本，夏送"清凉"、冬送"温暖"、平时送"温馨"，构建和谐"家园"。中建七局在海外也努力树立全球责任观念，为巴基斯坦 PKM 项目外籍员工 Roshan Ali 患心脏病的妻子捐款 80 万卢比。

回首来时路，感恩几代人。中建七局的成功，没有"逆做法"，更没有"快捷键"，是欣逢盛世的结果，当然更是七局几代人实干苦干的结果，是广大离退休老领导、老同志和职工家属理解支持的结果，是各级政府、中建集团正确领导的结果，是社会各界鼎力支持的结果。对此，我们心存感激，心

映秀援建项目

怀感恩。

"功之成也，非成于成之日，必有所由"。历史的积淀、传统的继承以及文化的繁衍，保证了企业阅尽千帆，历久而弥坚。回顾35年的发展历程，成绩令人鼓舞，经验弥足珍贵，必须倍加珍惜。

35年的发展历程启示中建七局，坚持党的领导、加强党的建设，是国有企业的"根"和"魂"，是国有企业的独特优势。做强做优做大国有企业，离不开党的建设这个法宝，党建工作做实了就是生产力，做强了就是竞争力，做细了就是凝聚力。必须坚持党对国有企业的领导不动摇，在思想上政治上行动上同党中央保持高度一致。

35年的发展历程启示中建七局，发展是硬道理，发展是最大的政治，最大的责任。要始终扭住发展主题来提升竞争力，调整结构、转型升级，保持原有优势，培育新的增长点，才有了今天的成就和地位。

35年的发展历程启示中建七局，创新是推动企业发展的核心动力。中建七局坚持制度创新、管理创新、技术创新、商业模式创新，突破一个个发展瓶颈，始终保持企业发展的活力。创新是中建七局最深沉的精神禀赋。

35年的发展历程启示中建七局，企业战略定力决定未来发展。中建七局的未来不是取决于目前所站的位置，而是取决于所面对的方向。中建七局未来的方向，要按照"三商一体、平台发展；创新驱动、快速制胜"的发展理念和"转型升级、提质增效"的总体思路，努力成长为"核心经营地区最具竞争力的投资建设综合产业集团"。只有坚持战略方向，一张蓝图绘到底，才能基业长青。

"击水中流志未已，更向潮头展风帆"。今天，中建七局站在了新的起点上，展望未来，使命崇高，目标高远。中建七局要保持长期向好势头，务必不忘初心，继续前进。

必须坚持党的领导。党的建设是中建七局未来发展的基石，要牢固树立"抓党建就是抓发展，抓发展必须抓党建"的理念，全面增强"四个意识"，充分发挥党组织的领导核心作用，做到"把方向、管大局、保落实"，使红色基因、政治优势充分转化为加速企业发展、确保和谐稳定的强大动力。

必须坚持履行"三大责任"。中建七局的国有属性，决定了企业的使命就是服务国家改革发展的大局。贯彻落实"创新、协调、绿色、开放、共享"五大发展理念，将成为未来发展的主题。要把企业责任、企业发展融入国家政治格局和战略布局，积极投身于国家新型城镇化、基础设施建设、"一带一路"、雄安新区建设等重大项目落实中，在服务国家战略中实现企业的战略目标。

必须坚持市场化发展。要以市场为导向，遵守市场规律，提高对市场规律的驾驭能力；大力推进转型升级、创新商业模式，打造竞争对手无可比拟的竞争新优势；紧跟大市场，充分利用央企的品牌优势，通过高端营销和金融服务支持，加快"北上广深"等一线城市布局；深耕核心市场，巩固并扩大河南省和福建省市场的领先优势；继续秉持以业绩论英雄的绩效文化，增强竞争意识，不断完善优胜劣汰的竞争机制。

必须坚持国际化方向。要发挥"三商一体"优势，紧跟国家政策导向，加快"走出去"步伐。搭建"大海外"事业平台，积极融入国际市场，在更大范围、更高水平上参与国际竞争和全球分工。推动海外优先的战略部署，努力成为核心经营地区践行国家"一带一路"倡议的领先者，成为中建股份公司海外投资建设运营一体化服务的代表者。

必须坚持共赢文化引领。企业因文化而繁荣。要始终把《中建信条—共赢文化》《十典九章》作为企业的思想之源、力量之源、行为之源，为企业发展提供有力支撑。坚持与各利益相关方"共用平台，共创价值，共享利益"，为合作伙伴提供更好的发展机会。不断拓展幸福空间的高度与广度，坚持以人为本，关注员工诉求，提高员工幸福指数。

"志行万里者，不中道而辍足"。每一代人有每一代人的长征路，每一代人都要走好自己的长征路。中建七局的事业，是一代又一代人承前启后、生生不息接力奋斗的过程。让我们更加紧密地团结在以习近平同志为核心的党中央周围，坚持以习近平新时代中国特色社会主义思想为指导，以"拓展幸福空间"为使命，坚守"品质保障、价值创造"的核心价值观，秉承"诚信、创新、超越、共赢"的企业精神，不驰于空想、不骛于虚声，奋力谱写高质量发展的新篇章！

见证辉煌中国　共筑魅力中建

中建八局　校荣春

建筑是凝固的音乐，是历史的印记，更是时代的交响。1983 年集体改编组建以来，八局传承"令行禁止、使命必达"的红色基因，积蓄"攻坚克难、转型创新"的蓝色力量，秉持"智慧建造、节能环保"的绿色理念，初心不改、使命不息，走出了一条创业、立业、兴业的跨越发展之路。35 年来，中建八局用一座座精品工程、一次次市场挑战、一项项社会担当，共同见证了国家从"富起来"到"强起来"的伟大飞跃，共同经历了中国建筑成长为全球最大投资建设集团的光辉历程。站在新时代的起点上，回望昨天的辉煌与艰辛，审视当下的机遇与挑战，憧憬未来的规划与蓝图，我们更加自信地走在"形成推动企业改革发展生动实践"的征途上。

一、红色基因融入血脉、历久弥新

万水千山牢记来时路，传承实践坚守心中魂。习近平总书记多次在讲话中指出，不忘初心、继续前进，必须要传承红色基因，永葆奋斗本色。八局的红色基因，源自部队时期"能吃苦、勇担当、乐奉献、重执行"的精神品质，是最好的"教科书"和"营养剂"，每次重温都会增强开拓创新的勇气，都会激发起拼搏奋进的正能量。

红色基因是八局的思想之火。手上有火炬，心中有信仰，脚下有力量。从"支部建在连队上"到项目"红旗党支部"创建，八局始终把坚持党的领导、加强党的建设当作国有企业发展的"根"和"魂"。将艰苦奋斗的优良传统、全心全意为人民服务的宗旨作为提升党性修养的压舱之宝，让红色基因成为党组织和党员干部的思想之火、精神之魂、作风之根。坚持引领、凝聚、创新、融入的理念，不断开创全面加强党建工作的新局面。开展"一二三四五，共建好项目"创建，实现党建标准化在基层的落地生根。对党建工作和党组织负责人履职实行"双考核"，使党建工作由软任务变成硬指标，为企业转型发展提供了强大的思想支撑。

红色基因是八局的精神根脉。历史的启迪长在，精神的滋养永存。从"一把铁锹、两只竹筐"的大西北建设时期，到秦岭深山建造车间、大漠戈壁修建航天城；从"找米下锅"、接受市场竞争考验的改革开放时期，到勇攀高峰、不断提升核心竞争能力的跨越发展时期，八局的红色基因与生俱来、相伴相随。在 920-521 航天工程建设中，锤炼了"科技为先、筑造精品"的"大漠精神"；在世博、奥运工程的保障中，深化了"为国担当、为国争光"的奉献精神；在文昌卫星发射中心和杭州 G20 峰会场馆建设中，塑造了攻坚克难的宝贵品质。"高原精神""先锋精神""海河精神"……这些宝贵精神财富必将指引八局人完成使命、实现梦想。

红色基因是八局的文化之源。红色是国旗、党旗和军旗的底色。红色基因是八局铁军文化的源头活水，承载了八局跨越发展的创业史、创先争优的发展史、超越自我的辉煌史。从部队到企业，员工的身份在变，管理模式在变，但"虎狼之师"的团队精神、敢打硬仗的优良作风、军人超强的执行力、艰苦创业的光荣传统没有变，铁军文化始终与八局的发展同步，在各个时期都显现出独特的风采。代表中国建筑参与玉树灾后重建，在援建的 4 家央企中始终处于领先地位。在利比亚创造了三天万人万里大撤离无一人伤亡的奇迹，彰显了大国央企的责任风范。文化传承着历史，也连接着未来，传承红色基因的积淀，八局人将发扬忠诚、责任、担当的本色，在砥砺前行中绽放红色光彩。

2018 年新员工训练营

二、蓝色力量拓展使命、创造价值

时间是常量，也是奋进者的变量，伟大的事业赋予了时间以重量和价值。从"橄榄绿"到"中建蓝"，八局在嘹亮的军号声中，乘风破浪、塑造品质，应对重大挑战、抵御重大风险、克服重重困难，成为国内最具成长性的建筑企业之一。党的十九大报告中讲到的首届"一带一路"国际合作高峰论坛、亚太经合组织领导人非正式会议、二十国集团领导人杭州峰会、金砖国家领导人厦门会晤等重要会议的举办地，都由八局建造，充分展示了中国建筑的风采和气象。

蓝色力量是变革的力量。发展之道，改革为先。中建集团党组书记、董事长官庆在回答李克强总理的提问时讲道："把政治优势转化为企业的发展优势，是中国建筑赢得发展的根本保障。"八局按照中建集团的要求，坚持市场化的改革方向，在市场竞争中逐步强化核心竞争力。市场营销策略从"三大""三高"向"三优"转变，巩固了机场航站楼、大型体育场馆、会展中心等核心优势；推进结构调整，拓展基础设施高端市场，形成铁路、高速公路、轨道交通的先发优势；房地产主要发展指标位居中建系统前列，产业结构不断完善，持续变革为八局提供了强大的底气和深沉的力量。

蓝色力量是创新的力量。唯改革者进，唯创新者强。官庆董事长作为十九大代表接受采访时坦言："没有创新驱动，就没有中国建筑的健康快速发展"，专注创新也成为中建集团回答"克强总理之问"的全新注解。八局深度推进科技创新、管理创新、商业模式创新，为企业发展注入强劲动力。强化"大科技体系"，BIM 技术、建筑产业化达到行业领先水平，荣获国家科技进步一等奖 3 项，鲁班奖 155 项，居行业内同级次企业之首。加快"标准化""信息化""两化"融合，理顺业务流程、强化精益管理，实现了管理创新和升级。推进模式创新，以融投资带动总承包一体化发展，打造投资、建设、运营一体化服务价值链，商业模式创新的动力得以凸显。

蓝色力量是开拓的力量。未来无论在哪里，竞争都是国际化的，打造国际化企业是由大到强的必由之路。八局作为最早一批"走出去"的企业，积极践行国家"一带一路"倡议，以共享中国经验、展现中国品质、提供中国技术、对接发展需求为目标，将国家倡议的实施期转化为国际化拓展的收获期。始终坚持发展国内、国外两个市场，不断完善战略布局，业务涵盖房屋建筑、基础设施、投资开发等多个领域。建设了刚果（布）一号公路等民生工程，推动了基础设施互联互通；完成了非盟会议中心、老挝国际会议中心等一批国家经援项目；承建了马来西亚吉隆坡标志塔、埃及新首都等有影响力的海外工程，助力"中国建筑"蓝色梦想在五洲大地激情绽放。

杭州国际博览中心 G20 杭州峰会主会场

三、绿色发展促人奋进、催人远航

望得见山水，记得住乡愁，绿色理念是长远发展的需求。中建集团总经理、党组副书记王祥明强调："要矢志推动绿色发展，争当企业向投资建设集团转型的急先锋、排头兵。"八局响应"建设美丽中国"的要求，坚持"走绿色路、算绿色账、打绿色牌"，从"绿色建造、智慧建造、建筑工业化"等领域破题，抢抓"绿色发展"的先行优势、先发优势。

领导干部党的十九大精神学习轮训班

绿色发展开启新思路。绿色是生命的象征、生态的体现。绿色发展作为五大理念之一，从根本上改变了以高能耗、高污染为代表，建立在资源消耗、环境污染为基础上的传统发展方式。八局以绿色低碳循环为原则，围绕"四节一环保"绿色理念，率先开展绿色施工探索，在项目积极推广建筑废料综合处理、建筑垃圾"零排放"，应用雨水收集系统、喷淋降尘系统、建筑渣土制砖等新举措，形成了一整套绿色施工的操作工艺、技术标准、评价机制，绿色建造引领行业。积极参与住宅产业化实践，打造了集研发、设计、生产、施工于一体的装配式建筑全产业链。

绿色发展释放新动能。绿色发展是转变方式、实现可持续发展的必然选择。不再单纯依靠刺激政策和对经济的大规模干预来实现粗放型增长，而是从优化生态环境，建设环境友好型社会的角度，形成更优的空间格局、产业结构、生产方式、生活方式。八局紧跟国家战略导向，打造规划设计、投资开发、基础设施、房屋建筑工程"四位一体"的商业模式，推进 EPC 项目总承包、城市综合建设与开发，在重固镇落地实施了上海首个、全国首批 PPP 示范项目，推进了从"单一建楼"向"综合建城"的升级，取得了动能转换的新成效。

绿色发展开辟新"蓝海"。不谋万世者不足谋一时。绿色发展理念既立足当前，又规划未来，是调整经济结构、转变发展方式的重要动力，也将推进绿色建造、智慧建造的研究应用，推进新型产业的兴起。八局在敦煌丝路文博会项目施工中，推广 BIM 技术，应用"装配式+EPC"方式，创造了敦煌模式、敦煌速度、敦煌奇迹，也为业务模式创新提供了借鉴。未来，八局将在高清洁能源、生态环保、新兴业态、新型城镇化建设等领域拓展"新蓝海"，更加自觉地推动绿色发展、低碳发展、循环发展，赢得永续发展的美好未来。

莫道万里征途远，厉兵秣马再起程。党的十九大明确了"新时代"的新航向，激荡了改革发展的新力量。传承红色基因、积蓄蓝色力量、推动绿色发展，是中国建筑迈向新征程的号角。我们相信，只要八局人保持不骄不躁、艰苦奋斗的作风，强化转型升级、改革创新的责任担当，就一定能够在实现伟大梦想的征程上当先驰骋，在成为最具国际竞争力的投资建设集团的道路上阔步远行！

学习贯彻党的十九大精神
推动国有企业做强做优做大

中建新疆建工　徐爱杰

　　党的十九大是在我国全面建成小康社会决胜阶段、中国特色社会主义进入新时代关键时期召开的一次十分重要的大会，是一次不忘初心、牢记使命、高举旗帜、团结奋进的大会，在党的历史上具有划时代、里程碑意义，是党团结带领全国各族人民在新时代坚持和发展中国特色社会主义的政治宣言和行动纲领。

　　习总书记在十九大上发出了培育具有全球竞争力的世界一流企业的动员令。我们要以党的十九大精神为统领，深学笃用习近平新时代中国特色社会主义思想，以时不我待、只争朝夕的使命担当，撸起袖子加油干，凝聚起建设社会主义现代化强国的磅礴力量。深入学习十九大精神，要切实在学懂弄通上下功夫，在做实上下功夫，迅速在全新疆建工兴起学习宣传贯彻党的十九大精神的热潮，把思想和行动统一到党的十九大精神上来，把智慧和力量

喀什广场

凝聚到落实党的十九大提出的各项任务上来，扎实推动党的十九大精神落地生根、开花结果。

一、贯彻落实全面从严治党要求，传承红色基因，加强国有企业党的建设，在企业改革发展中发挥党的政治核心和领导核心作用

习近平总书记指出，坚持党的领导、加强党的建设是国有企业的光荣传统，是国有企业的"根"和"魂"，是国有企业的独特优势，要坚持党对国有企业的领导不动摇。中国特色现代国有企业制度，"特"就特在把党的领导融入公司治理各环节，把企业党组织内嵌到公司治理结构之中。习近平总书记这一系列关于国有企业党建工作的论述，是国有企业坚持党的领导，加强党的建设，深化国有企业改革的根本遵循。全面从严治党，永远在路上，中国建筑作为央企的排头兵，更需要在坚持党的领导，加强党的建设，深化改革发展上做出表率，走在前头。就新疆建工而言，要切实把思想和行动统一到习总书记重要讲话精神上，统一到党的十九大精神上，牢固树立"四个意识"，把坚持党对国有企业的领导，加强国有企业党的建设的要求落实到新疆建工"富起来、强起来"，落实到新疆建工的可持续健康有质量地发展中，传承红色基因。具体来说，就是要履行党委书记的第一责任人责任，担负全面从严治党主体责任，树立"抓好党的建设是最大政绩"的正确政绩观，把全

党的十九大轮训现场

面从严治党的责任扛在肩上，切实抓好本单位的党的建设工作，在企业改革发展中发挥党的政治核心和领导核心作用，做强做优做大企业。

二、贯彻新理念，学习新知识，积蓄蓝色力量，不断提升企业现代化管理水平，提升企业竞争力

中建新疆建工正面临转型发展的机遇期，必须发挥国有企业领导核心和政治核心主力军作用，要以"成为新疆地区建筑行业的排头兵，成为新疆地区'一带一路''走出去'的排头兵，成为央企在新疆地区的排头兵"为目标，按照习总书记提出的国有企业"六大力量"等一系列有关国企党建与改革的新提法、新论断、新观点进行坚决贯彻。坚持在继承中发扬，在发展中创新，建立健全完善现代企业管理体系，着力提升现代企业管理水平，提高企业竞争力。一方面要坚持新发展理念，要按照党的十九大提出的"发展是解决一切问题的基础和关键"的思想，毫不动摇地坚持推进新疆建工的发展，以发展来解决新疆建工的实际问题；另一方面要抢抓新机遇，要发挥地处新疆的"一带一路"核心区的区位优势，紧紧抓住新疆基础设施建设大发展和国家PPP项目政策的机遇，立足新疆，把新疆作为主战场，大力推进"一带一路""走出去"；要抓住党的十九大提出的"区域协调发展战略，加大力度支持革命老区、民族地区、边疆地区、贫困地区加快发展和加快边疆发展"带来的新机遇，通过发展带动，创新发展模式，外拓市场，内强素质，提升新疆建工的现代化管理水平，积蓄蓝色力量。另外，要着力把党建工作政治优势转化为企业发展优势和竞争胜势，为新疆建工可持续健康有质量的发展提供保证。

勘察战线"排头兵"

三、整合新文化，抢抓新机遇，外拓市场，维护社会稳定，推动绿色发展，提升中建品牌形象和影响力

中国建筑重组新疆建工以来，在中建集团的正确领导下，新疆建工领导班子团结和带领广大职工，紧紧围绕"重组、融入"这个主题，推进理念、管理、人才、文化"四个融入"，促进新疆建工与中建接轨。在"以业绩论英雄"这一考核机制和先进文化的引领下，全面建立和完善业绩考核体系及激励机制，实现压力层层传递，增强了广大员工的责任意识，不断激发员工发展企业的激情，增强了企业发展的内生动力和活力。经过7年多的努力，中建新疆建工改革发展工作完成了"重组、融入"阶段性任务。

新疆达坂城西部歌城演艺中心

2017年初，新疆推出进一步加大交通、水利、棚户区改造等基础设施建设力度的一揽子计划。"十三五"期间，新疆仅在交通基础设施领域就投资1万亿元。这股发展大潮让中建新疆建工迎来难得发展机遇。为抢抓PPP业务大投入、大发展战略机遇期，新疆建工各级领导、各单位、各部门上下联动，

树立大局意识，强化一盘棋思想，抢抓机遇，增强预见性，增强应对能力，科学把握工作重点，牢牢把握发展的主动权，把发展融投资业务作为实现业务结构调整的重要途径。上半年以来，中建新疆建工高效与政府对接，大力度开展投资市场营销，取得丰硕成果，投资项目进入大发展阶段。先后中标完成总投资 91.39 亿元的阿勒泰地区交通基础设施 PPP 项目、总投资 94.34 亿元的哈密市交通基础设施 PPP 项目、总投资 129.76 亿元的伊犁州交通基础设施 PPP 项目、总投资 120 亿元的乌鲁木齐市高新区（新市区）老城区改造项目，预计可拉动中国建筑施工合同额 1000 多亿元，预计可拉动中建新疆建工施工合同额 361 亿元。下一步将加大履约力度，大大提升中建的品牌形象和影响力。

习近平总书记说，要以"一带一路"建设为重点，坚持"引进来"和"走出去"并重，遵循共商共建共享原则，加强创新能力的开放合作。在新疆市场环境和新疆建工自身条件下，投资也是把"双刃剑"，采取投融资业务对新疆建工的投资管理能力、风险防控水平和资源配置能力提出了更高的要求。

近年来，中建新疆建工作为中国建筑驻疆单位，认真贯彻落实习近平总书记在第二次中央新疆工作座谈会上的重要讲话精神和视察新疆时的重要指示精神，积极响应自治区党委的号召，聚焦新疆社会稳定和长治久安总目标，积极履行央企的政治责任和社会责任，"访惠聚"驻村工作、"民族团结一家亲"工作、转移安置南疆 300 名维吾尔族富余劳动力、首府安保维稳工作方面投入巨大的人力、物力、财力，做了大量卓有成效的工作，体现了作为央企的政治担当，得到了自治区党委和政府的充分肯定，为中国建筑在新疆树立良好、负责任品牌形象做出了积极贡献。

坚定发展新理念　阔步迈上新征程

中建设计集团直营总部　孙福春

新时代继往开来、守正出新，方位在变，而使命不变；矛盾在变，而发展不变。作为新时代的建设者，同时也是新时代的见证者和受益者，中建设计集团直营总部用自身的改革发展实践，将"牢记初心，在传承中稳步前行；解放思想，在改革中砥砺奋进！"诠释得生动而真实……

面对瞬息万变的行业重整、百舸争流的市场环境、日新月异的技术创新，中建设计集团直营总部以规划咨询为引领，以建筑、基础设施勘察设计为核心，以产融结合为杠杆，以工程管理为延伸，大力拓展 EPC 业务，着力打造全产业链的服务能力。回看"十二五"，新签合同总额、营业收入、净利润分别是"十一五"时期的 3.1 倍、3.3 倍、4 倍，五年时间翻两番，实现了规模效益的跨越升级，走出了一条差异化、特色化的发展道路。党的十九大吹响了高质量发展的集结号，中建设计集团直营总部也进入了转型升级的攻坚期，集团以习近平总书记的中国特色社会主义思想为航标指引，全面践行新发展理念，转变发展方式、优化经济结构、转换增长动力，敢于亮剑冲锋向前！

一、思想凝聚力量，党建引领发展

党的十九大以来，中建设计集团直营总部各级党组织深入学习贯彻习近平新时代中国特色社会主义思想和党的十九大精神，扎实开展"初心献礼十九大　一张蓝图绘到底"系列主题活动。党委牵头制作 5 套宣贯十九大精神

PPT 课件，党委委员组成宣讲团，深入 29 家基层单位进行宣讲，实现党委委员领着讲，支部书记大家讲得生动局面。同时推出"身边的十九大"——微党课、微竞答、微日志、"微积分"等活动；完成 C 级以上领导干部集中轮训工作，在培训期间举办两期学习知识竞赛并每天开展线上答题活动；与此同时，纪委召开两次专题学习培训，通过这一系列"入脑入心"的学习宣贯工作，切实把广大党员干部的思想和行动统一到十九大精神上来，进一步推动十九大精神在企业落地生根。

参加十九大集中培训知识竞赛员工合影

二、践行国家战略，区域推动发展

集团积极服务国家区域发展战略，抢抓雄安新区开发建设机遇，持续扩大京津冀核心区域的市场份额。通过联合兄弟单位，以项目投资人和设计总承包方的身份，成功夺取雄安第一标——雄安市民服务中心项目，随后又入选中国雄安集团规划咨询机构库，参与到国家千年大计的建设中。成功并非偶然，厚积而薄发！在此之前，集团紧跟新区建设步伐建立雄安总部，院风景园林专业专家作为全国 33 位专家之一受邀参与雄安新区的总体规划方案评审，一举中标北京新机场南航基地项目等。这一系列成绩、举措，展现出集团在推动京津冀协同发展方面的新作为、大作为。

三、立足守正出新，转型深化发展

坚守与革新、根本与突破，集团一直在探索设计主业与转型业务之间的平衡与融合，努力打造以设计主业为立业之本，工程总承包是转型之机、投资为营销之翼，信息化是强企之路的协同发展态势。2017 年，新签合同额突破 30 亿元大关，其中设计主业通过创新业务模式、强化专业优势、多元全面发展、科研成果转化等方式，逐步建立起在市场、品牌、技术、管理、人才等方面的优势地位，牢牢夯实发展根基；工程总承包业务，作为重点拓展的领域，也呈现出强劲的发展势头，成为新的经济增长点，业务结构不断优化，发展瓶颈逐步突破。

北京新机场南航基地项目

四、致力科技研发，创新融入发展

集团全面践行"智慧、绿色、现代"的价值理念。目前拥有专利 40 余项，主持完成各类科研课题 10 余项，完成绿色设计咨询项目合同额达 5 亿元；在装配式方面，获批国家第一批装配式建筑产业基地，累计完成装配式建筑设计 480 万平方米，获得国家专利 20 余项。2017 年中标当时全国最大、最高的装配式建筑社区——深圳罗湖"二线插花地"棚户区改造项目；在无障碍环境建设方面，组建第一家由大型央企牵头的无障碍研究中心，关于宜居之都无障碍建设研究成果上报中共中央和国务院办公厅，并推广应用于雄安市民服务中心；在信息化方面，主导开发的设计板块经营管理系统，率先在"中国建筑互联网开放平台"实现全面应用。一系列技术创新、一个个科技成果转换成为企业发展的不竭动力。

五、践行央企担当，使命砥砺发展

集团勇担国家乡村振兴建设战略重任，立足业务特长，打造惠民工程，助力脱贫攻坚。2018年初，作为住建部点将的4家设计院之一，积极投身到脱贫攻坚和美丽宜居乡村建设共同缔造示范村工作中，探索总结可持续、可复制、可推广的多元融合乡村振兴示范经验，为实现精准扶贫，贡献中建力量。另外自2016年起，连续服务三届河北省旅游产业发展大会，通过打造"总体规划、项目策划、建筑设计、建造管理、实施运营"五位一体的"中建模式"，推动当地经济、文化发展，造福一方民众，形成了一系列以百里峡艺术小镇、阆城小镇、康熙饮马驿站等特色小镇为代表的精品扶贫项目，其中首届规划设计作品获得时任国务院副总理汪洋及当地省市政府的高度认可与肯定。

深入村民家中听取村庄建设民意

看似寻常最奇崛，成如容易却艰辛。今天的成绩，源于始终传承的红色基因，让我们揽责于胸，扛起使命与担当，坚定脚下的路；今天的成绩，取自蓬勃迸发的蓝色力量，让我们不断激发人才活力、厚植发展优势，在市场竞争的浪潮中，中流击水，击楫奋进；今天的成绩，在于一路秉持的绿色引领，让我们不断深化转型、改革创新，激活发展动能，构筑长青基业。

对标十九大精神　推动东北院发展

中建东北院　崔景山

一、传承红色基因，抢抓发展机遇

党的十九大报告的主题是不忘初心，牢记使命。东北院的建立也有红色基因的传承。东北院的前身是东北人民政府建筑工程局直属设计公司，是以东北军区营房部建筑处的设计人员为主体组建的，所以也与人民军队的红色传统一脉相承。1952 年 7 月，中财委总建筑处召开第一次全国建筑工程会议，提出国家对于基本建设的方针是"国防第一，工业第二，普通建设第三"。东北院组建后设计的一项重要工程就是辽宁省海防军事工程基地的建设项目，位于海城、营口、大石桥及丹东一带，包括总体规划，各项军用建筑、营房建筑及辅助建筑共达 2000 余单项，1953 年全面完成。正式建院之后，主要是为我国第一个五年规划建设服务，设计了包括鞍钢、本钢在内的一大批工厂，为国家建设和工业体系的形成做出了卓越的贡献。东北院的命运从诞生之日起就和国家的建设息息相关。东北院要发挥好党委和党工委的政治引领作用，坚持把党的领导"嵌入"企业治理各个环节，全方位提升党建效能，将国有企业的政治优势转化为推动东北院做强、做大、做优的竞争优势。

党的十九大对我国社会主义现代化建设做出新的战略部署，并明确以"五位一体"的总体布局推进中国特色社会主义事业，从经济、政治、文化、社会、生态文明五个方面，制定了新时代统筹推进"五位一体"总体布局的战略目标，是新时代推进中国特色社会主义事业的路线图，是推动社会全面进步的任务书。东北院新一届领导班子和东北院全体员工有幸站在了新的历史方位，迎来了历史发展的新时代。我们决不能辜负这个时代。

进入新时代，我国为建筑业的未来开辟了光辉的前景。在这个新时代里，国家基本建设行业前景光明。发展是解决我国一切问题的基础和关键。党的十九大确立了各项改革措施，坚定不移贯彻创新、协调、绿色、开放、共享的发展理念，推动新型工业化、信息化、城镇化、农业现代化同步发展，主动参与和推动经济全球化进程，发展更高层次的开放型经济，不断壮大我国经济实力和综合国力，中国经济发展长期向好的基本面将得到有力提升。

从现在到 2020 年，我国进入全面建成小康社会决胜期，为建筑业创造了巨大的新机遇。国家统筹推进经济建设、政治建设、文化建设、社会建设、生态文明建设，坚定实施创新驱动发展战略、乡村振兴战略、区域协调发展战略、可持续发展战略，支持传统产业优化升级，加强水利、铁路、公路、水运、航空、管道、电网、信息、物流等基础设施网络建设。同时，实施区域协调发展战略，深化改革加快东北等老工业基地振兴；以城市群为主体构建大中小城市和小城镇协调发展的城镇格局，加快农业转移人口市民化；以"一带一路"建设为重点，坚持"引进来"和"走出去"并重，加强创新能力开放合作；推进绿色发展，建立健全绿色低碳循环发展的经济体系，构建市场导向的绿色技术创新体系，壮大节能环保产业；着力解决突出环境问题，加快水污染防治，实施流域环境和近岸海域综合治理，开展农村人居环境整治行动，加强固体废弃物和垃圾处置；加大生态系统保护力度，实施重要生态系统保护和修复重大工程，推进荒漠化、石漠化、水土流失综合治理，强化湿地保护和恢复，加强地质灾害防治。以上这些行业的大力推进和支持，为东北院带来了市场的机遇，成为东北院未来发展的新起点，新的征程。

但是，东北院必须充分认识到，在当前背景下，行业价值创造的逻辑正发生重大变化，只有加快企业转型升级才能化解发展危机，赢得发展机遇。当前东北院的发展面临诸多复杂问题，短时期来看，很难做到就事论事地解决问题，需要从更高、更远的角度思考企业战略发展的切入点或突破点，在发展中逐步化解。从远期看，东北院有必要站在行业高度重新审视和定义自身业务模式和价值，积极探索企业在新生态下的企业发展模式和思路，积极推动体制机制创新，加快恢复和提升原创能力、专业化能力、业务集成能力和资源整合能力，积极探索构建产业链整体价值服务能力，打造新的战略发展驱动力。

二、汇聚蓝色力量，实现弯道超车

为学习贯彻党的十九大精神，中国建筑把政治优势转化为企业的发展优势，把红色基因转化为企业的蓝色力量，为中国建筑转型升级提供引领和支撑，面向未来，始终坚持市场化的改革方向，推进市场化发展、差异化竞争，一体化拓展，科学化管理，并不断从"一带一路"建设、"走出去"中汲取养分和力量，形成规模、品牌、效益等无可比拟的竞争优势。中建股份围绕"1211"战略（即到 2030 年进入世界 500 强前 10 强，年营业收入达到 2 万亿元，市值突破 1 万亿元，成为世界投资建设领域的第一品牌）提出了新任务，遵循"升级、创新、开放、学习、领先、和谐"的思路和"提质增效、转型升级"的总体发展基调，统筹中国建筑全领域、全要素、全过程的优质资源，精准锁定重点城市、重大项目，通过市场化竞争、资本化运作、体系化管控，巩固市政设施、综合管廊、生态文明的领先优势，抢占区域开发、产业导入、商业运营等新兴领域，成为中国建筑投资、建设、运营一体化服务价值链的组织者和领导者。

齐商银行项目

"中建蓝"是大海一样深邃的蓝色，展示中国建筑宽广的胸怀，描绘出充满希望与活力的美好未来。东北院要充分借助中建系统的大营销体系，汇聚中国建筑的"蓝色力量",加快发展,实现弯道超车,为"蓝色力量"的积蓄做出自己的努力。

三、坚持技术创新,推进绿色发展

习近平总书记在报告中强调,建设生态文明是中华民族永续发展的千年大计,要形成绿色发展方式和生活方式,坚定走生产发展、生活富裕、生态良好的文明发展道路,建设美丽中国。其最重要的措施之一,就是推进绿色发展,建立健全绿色低碳循环发展的经济体系。构建市场导向的绿色技术创新体系,发展绿色金融,壮大节能环保产业、清洁生产产业、清洁能源产业。推进能源生产和消费革命,构建清洁低碳、安全高效的能源体系。推进资源全面节约和循环利用,实施国家节水行动,降低能耗、物耗。倡导简约适度、绿色低碳的生活方式,反对奢侈浪费和不合理消费,开展创建节约型机关、绿色家庭、绿色学校、绿色社区和绿色出行等行动。着力解决突出环境问题。加快水污染防治,实施流域环境和近岸海域综合治理。强化土壤污染管控和修复,开展农村人居环境整治行动。加强固体废弃物和垃圾处置。加大生态系统保护力度。实施重要生态系统保护和修复重大工程,构建生态廊道和生物多样性保护网络。开展国土绿化行动,推进荒漠化、石漠化、水土流失综合治理,强化湿地保护和恢复,加强地质灾害防治。这些绿色发展的措施,也是东北院创新发展的方向。目前东北院的绿色建筑设计所在这方面已迈出了一大步,其前景是非常广阔的。

四、坚持党的领导,加强党的建设

党的十九大报告提出,打铁必须自身硬。从以前的"打铁还需自身硬"到如今的"打铁必须自身硬",用词的变化,背后是党中央全面从严治党更加坚定的决心和更加鲜明的态度。我们要不忘初心、牢记使命,深学笃用习近平新时代中国特色社会主义思想,深刻把握新思想新时代新使命新征程,坚决维护党中央权威,坚决服从党中央集中统一领导,把"四个意识"落实到岗位上、落实到行动上,以坚如磐石的决心,把管党治党的螺丝拧得更紧,在深入推进党的建设新的伟大工程中贡献力量。

　　要牢记打铁必须自身硬，坚定不移推进全面从严治党。要坚持党对一切工作的领导，始终把党的政治建设摆在首位，坚决维护党中央权威，维护核心的权威，维护党的团结统一；坚持以坚定理想信念为根基，深入开展"不忘初心、牢记使命"主题教育，推动"两学一做"学习教育常态化制度化；坚持正确选人用人导向，按照好干部标准，严把政治责任关，建设高素质专业化干部队伍；坚持强基层打基础，增强基层党组织政治功能，努力使基层党组织成为坚强战斗堡垒；持之以恒正风肃纪、反腐倡廉，营造风清弊绝的政治生态，助推东北院"十三五"目标的实现。

十九大集中培训

五、坚持党管人才，凝聚行业英才

　　党管人才首先是党管干部。党的干部是党和国家事业的中坚力量。要坚持党管干部原则，坚持德才兼备、以德为先，坚持五湖四海、任人唯贤，坚持事业为上、公道正派，把好干部标准落到实处。坚持正确选人用人导向，匡正选人用人风气，突出政治标准，提拔重用牢固树立"四个意识"和"四个自信"、坚决维护党中央权威、全面贯彻执行党的理论和路线方针政策、忠诚干净担当的干部，选优配强各级领导班子。注重培养专业能力、专业精神，增强干部队伍适应新时代中国特色社会主义发展要求的能力。大力发现储备年轻干部，注重培养锻炼年轻干部，源源不断地选拔使用经过实践考验的优秀年轻干部。坚持严管和厚爱结合、激励和约束并重，完善干部考核评价机制，建立激励机制和容错纠错机制，旗帜鲜明为那些敢于担当、踏实做事、不谋私利的干部撑腰鼓劲。

人才是实现民族振兴战略资源，更是企业发展的核心动力。坚持党管人才原则，就是要聚天下英才而用之，加快建设人才强国。东北院要制定更加有效的人才政策，以识才的慧眼、爱才的诚意、用才的胆识、容才的雅量、聚才的良方，努力把行业内各方面优秀人才集聚到东北院的发展振兴中来，在东北院形成人人渴望成才、人人努力成才、人人皆可成才、人人尽展其才的良好局面，让各类人才的创造活力竞相迸发、聪明才智充分涌流。

习总书记说，青年兴则国家兴，青年强则国家强。青年一代有理想、有本领、有担当，国家就有前途，民族就有希望。中华民族伟大复兴的中国梦终将在一代代青年的接力奋斗中变为现实。笔者也坚信，东北院一定会在青年一代的努力下再创辉煌。东北院一定要关心和爱护青年，为他们实现人生出彩搭建舞台。也希望广大青年员工坚定理想信念，志存高远，脚踏实地，勇做时代的弄潮儿，在实现东北院跨越发展的实践中放飞青春梦想。

新时代应有新作为，东北院要紧跟国家经济发展的需求，把握国家基本建设行业转型升级和国际化趋势，加速向现代化工程咨询公司转型。东北院要坚持以市场为导向，加快进行市场结构、业务结构和人才结构优化调整，

中建东北院足球友谊赛人员合影

转变业务发展模式，优化经营管理组织模式和机制，加快向全国化拓展和向产业链两端延伸，实现全产业链业务服务，推动东北院跨越式发展。展望未来，东北院正处于难得的历史机遇期。东北院全体党员干部和员工，要认真学习贯彻党的十九大精神，立足新起点，迈向新征程，拥抱新时代，不忘初心、砥砺前行，善谋实干、勇于担当，开启新征程，实现新目标，做出新贡献。

谋划四位一体新格局　建设西北院百年老店

中建西北院　熊中元

党的十九大报告通篇闪烁着马克思主义的理论光辉，是新时代加强党的建设的指导纲领和行动指南。中建西北院党委坚定信仰、奋发有为，努力让党的十九大精神成为推动西北院发展的强大思想武器，把西北院的政治优势转化成巨大的创造力、竞争力和品牌力，谋划党建、文化、科技与经营的四位一体发展新格局。在新发展格局中，党建引航发展，文化内塑精神，科技承载智慧，经营开启力量，通过四位一体新格局的构建，建设西北院百年老店。

一、激发红色基因的活力，打造西北院以党建为核心的国企红色生态

国企党建是国有企业的红色引擎，要牢固树立"四个意识"。抓好党建就是要把这一独特优势转化为企业的核心竞争力，切实发挥基层党组织的战斗堡垒作用和共产党员的先锋模范作用，激发红色动力，从而引领新形势下的国有企业改革发展稳定大局。长征精神、延安精神红遍三秦大地而历久弥新，梁家河的故事响彻祖国大地，西北院立足这片神奇的大地，在红色标记中致敬先辈，在红色精神中接受洗礼，环视当下，全党向中央看齐，向核心看齐，人民向身边寻找榜样的力量。

在西北院，红色基因通过时代楷模来承载。榜样的力量是无穷的，老党

员中国工程院院士张锦秋 50 多年如一日，始终在设计一线绘就古都新貌蓝图。她的精神力量感染着一批批人，她的弟子和助手，全国工程勘察设计大师赵元超承继张锦秋精神孜孜不倦地传承创新中华建筑文化。张锦秋和赵元超又鼓舞着众多的西北院人。在西北院，一个党员就是一面旗帜，这些力量汇聚一起，成为推动企业发展的力量。基因的特性是有生命的、可以传承成长的，西北院的红色基因一代代传递下去，传承创新建筑文化，使城市更美好、人民生活更幸福。

学习宣传贯彻党的十九大精神是当前和今后长时间内首要的政治任务。院党委组织全院党员以多种形式收听收看党的十九大开幕式；及时印发学习宣传贯彻党的十九大工作方案；制作学习贯彻党的十九大精神专题网页；各支部采取如请省委党校老师讲授十九大报告等多种手段宣传贯彻十九大精神；广大党员自发撰写十九大报告心得体会。通过这些举措，激发广发职工精神力量，高高擎起党的旗帜，充满自信地旗帜鲜明地讲党的领导、抓党的建设，全力打造以党建为核心的国企红色生态。

支部书记学习贯彻党的十九大精神

二、激活蓝色文化力量，打造西北院以传承中华建筑文化为标志的新时代

党的十九大报告中指出：中国共产党既是中国先进文化的积极引领者和践行者，又是中华优秀传统文化的忠实传承者、创新者和弘扬者。当代中国共产党人和中国人民应该而且一定能够担负起新的文化使命，在实践创造中进行文化创造，在历史进步中实现文化进步。西北院几代建筑师、工程师坚守文化自信，汲取传统文化养分，深耕黄土地，从传统走向未来，展现出独特魅力和厚重底蕴。西北院为西安古城贡献了众多的地标建筑，激活西安沉睡的历史记忆，重燃了古都市民的荣耀，为"中华民族伟大复兴"知而行、鼓而呼，一位领导曾说：从来没有一位建筑师（指张锦秋）和一座城市（指西安市）有这么密切的关系。

2015 年初，习近平总书记登上由西北院保护性修复的西安南门城墙，听取工作人员介绍保护性修复南门的工作汇报后，连声说道："就是要创新。"赵元超大师心中有丘壑，沟通古今，既保护古迹又拥抱大众，既传承又创新，一体两面。如今修复后的南门成为西安历史文化名城保护与城市融合发展的典范，被誉为使历史遗存焕发新生的经典之作，具有很好的先行示范作用。

西北院牵头组成的联合体"西安咸阳国际机场东航站区规划暨东航站楼建筑设计"方案得到评审专家一致肯定，有专家评价说，这个建筑只属于西安，最后一举中标，展示了文化的蓝色力量。

三、激扬蓝色创新智慧，打造西北院科技平台为支撑的新型经营发展业态

"无一时不变，无一息不化。旧者以新，来者以往"。党的十九大报告指出，创新是引领发展的第一动力。创新始终是企业发展的重要力量。如果我们不识变、不应变、不求变，就可能陷入战略被动，错失发展机遇，甚至错过整整一个时代。这深刻阐述了创新的重要意义，也对国有大型企业的创新提出了更高要求。西北院顺势而为，以"创新发展"为总基调，完善创新经营管理方式，关注行业新动态、新领域，创新行业业态，激发人力资源活力，

助推企业持续稳健发展。

西北院创新商业模式，搭建国际化、流动性、开放性的平台，发挥长板优势，积极加强战略合作，聚集、整合、管理资源，通过共创、共享、共赢、共生实现价值。在平台理论下，西北院创建了"两全一站式"工程总承包模式。其是以设计为龙头，全生命周期的关注（全生产要素数字化的信息管理），全产业链资源的整合（协同管理系统的支撑），为业主提供一站式服务。总投资额 200 亿元的西安幸福林带项目，有效聚集、整合并管理了包括地铁、市政道路、景观园林、地下管廊、海绵城市、智慧城市、绿色生态等诸多资源和理念，在产业链中创新价值链，实现整体优化解决，成功地践行了"两全一站式"商业模式，为西北院入选国家住房和城乡建设部全过程工程咨询非试点地区的试点企业奠定了基础，同时也探索了集城市规划、城市设计、城市建筑、城市基础设施的"四位一体"，集文化性、地域性、时代性为一体。

幸福林带项目工程

"两全一站式"散发着巨大的蓝色力量，近年来 EPC 模式的探索取得了突破性成果，签约总合同额约 60 亿元，完成产值约 25 亿元。先后签约了启航时代广场、榆林明珠广场、丰园小区经适房、河南南阳南水北调干部学院、国家级韩城花椒产业园区综合交易区、华阴市医药产业园等 EPC 总承包项目。2017 年，中勘协及中国建筑学会分别成立了工程总承包分会，西北院均当选为理事单位，取得了较大的行业和社会影响力。"两全一站式"商业模式在工程总承包业务上的成功实践，从经营理念创新到管理与技术服务的整合，探索新业务、积累新经验、提炼新模式，为西北院永续发展指明了方向。

对西北院而言，蓝色力量的两个重要因素是人才和科技。西北院牢牢抓住这两个关键因素，不放松。2018 年 7 月，召开了"人才科技工作会"，拉开了西北院进一步深化改革的序幕。成立了全面深化改革领导小组和工作小组，建立院技术委员会以及建筑等 6 名专业委员会的工作机制，在全院专业技术人才中公开招聘 6 名专业委员会主任，以卓越绩效模式打造西北院人才与科技体系，实施"科技兴院""人才强院"战略，壮大蓝色力量。

四、激励绿色发展实践，打造西北院节约资源为手段的绿色经营发展路径

西北院在长期发展中深刻感觉到，绿色发展的内涵就是节约社会资源、节省社会财富。西北院提出，节约就是最大的绿色。"两全一站式"工程总承包模式，从解决设计和施工两张皮问题入手，从根本上避免了窝工、返工，缩短了工期、降低了成本、确保了质量，通过减少资源浪费，极大地节约了社会资源，对行业供给侧改革创新发展进行了积极的探索。

"节约就是最大的绿色"，近几年来，西北院关注既有建筑的改造、修复。据了解，现在中国城乡既有建筑面积达到 500 多亿平方米，90%需要改造提升。如何改造这些既有的高能耗建筑为节能、宜居的绿色建筑是西北院一直关注的领域。西北院在既有建筑改造中探索出一条独特绿色道路：依靠创新思维和科技引领的支撑，以文物保护资质为基础，以设计引领，以投资带动，以科技园为平台，以核心技术（包括设计、施工、安装、工艺、设备、材料、维护营运等内容）为动力，以精细化管理为手段，以科研成果转化为助力，

以 EPC 及 F-EPC 为业务模式，以 BIM 技术应用贯穿建筑全生命周期，实施对既有建筑的改造、保护和提升。

值得一提的是，凭借"基于绿色与和合文化的中华建筑创新发展管理模式"，西北院以第一名的成绩荣膺陕西质量领域最高奖项——陕西省质量奖，成为自开展质量奖评选以来陕西省服务业的首家获奖单位。

荣获 2015 年陕西省质量奖证

西北院的发展故事引起社会广泛关注，党的十九大召开之际，西北院走进中央电视台讲述发展历程。《光明日报》头条报道了西北院改革步伐。

回顾西北院 65 年的发展历程，西北院正呈现更加创新、更加开放、更加联动、更加包容的发展图景，四位一体发展新格局已经开启，只要我们与新时代共振共鸣，践行好"中建信条·和合文化"，融百年老店梦于中建梦而中国梦，怀有"咬定青山不放松"精神，抬头望远，路在脚下，中建西北院的发展一定前程似锦。

发挥党建核心作用 引领国企做强做优做大

中建西南院 龙卫国

习总书记在党的十九大报告中指出，深化国有企业改革，发展混合所有制经济，培育具有全球竞争力的世界一流企业。深化国有企业改革是党的十八届三中全会全面深化改革决定的重要内容之一，党的十九大进一步提出了加快完善社会主义市场经济体制的思路。

一、发挥党委引领作用 确保企业发展的正确方向

"大道以多歧亡羊，学者以多方丧生。"告诫我们选择错误的方向，就会误入歧途，因为方向对任何组织和人而言，从来都是带有根本性、全局性和长期性的问题。

作为国民经济发展的中坚力量，深化国有企业改革是促进我国经济社会发展的必然要求，也是全国人民的热切期盼。

方向明，则改革兴。习近平总书记指出，方向问题至关重要，深化国有企业改革首先方向要对。企业党建和改革发展工作，必须始终以习近平总书记系列重要讲话精神和治国理政新理念新思想新战略为根本遵循，坚持党对国有企业的领导不动摇。

党政军民学，东西南北中，党领导一切。中国特色现代国有企业制度，"特"就特在把党的领导融入了公司治理各环节，把企业党组织内嵌到公司治理结构之中，实现企业党建工作与生产经营的深度融合。对于国有企业而言，

坚持党的领导这个重大政治原则永远不能放松。

西南院立足实际，把党的领导与企业治理深度融合，健全促进党组织发挥作用的体制机制，真正把党的政治优势、组织优势转化为国有企业的竞争优势、发展优势。一是确立党组织在公司治理中的法定地位，修订《党委会议事规则》，将重大决策"党委前置讨论程序"制度化，建立起权责清晰的决策体系，确保企业决策的正确方向。二是坚持和完善"双向进入、交叉任职"的领导体制，以"三重一大"决策制度为核心，明确党委参与决策的领域范围和边界，保证党委决策涵盖企业改革发展的全部重大问题。三是深化党委年度调研课题工作机制，将党委学习和企业发展紧密结合，5年先后完成30余项涉及企业发展重点问题的调研课题，形成一系列管理制度和办法，促进院管理水平的整体提升。

二、筑牢基层堡垒作用　推动从严治党向纵深发展

"墙高基下，虽得必失。"国企改革发展同样如此，只有漂亮的顶层设计，没有坚实的基层基础，终究逃不过昙花一现的命运。

全面从严治党永远在路上。基层党组织建设是企业党建工作的重要组成部分和基础性工作，在推动发展、服务群众、凝聚人心、促进和谐等工作中具有无可替代的作用。在全党上下开展的推进"两学一做"常态化制度化工作，目的是进一步改进和完善基层党建工作，把全面从严治党落实到每个支部，不断筑牢我们党的执政根基。

全面深化改革要在国企落实落地，同样必须从最基本的东西抓起，从基本组织、基本队伍、基本制度严起，抓基层打基础，在夯基固本、补齐短板上持续用力，把国企基层党组织建设成为服务改革发展的坚强战斗堡垒。

面对激烈的市场竞争，国有企业要确保企业发展到哪里，党的建设就跟进到哪里，党支部的战斗堡垒作用就体现到哪里，确保企业的改革发展始终与中央大政方针相一致。

近年来，西南院党委坚持在深化基层党组织建设中全面加强党的领导，为企业改革发展奠定了坚实基础。一是实时根据企业组织架构变化动态调整党组织，目前已经在10个分支机构成立了党组织，为做强、做优、做大企业

提供坚强组织保证。二是深化创新党委委员联系点机制，搭建党委和基层党组织的沟通桥梁，以问题为导向督促指导基层党组织提升工作水平。三是完善基层党组织述职考核制度建设，研究制定了标准化、可操作性的考核指标，形成"述职—考核—评议—谈话"为标准流程的工作机制。

在中国欧洲中心项目举行特色党日活动

三、强化党员主体作用　促进干部职工有效作为

"党员是党的肌体的细胞和党的行为主体，党的先进性最终要靠党员的先进性来体现。"

在社会主义建设中，国有企业先后涌现出了以王进喜、郭明义、陈超英等为代表的一大批优秀共产党员。

在深化改革的关键时期，必须确立党员在党内生活和企业改革发展中的主体地位，进而使党员的先锋模范作用得到充分发挥，才能把党的大政方针落到实处，促进国企快速发展。

管理教育党员，要以尊重党员主体地位为前提，并把两者有机地结合起来。做合格党员，一方面需要党员自己严格按照党章要求自己，不断增强党性修养；另一方面也需要支部的管理和教育，引导党员增强宗旨意识，让广大党员的政治立场"千磨万击还坚劲"、让政治定力"乱云飞渡仍从容"。

西南院党委注重以党员思想作风建设为突破口，发挥企业党员先锋模范作用。一是以"两学一做"学习教育为契机完善落实基层党组织党内政治生活工作机制，严格基层党组织"三会一课"工作指导和标准化工作清单，通过基层党组织党建巡视加强工作检查。二是通过设立"党员先锋示范项目"等创先争优活动，引导党员立足岗位做贡献，在完成急、难、险、重任务中充分发挥牢记宗旨、心系群众、立足本职、干事创业的先锋模范作用，带动整个团队和项目建设。三是从基层着手，选树先进党员典型，加强宣传力度，以身边榜样为标杆教育引导广大党员，扩大先进典型的示范效应和辐射作用。四是以中央重要会议精神及习近平总书记系列重要讲话精神为指引，邀请党委领导、党校专家开展专题讲座，依托红色资源开展党性意识培训，多层次、多形式、全方位地开展党员培训，切实提升广大党员"四个意识"。

中建西南院办公楼

加强国有企业党的建设、推动国企改革发展，是一项复杂的系统工程，国有企业必须深入学习贯彻党的十九大精神和全国国有企业党建工作会精神，把加强企业党建工作同建立现代企业制度结合起来，使党建工作成为企业价值链上的重要环节，成为企业发展的内在推动力量，才能实现习近平总书记对国有企业必须理直气壮做强、做优、做大的深切期望。

发挥"蓝色力量" 专注地下空间
打造设计院转型升级的样本

中建西勘院 朱文汇

2016年10月12日,中国西安。

在"西安小寨区域海绵城市方案设计"全国竞赛中,中建西勘院以第一名的成绩从众多的方案中脱颖而出,成功中标西安小寨海绵城市方案设计项目,这也是中建系统第一个中标的海绵城市方案设计项目。

2017年11月3日,四川绵阳。

一项事关绵阳科技城发展的签约仪式隆重举行。中建西勘院(地下空间公司)成功中标绵阳科技城集中发展区核心区综合管廊及市政道路建设工程PPP项目。这是国内最大规模的装配式综合管廊项目,四川省投资规模最大的PPP项目,也是全国首创的分片式预制装配式城市地下综合管廊项目。

2017年12月6日,浙江杭州。

由中建西勘院设计的白沙泉地下智能立体停车库建设场地及停车库设计效果图吸引了中央政治局委员、上海市委书记李强,浙江省委书记车俊的驻足,并详细了解项目情况。白沙泉地下智能立体停车库以"不到8秒即可完成从搬运器到车位的传输停取车"速度创造了全球最快速度。

海绵城市,综合管廊,地下智能停车库……这些节能环保、空间利用率高的地下空间项目是中建西勘院改革创新,积淀"蓝色力量"的缩影。

党的十九大报告指出,我国经济已由高速增长阶段转向高质量发展阶段,对企业的"规模、品牌、效益"提出了更高的要求。中国建筑认真贯彻落实十九大精神的决策和部署，吹响了"红色基因　蓝色力量　绿色发展"的战略号角，这是一份何其伟大的事业与工程！

中建西勘院党委积极响应党中央号召，坚决执行中国建筑集团公司的战略部署，秉承中国建筑的"红色基因"，带领全院干部职工在积淀"蓝色力量"的道路上闯出了一条"西勘路子"。

一、"地下空间'四位一体'"模式：拓展中国建筑发展"新蓝海"

随着国民经济的快速发展和"城市化"进程的快速推进，建设用地趋紧已成为制约城市发展的根本因素，为了解决土地资源稀缺带来的系列问题，合理开发利用地下空间成为我国的基本国策。

中国建筑在此节点上审时度势，将发展重点之一放在了地下空间的开发利用这一"新蓝海"上，率先在2013年成立了国内第一家专注地下空间开发利用的专业公司——中建地下空间有限公司，它是中国建筑发展地下空间业务的平台，也是中建西勘院向科技型工程公司转型的重要载体。

光荣的使命，责任的担当！

中建西勘院和地下空间公司一道协同发展，确立了地下空间规划、投资、建设、运营"四位一体"的发展模式，从项目立项规划、设计、投资融资、建造实施到后期运营管理，进行全产业链、全业务覆盖。

近年来，中建西勘院通过"以投资、设计带动建造"的发展模式拓展地下空间核心业务，聚焦于地下综合管廊、地下管网、海绵城市、智能地下停车库、地下污水治理厂等领域的投资开发业务，在相关领域技术研发、品牌建设和市场拓展上进行了前沿研究和诸多实践。

2015年国家智慧城市地下空间联合实验室、四川省建筑节能与绿色建筑协同创新中心成立。

2016年，四川省地下空间产业技术研究院、四川省地下空间院士专家工作站、中建—王浩院士海绵城市研究中心相继成立。

研发平台成立以来，已取得系列重要成果。目前已获批并立项国家级、省部级、市区级及中建股份公司内部课题共计14项，授权3项发明，主编5部管廊、海绵城市相关规范标准，获省级以上科技进步奖3项，中国建筑学会科技进步奖 1 项，中国产学研合作创新成果一等奖 1 项，中建集团科学技术奖 1 项。地下空间科技成果总体达到国内领先水平，其中《地下空间热湿环境与安全关键技术及应用》课题获中国制冷协会科技进步一等奖、四川省科技进步一等奖。

以研发平台为载体进行科技创新，大大提升了中建西勘院在地下空间领域的核心竞争力。一系列的工程便是最好的佐证。

在地下综合管廊规划咨询方面，先后完成了广东省佛山市、重庆市江津区和巴南区、四川省眉山市、贵州省都匀市和瓮安县六个地下综合管廊专项咨询工作，进一步提升了中建西勘院在地下综合管廊业务的项目策划能力。

在地下综合管廊投资方面，先后牵头落地贵州六盘水地下综合管廊 PPP 项目、绵阳科技城集中发展区综合管廊及市政道路建设工程 PPP 项目，同时加强与工程局紧密合作，协同发展。

在地下综合管廊建造运营方面，先后承接广东肇庆综合管廊项目、贵州六盘水市地下综合管廊、四川绵阳科技城集中发展区综合管廊等项目。同时成功开展了国内首个地下综合管廊运维平台建模测试，完成国内首个运营平台及巡检机器人的开发上线工作。

成都淮州新城首个地埋式污水处理厂，通过地埋式建设污水处理厂以达到节省土地占用以及减少对周边环境的影响，同时污水处理设施全部建于地下，上部空间通过建设活水公园，为整个空间披上"绿色外衣"。该项目成为中建西勘院在地下空间业务领域不断创新发展的典型案例。

在海绵城市建设和地下停车产业上，中建西勘院也业绩不俗。

成功中标西安小寨海绵城市规划设计项目、云南玉溪海绵城市试点区老城片区海绵工程，同时完成国内第一条深隧——广州市深层隧道排水系统东濠涌试验段工程技术咨询服务，为中建西勘院拓展海绵城市业务奠定了基础。

在地下智能停车场方面，先后成功完成了江苏南通联体地下停车库、浙江杭州市湖墅南路密度桥公共地下停车库的设计工作，其中杭州项目是全国首例已建成的井筒式地下立体车库（全自动地下智能停车库）。2017 年完成的成都东客站地下停车库智慧化改造项目成为西南地区科技化程度最高的智能停车场。

二、"岩土工程一体化"模式：引领岩土工程行业的"蓝色力量"

60余年的积淀，中建西勘院在岩土工程勘测领域已是响当当的品牌。

新时代下，传统业务的单一作战已遇到发展的"天花板"，如何使具备市场竞争优势的传统业务间发挥"协同作战"的强劲合力，再次升级企业品牌，同时也为中建地下空间的"四位一体"提供有力支撑，中建西勘院给出了"岩土工程一体化"的答卷。

所谓"岩土工程一体化"，即是通过"绿色+智慧"岩土的创意理念，引领传统岩土工程多专业整合和集成，将各个专业业务种类、技术手段和核心能力有机地整合起来，突出"勘测、设计、施工"一体化的功能提升，降低运行成本，提升运行效率，进而产生"1+1>2"的效果。

在"岩土工程一体化"模式的基础上，再通过基坑远程自动化监测监控系统应用、BIM技术在岩土工程中的应用等智慧化手段，使岩土工程真正走向"绿色+智慧"。

由中建西勘院承建的绿地蜀峰468项目，就是"岩土工程一体化"模式的典型实践。该工程作为目前西部第一高楼，中建西勘院承担了该项目岩土工程的勘察、设计、施工任务，将"绿色+智慧"岩土充分应用于各个环节，建立了一套体系完备的超深基坑监测四维预警系统，该项目获评成都市首个基坑标准化工地，也是成都市唯一一个基坑标准化工地。

依托"岩土工程一体化"的发展理念，中建西勘院实施差异化竞争，在基础设施领域硕果累累。

"十三五"以来，中建西勘院承接了成都天府国际机场、贵州黎平机场、龙洞堡机场、长沙黄花机场、大理机场等10多个机场建设项目。2005年至今，已承接国内近160项机场勘察、测量、监测等项目，参与了西南地区90%以上的机场建设工作，形成了高原、山区、平原等全地形机场勘测技术和品牌优势。

"十三五"以来，中建西勘院先后参与了成都、徐州、深圳、杭州等多条地铁的勘测任务和成都第一条现代有轨电车、乌鲁木齐市轨道交通4号线等重大轨道交通项目的检测监测任务。参与城市轨道交通建设，集中体现了中建西勘院勘察、测量、检测、监测等技术优势，积累的大量核心参数和经验，为城市轨道交通的安全运维提供了技术支撑和数据平台。

成都天府国际机场项目

三、"检测鉴定加固一体化"模式：大力提升城市发展品质

新型城镇化的核心要义就是建设资源节约型、环境友好型的可持续城镇。有效地节约资源是城市建设不得不思考和创新的时代课题。

事实上，完整美好地再现城市既有建筑的"存量"，本身就是推进新型城镇化的重要内容之一。

是的，对于城市存量中"生病"的建筑，除了拆除重建，它们还有一种命运。

那就是，通过"检测鉴定加固一体化"的模式使其"重生"。

如果说鉴定是"诊断"，那么检测好比"检验"，加固好比"药方"。中建西勘院以此"一体化"服务在建设工程存量市场中开拓出了一条新的道路，率先在行业中确立了竞争优势，有效地提升了城市发展品质。

雅安市水中坝拆迁安置小区工程就是"检测鉴定加固一体化"的代表工

程。该工程是目前国内既有超高层建筑物纠偏的第一高楼，涵盖检测、鉴定、加固设计及施工业务，通过采用静力水准仪进行信息化施工，切实保障了建筑的质量。

"一体化"的发展道路，是中建西勘院在中国建筑集团有限公司的带领下，面对严酷的市场竞争探索出的一条差异化竞争之路，对提升企业规模、品牌、效益，促进企业转型升级，推动企业绿色发展具有重要的现实意义。

"雄关漫道真如铁，而今迈步从头越。"新的时代，新的征程，中建西勘院将秉持自身优势，突出"两个有所作为"（在科技创新上有所作为，在人才队伍建设上有所作为），以无比坚定的发展决心和前所未有的发展信心，昂首阔步地朝着"专注于地下空间与地下工程领域的科技型工程公司"铿锵迈进。

为一种使命而生，为一种责任而生。我们有充分的理由相信，中建西勘院（地下空间公司）将成为中建系统设计企业"转型升级"的样本，为中国建筑新一轮的发展提供科技支撑和人才支撑，为"美丽中国""美丽中建"贡献特有的"西勘智慧和力量"。

不忘初心跟党走　砥砺奋进勇担当

中建上海院　刘世昌

党的十八大以来，在以习近平总书记为核心的党中央的坚强领导下，全国各族人民团结一心，朝着实现两个一百年目标奋勇拼搏，在五年里取得了全方位的成就。在党的十九大开幕式上，习总书记在报告中进一步明确了今后直至第二个百年的新奋斗目标。作为一名领导干部，在新时代如何带领好本单位党员干部职工，促进企业发展，为实现两个百年目标不懈奋斗，应深入贯彻好以下三个方面：

一、强化党建引领，传承"红色基因"

官庆董事长在回答"李克强之问"时说道：坚持党的领导、全面从严治党，把政治优势转化为企业的发展优势，这是中国建筑赢得发展的保障。我们要把学习贯彻十九大精神作为一项政治任务，深入学习、深刻领会精神实质，切实用十九大精神统一思想、指导工作。从"自上而下""自下而上"两条路径进一步强化十九大精神学习、宣传、教育工作，带领全体员工用思想武装头脑，指导实践。"自上而下"是把十九大精神、习近平新时代中国特色社会主义思想写入全面从严治党责任书，纳入《基层党建工作考核标准》，开展"不忘初心，牢记使命"学习教育，更规范、更标准、更科学地做好党建工作，将党要管党、全面从严治党的要求向基层延伸扩展。"自下而上"是通过将党的十九大精神融入基层党支部的"两学一做"学习教育，让习近平新时代中国特色社会主义思想成为领导干部的思想之魂，党员骨干的行动之舵，职工群众的创新之源。

组织学习宣传贯彻党的十九大精神活动

二、搭建创新平台，积聚"蓝色力量"

学习党的十九大精神要与企业管理、当前生产任务和企业发展结合思考。党的十九大报告强调，创新是引领发展的第一动力，是建设现代化经济体系的战略支撑。中国建筑以融投资模式、商业模式、管理模式的不断创新，助推主业大规模转型基础设施建设，同时创新投资建设运营模式，推进新型城镇化建设，升级房地产投资建设模式，成为全球最大的投资建设集团。2017年9月，第二届丝绸之路（敦煌）国际文化博览会圆满举办，在主场馆的建设过程中，通过 VR、AR、BIM 等三维数字化协同设计、钢结构装配式建设、EPC 总承包等优势，用新理念、新技术、新方法、新模式，中国建筑创造出了令人震撼的"敦煌速度"和"敦煌奇迹"，在"一带一路"建设宏伟事业和丝绸之路国际文化交流进程中，留下了浓墨重彩的一笔。

党的十九大，按照中国特色社会主义事业"五位一体"总体布局和"四位一体"战略布局，围绕贯彻新发展理念、建设现代化经济体系，从深化供给侧结构性改革、加快建设创新型国家等方面，提出了许多重大战略和创新举措，为企业改革发展指明了方向，企业要深刻学习领会，切实把党的十九大精神贯彻落实到企业改革创新发展的各项工作之中。

敦煌文博会主场馆项目

三、服务国家战略，推动"绿色发展"

党的十九大报告对我国社会主要矛盾进行了重新定义，把人民日益增长的美好生活需要和不平衡不充分的发展之间的矛盾作为社会主要矛盾；明确指出到 21 世纪中叶，"把我国建成富强民主文明和谐美丽的社会主义现代化强国"，"我国物质文明、政治文明、精神文明、社会文明、生态文明将全面提升"。报告总结了过去 5 年生态文明建设取得的历史性变化，把"坚持人与自然和谐共生"写入新时代中国特色社会主义基本方略。科学发展，规划先行，通过空间规划的设计研究，带动实现产业规划、生态环境规划、基础设施规划、全域旅游规划等多规合一，以创新、协调、绿色、开放、共享的发展理念和中国建筑的工匠精神，用更高端的技术、更优质的服务为城市、城镇、国家的建设贡献力量。

传承"红色基因"，积聚"蓝色力量"，推动"绿色发展"是中国建筑每一名党员对于完成新使命，做出新贡献，取得新成就的庄严承诺，每一名中建党员都会在深入学习贯彻党的十九大精神过程中，牢固树立"四个意识"，坚定"四个自信"，在思想上同以习近平同志为核心的党中央保持高度一致，在行动上与习近平新时代中国特色社会主义思想保持同步，把智慧和力量凝聚到十九大报告确定新方略、新目标、新任务上，通过立足本职，建功立业，在推进生态文明建设、推进"四个伟大"工程、实现美丽中国的愿景中做出新的贡献、取得新的成绩、夺取新的胜利。

重温入党誓词

从强化干部管理谈传承红色基因、凝聚蓝色力量、推动绿色发展

中建市政西北院　康旺儒

"一五"期间，中华人民共和国确立了社会主义工业化的初步基础。为响应支援大西北的号召，1959年，来自北京、上海的67位行业精英背负祖国的重托，奔赴西北、扎根兰州，组建了市政西北院，肩负起开发西北市政基础设施建设的重任，改变了西北的落后面貌。2000年，市政西北院由国家建设部转入中国建筑工程总公司。2007年，成为中国建筑工程总公司控股、全球排名第一的设计咨询公司——美国AECOM技术集团参股的中外合资特大型设计咨询企业。如今，市政西北院已发展为以城市基础设施建设为主线，包含

1963年设计人员在兰州西固水厂模型前合影

"规划设计咨询"和"总承包项目管理"两大业务板块的大型综合设计集团。跨越半个多世纪,这个"红色基因"已融入市政西北院人的血脉。

党的十九大报告勾勒了建设美丽中国蓝图。在中国特色社会主义的新时代,市政西北院要坚持人与自然和谐共生,推进绿色发展,着力解决突出环境问题,要"加快水污染防治,实施流域环境和近岸海域综合治理。强化土壤污染管控和修复,加强农业面源污染防治,开展农村人居环境整治行动。加强固体废弃物和垃圾处理"等。这些目标任务,与市政西北院业务领域契合,"建设美丽中国"更是市政西北院人终极的事业追求。如何发挥市政西北院优势,使其成为"党和国家最可信赖的依靠力量,成为实施'走出去'战略、'一带一路'建设等重大战略的重要力量,成为壮大综合国力、促进经济社会发展、保障和改善民生的重要力量",笔者认为作为技术和人才密集的设计企业,重点在激活技术优势,发挥好人才作用,关键在激发干部干事创业的激情。只有建立起一支政治正确、素质过硬的干部队伍,才能带领市政西北院更好实现"建设美丽中国"的事业追求。因此,笔者从干部管理上着眼,谈一点浅见。

一、不忘初心、牢记使命

"不忘初心,方得始终"。习近平总书记强调,"中国共产党人的初心和使命,就是为中国人民谋幸福,为中华民族谋复兴。这个初心和使命是激励中国共产党人不断前进的根本动力"。对市政西北院而言,就是矢志祖国基础设施建设,为拓展人与自然和谐共生的幸福空间。这要求每一名领导干部做好四件事。

一是增强"四个意识",提高政治站位。只有在理论上清醒,政治上才能坚定。在工作中必须"坚持党对一切工作的领导",必须不断增强"四个意识",自觉维护党中央权威和集中统一领导,自觉在思想上政治上行动上同党中央保持高度一致。

二是增强责任意识,履行党风廉政建设职责。在干部履职过程中,要做到"一岗双责"。在抓好生产经营工作和日常管理工作的同时,也要担负起抓党风廉政建设的责任。"人民群众最痛恨腐败现象",从各种违法违纪案件不难

优秀党员井冈山红旗下重温入党誓词

看出，长期忽视党风廉政建设，党群、干群关系中的矛盾不能及时疏理，肯定会出问题；相反，只要领导班子的主要负责人敢抓敢管，一个班子、一个企业就容易凝聚"正能量"。

三是增强自律意识，培养健康生活情趣。每一名干部的培养提拔都是着眼于公司职能管理、经营部署的需要，从优化干部队伍结构、配齐配强领导班子角度，坚持新时期好干部标准，严格按照选拔任用程序，经党委会集体研究和慎重考虑决定的。特别是在面对决胜全面建成小康社会，夺取新时代中国特色社会主义伟大胜利的新阶段，领导干部必须加强廉洁教育。要通过重温党的纪律规定，进一步强化从严治党、依法治企、廉洁从业的理念，自觉抵制诱惑，自觉抵制各种歪风邪气，时刻严格约束自己，慎初、慎独、慎微、慎交，讲操守、重品行、修美德，培养健康的生活情趣，保持高尚的精神追求。

四是打牢思想基础，增强干部拒腐防变能力。设计院属于技术密集型企业，事业的发展关键靠人，领导干部的首要工作就是管人、用人，领导干部在企业管理中的作用举足轻重。他们能否经受得住形形色色的诱惑，直接影响公司能否健康发展。要帮助领导干部拧紧思想"总开关"，明确哪些能做，哪些不能做，以提高廉政勤政的自觉性，增强抵御各种廉洁风险的能力。

二、用新时代中国特色社会主义思想武装思想，做新时期的好干部

从公布的数据看，党的十八大以来，围绕全面从严治党，中央坚持反腐败无禁区、全覆盖、零容忍，坚定不移"打虎""拍蝇""猎狐"。严肃查处了周永康、薄熙来、郭伯雄、徐才厚、孙政才、令计划等严重违纪违法案件。立案审查省军级以上党员干部及其他中管干部440人，纪律处分厅局级干部8900余人。从他们身上，可以清晰地看到领导干部走向违法犯罪的堕落轨迹，我们每个人都需要深刻反思、吸取教训、引以为戒，进一步增强拒腐防变的自觉性和坚定性，决不能重蹈覆辙。要按照习近平总书记新时期好干部标准，做到"信念坚定、为民服务、勤政务实、敢于担当、清正廉洁"。

（1）始终牢记党的宗旨，挺起共产党人的精神脊梁。习总书记要求，"要把坚定理想信念作为党的思想建设的首要任务，教育引导全党牢记党的宗旨，解决好世界观、人生观、价值观这个'总开关'问题"。没有理想信念，理想信念不坚定，精神上就会"缺钙"，就会得"软骨病"。现实生活中，一些党员、干部出这样那样的问题，说到底是信仰迷茫、精神迷失。作为一名领导干部，只有不断加强世界观、人生观、价值观的改造，提高自己的思想境界和道德修养，具备坚定的理想信念、执着的信仰追求，才能坚持奋斗、持续学习、正派生活。在理想信念的问题上，没有人可以"终身免疫""刀枪不入"。这就需要持之以恒地学习，切实加强党性修养、党风涵养和党纪素养，在"公和私""是和非""苦和乐"等问题面前明心亮眼，打牢思想基础，筑牢拒腐防线。不能因为职务高了、环境变了、工作忙了、应酬多了而放松甚至放弃学习。

（2）要始终正确看待手中权力，忠诚、干净、担当。作为一名中央企业的领导干部，手中的权力既是上级任命的，更是党和人民赋予的。权力意味着服务、责任、奉献，权力越大、责任越重，要着力解决好"为了谁、依靠谁、我是谁"的问题。

一是必须按规矩、按制度行使权力。一方面，要强化法律法规的学习，要给自己设置一条底线，超过底线的事坚决不做，做到警钟长鸣；另一方面，要秉公用权，任何时候、任何情况下都要公私分明、克己奉公，做到用权为民、对党忠诚、公道正派。

二是必须树立担当精神，不断锤炼自己。要强化责任意识、大局意识，做到守土有责、守土尽责；要敢于"亮剑"，在大是大非面前态度鲜明，在困难问题面前迎难而上，在失误过错面前敢于担责，在歪风邪气面前坚决斗争；要增长智慧，深入研究新时代中国特色社会主义经济社会发展特点和规律，积极推进实践创新，不断拓展事业领域和工作领域。

三是要尽快进入角色，维护班子团结。要全力维护班子团结，要像爱护自己的眼睛一样爱护班子团结。"一把手"要做到办事靠大家，遇事多商量；副职要乐于为副，甘当配角，积极建言献策，执行好集体决策；班子成员之间要坦诚相见，加强沟通，相互理解、相互支持、相互补台，充分发挥班子的整体合力，尽快打开新的工作局面。

（3）要始终树立正确的政绩观，创造崭新业绩。政绩观决定着工作思维方式、作风效率。树立科学的政绩观，必须要有"功成不必在我"的思想境界。要注重对发展规律的认识和把握，正确处理好当前与长远的关系，注意防止和纠正各种急功近利的行为，不贪一时之功、不图一时之名，多干打基础、利长远的事；要处理好局部与全局的关系，树立公司上下一盘棋的思想，做到讲政治、顾大局、识大体。要积极开拓创新，面对新问题要有新思想、新办法、新举措，不能因循守旧，故步自封，要坚持"实干兴邦"，以实实在在的业绩取信于职工群众。

三、增强宗旨意识，自觉接受监督

权力是一把"双刃剑"，用得好可以为员工群众谋福祉，用得不好，害人害己。要公正规范使用权力，重点在于监督，拒绝接受监督的领导干部必然要走向腐败。

一要敢于接受监督。有制度不执行、用权力无监督，等于给违纪违法行为开了方便之门。领导干部要带头接受监督，这既是落实党内监督的实际行动，又是促进党内监督的巨大动力。要自觉接受上级的监督，自觉接受班子内部或同级对自己的监督，自觉接受员工对自己的监督。

二要加强自我监督。领导干部大都掌握着一定的权力，腐败的危险性更大。领导干部不能把自己等同于一般的群众，不能利用手中的权力为自己牟取私利。不仅在 8 小时以内，8 小时以外也要时刻注意自己的言行。

三要坚持民主集中制。作为领导干部，要自觉做表率，坚持按照民主集中制议事、决策、办事，带头发扬党内民主，带头坚持集体领导，带头开展批评和自我批评，着力防止和纠正发扬民主不够、正确集中不够、开展批评不够、严肃纪律不够等问题，要善于听取不同意见，严格执行"三重一大"民主决策，不搞"一言堂""小圈子"，不搞个人说了算。

我们常说，想干事、能干事、会干事、干成事。只有不断坚持党的领导、加强党的建设，从企业"红色基因"中汲取先进文化，培养起一支"信念坚定、为民服务、勤政务实、敢于担当、清正廉洁"的干部队伍，才能凝聚起听党指挥、勇当先锋、引领企业发展的"蓝色力量"，推动实现"绿色发展"。

"海拓者"的初心

中建阿尔及利亚公司　李　健

阿尔及利亚位于非洲北部，陆地面积居非洲国家之冠，排全球第 10 位。在这个美丽而热情的国土上，北有浩瀚的地中海，南有旷美的撒哈拉。1982年，怀揣梦想的中建"海拓者"，肩负着"共和国长子"的担当，来到这片寻求改变和充满生气的土地，用实力撑起中建品牌。

30 年间，中建为他们盖起了第一座五星级酒店，第一座北非最大的现代化国际机场，第一幢非洲最美、最现代化的办公大楼，第一个非洲最大的会议厅，第一个拥有世界第一高宣礼塔的大清真寺，第一条具有世界级难度的南北高速公路希法段……

阿尔及利亚政府和人民亲眼见证了中建在北非的成长，而中建向他们证明的不仅是一家实力强大的国际化公司、一个传播中阿友好的文化使者，更是他们可以信任的、重情重义的"ami"（法语的"朋友"），一个非常值得骄傲的朋友。

一、一份终验申请记录的坚守与感动

当中建人第一次踏上这片土地的时候，受到的却不是这样的礼遇，在直面高标准、高难度欧洲市场的同时，还要被"蓝眼睛"傲慢地轻视。

初来乍到的中建人只能承接一些小项目，如 200 套住房、球形水塔、小医院等，以大包收取管理费的方式经营，每年的合同额只有几百万美元。

1990 年，随着市场不断拓展，公司成功签下了两个有一定外汇比例的农田灌溉项目，开始参与该国的民生领域建设。

1992 年，伊斯兰救世主义的狂热击碎了中建人的憧憬，恐怖活动肆虐，安全形势急剧恶化，外国公司纷纷撤场，中建却凭着冷静的市场分析，不放弃、不认输，不背弃承诺，与该国人民攻坚克难。

在之后的十几年里，灌溉项目经历了停工、复工、竣工、临验，因为历史跨度太大导致的过程问题迟迟不能终验。在呈报给业主的最后一版终验申请中，项目组成员说："先生，在距离项目首次开工 20 年，复工令下达 9 年，临验报告下达 5 年之后，我司出于对贵司的履约承诺一直坚持将项目进行到底，请贵司给予最终验收，我司将不胜感激。"

2010 年，当终验报告随着满山遍野虞美人花盛开的芳香终于传来的时候，公司知道赢的不仅仅是项目。

二、从拒绝到合作，补短板需要的不仅仅是智慧

面对时局动荡、资源匮乏、人员吃紧，中建人无所畏惧，依然坚持履约。真正让中建人感到棘手的，是知之甚少的欧洲市场和欧洲标准。

2002 年，经过与西班牙、法国知名建筑商的较量，中建崭获当时阿尔及利亚最大的公建项目——布迈丁国际机场，号称"北非最大的现代化国际机场"，执行的是欧洲一流的施工标准。匆匆组建的项目班子在总部开会时，对如何当好这一海外超大 EPC 项目的总导演，把一个搁置了 20 年的烂尾工程变成一个现代化的国际机场，对能否独立完成栈桥、行李运输等机场专业配套等，都捏着一把汗，像拿了一块烫手的山芋。

第一次交深化设计图，听到"按欧洲标准要把技术卡片全部附后"，设计师头都大了；第一次报质量计划，公司按国内贯标落下的计划人家连看都不看"我要的不是这个，重新写"，每次开会，一方是五六十岁巴黎老监理，一方是二三十岁孩子一样面孔的中建工程师……

"差距不是一星半点！"在与欧标的接触中，中建看到了欧洲人惊人的严谨和敬业态度。一次单项验收，不到 300 平方米的空间，老监理验了 9 个小时，拿着木棍挨个试探保护层的厚度，举着手电筒仔细检查透光处的漏浆问

题，从下午4点一直到凌晨1点，粒米未进。在欧洲人眼里，验收就是挨个检查，没有主次之分，稍不合规就立即拆除，全力保证施工质量。

欧标对于公司是一张白卷，在难题面前，公司只能埋下头，从零做起。随着双方的逐渐磨合，年轻的项目团队逐渐适应了欧标的管理思路，在施工组织、物资协调、质量管控等方面渐入佳境，现场进度日新月异。2006年7月5日，主体工程竣工；2007年，试飞成功，机场正式投入运营。当时铺天盖地的报道从信报箱倾倒在总部的桌子上："再也不用拎着行李上飞机了！"

从此，盘踞在地中海畔的布迈丁国际机场成为阿尔及利亚乃至整个北非的门户。中建，也随着隆隆的轰鸣声缓缓起飞，冲向云霄。

三、把中建蓝融入北非蓝天

不断推进属地进程既是央企履行社会责任、为当地政府排忧解难的需要，也是考量企业可持续发展的硬指标。近年来，公司属地化员工数量逐年增加，截至2017年11月，有超过5000余名属地化员工与我们共同转战在阿尔及利亚建筑市场，中建蓝也在一砖一瓦中融入了阿尔及利亚的社会人文。

"我跟着中建做了两个项目，在项目上，中国人和阿尔及利亚人一路走来就是一个完整的团队，这个团队能打硬仗，给我留下了最深刻的印象，在中建这6年对于40岁的我来说，是迄今为止人生中最闪亮的6年。"南北高速公路项目第二项目部行政助理 TEREGHLA ABDALLAH 如是说。

2011年，南北高速公路53千米希法段交予中建实施。南北高速公路总长1000多千米，跨6省2市，建成后将成为连接及尔港和南部沙漠唯一的南北向高速路，承担着物资运输和战略转移任务，是阿尔及利亚重要的基础设施和民生工程。其中的53千米希法段，是整个工程的起点，也是咽喉，需要穿越地形最复杂，施工难度最大的希法峡谷，在河谷处与现

阿尔及利亚南北高速公路

有公路、铁路三维交汇，地势高低起伏，包含高架桥、隧道等复杂工程，相当于阿尔及利亚的"成昆铁路"。

在最为复杂的隧道施工中，技术人员结合现场实际和多年施工经验，针对隧道施工区多涵洞、多溪流的特点，提出了水平钻探+地质雷达+后洞爆破的细腻方式，将钻探内径保持在 10 厘米以内，有效对地质情况进行监控，避免了因岩层突变及水流突发导致的安全事故。但也由此引起施工效率的降低。故现场凭借 24 小时抢工制度，奋力抢回工期，很多工长自觉将休假时间推迟到雨季，错开最繁忙的施工黄金期。"同一条路，同一个梦"，已经实现部分通车的南北高速公路，它不仅仅是一条路，而是承载阿尔及利亚国计民生的大动脉，更是中建在阿尔及利亚基础设施领域的一次飞跃。

"我加入中建之前，在欧洲公司工作，我在中建看到他们做的每一件事都是从阿尔及利亚民众的需要出发的，中建来阿尔及利亚是做实事的。"负责大清真寺伊斯兰风格内装的本土建筑师 YAHI KARIMA 如是说。

2011 年 10 月 19 日，中建中标阿尔及利亚大清真寺项目。在这个以伊斯兰为国教的国家，阿尔及利亚政府一直想以大型宗教项目的兴建作为推动时代繁荣和进步的手段，而这个酝酿了半个世纪的伟大项目，要用中建人的双手付诸实现。

阿尔及利亚伽玛大清真寺项目

大清真寺项目坐落于首都阿尔及尔中轴线，背靠及尔港，是城市历史发源地。项目总面积 42 万平方米，拥有 265 米的世界最高宣礼塔、可容纳 37000 人的巨型祈祷大厅。建成后将成为世界第三大清真寺和非洲第一高建筑，成为北非重要的宗教、文化、旅游中心，在地缘合作和文化传播上具有重要意义。

如此近距离地直面一个宗教项目，介入伊斯兰世界的文化、精神层面，大大加速了中建的本土化进程。

在这座宏伟的建筑中，无论设计、选材、装饰都极尽伊斯兰风格，门楣、廊檐、外墙、屋顶缀满精美的图案花饰，仅石材上的书法雕刻就达 5800 多延米。为在高难度的施工条件下还原设计本色，将宗教魅力完美呈现，中建人如履薄冰，小心翼翼地做好每一个细节。

以诚感人者，人亦诚而应。在施工过程中，设计理念和标准、工艺的冲突，使项目的每一步都异常艰难。为了打造一座名副其实的千年建筑，给千百万穆斯林一个安放信仰的地方，公司倾尽所能，用心做着每一件事，锱铢必较，精益求精，也慢慢在伊斯兰的世界中学会了虔诚。

四、既然是"长子"，就得多一份担当

正当羽翼渐丰的中建准备在阿尔及利亚这片热土上大展宏图之时。2014 年，国际形势风云突变，石油价格大幅下跌，阿尔及利亚政府大幅缩减财政开支并减少在工程领域的投资，给中建带来了前所未有的挑战。市场极度疲软，发标量大减，再加上重大项目履约陷入困境等，2015 年的冬天显得格外寒冷。

面对危机，公司管理层运筹帷幄，在加大力量开拓基础设施及投资市场的同时，苦练内功，调整结构、瘦身强体；构建专业序列，提高核心竞争力。

"举公司之力，不惜代价，让大清真项目这艘巨轮早日靠港，给阿尔及利亚政府和人民交上一份满意的答卷！"周圣总经理在大清真寺项目组织生活会上的这句话铿锵有力，体现了一名央企领军人的责任与担当。

而今，中建海拓者用勤劳与智慧，用为民族荣誉而战的初心，让清真寺这座庞然大物，从密密麻麻的演算图纸中走出来，翩然屹立于地中海畔。

铁肩担道义，妙手书华章。30 多年的奋斗，从启航到卓越，中建人用勤劳的双手，创造出辉煌业绩，把中建品牌深深植入北非大地，成为中阿两国友谊的使者。是初创的魄力、坚守的顽强、创新的胆量、融入的智慧，让中建拨开历史风尘，泛出奕奕光泽。中建品牌的大旗，也将在北非的蓝天上，更加舒展。

创新驱动谋发展　培育绿色新动能

中建发展　朱子君

回首来时路，不忘发展初心。中建发展作为中建集团从事创新业务的平台公司，始终坚持以习近平新时代中国特色社会主义思想和党的十九大精神为指引，深入贯彻执行中央和集团党组决策部署，不忘初心、砥砺奋进、艰苦创业，将"红色基因"转化为"蓝色力量"，并依托中建品牌、资源、管理、人才的强大集团优势所构成的中建"蓝色力量"，集聚创新创业的激情和担当，全力开启创新业务，实施"绿色发展"，助推中建集团实现传统行业转型升级，完成在建设生态文明这一中华民族永续发展的千年大计中的央企责任和历史使命。

一、站在新时代　开启"新思路"

党的十九大报告指出，创新是引领发展的第一动力，是建设现代化经济体系的战略支撑。要建立以企业为主体、市场为导向、产学研深度融合的技术创新体系，突出前沿引领技术、颠覆性技术创新，加强创新体系建设，为人民创造良好生产生活环境，为全球生态安全做出贡献。这是党的十九大对中建发展提出的新要求、指明的新方向。

中建发展创新发展的核心和本质就是通过开创绿色发展推动"中建蓝海"，因此中建发展将坚持绿色发展不动摇，坚持创新创业初心不动摇，坚持作为中国建筑投资和孵化新业务的创业投资（VC）平台不动摇，打造以技术、设计、运营为主的核心优势，开创新的商业模式，立足新时代、新高度，开启创新发展"新思路"。

中建水务以技术为核心、以设计为引领、以投资为带动、以运营为重点，实施技术＋设计＋投资＋运营"四位一体"的发展思路，形成 EPM＋PPP＋OM 为主的商业模式。施工全部交由工程局或专业公司实施，与各工程局"差异化发展"，形成协同作战、共同发展水务环保业务的良好局面。

中建电商将牢牢把握党的十九大"推动互联网、大数据、人工智能和实体经济深度融合"的要求，大力拓展电商业务、推进云筑劳务、推进产融结合、推动云筑智联、探索引入外部战投，培育新的增长点，形成新动能，助推传统建筑行业转型升级，形成企业绿色发展的新蓝海。2017 年云筑电商已实现交易额近 5000 亿元。

中建铝所聚焦的新材料行业对建筑产业升级改造有着"探路者"的意义。首条半自动焊接生产线建成投用，已形成年产能 85 万平方米，生产成本较上年下降约 10%，在高端住宅、综合管廊项目取得较好的使用效果。

平台化发展，产业链共赢

云筑网

二、站在新时代　实施"新举措"

党的十九大报告站在新时代的高度上，论述了人才、技术对推进中国特色社会主义伟大事业，实现"两个一百年"奋斗目标的极端重要性。当前我国正处在转变发展方式、优化经济结构、转换增长动力的攻关期，中建发展要紧跟时代步伐，在新形势下采取"新举措"，才能在千变万化的外部环境中踏出一条宽阔的创新发展之路。

将人才作为创新发展的第一动力。一切的一切都要落到人身上，人才是赢得竞争主动的战略资源，中建发展通过实行更加积极、更加开放、更加有效的人才战略，把与创新业务领域相关的各方面优秀人才积聚到当前的创新事业中来，最终培养造就一批具有行业领先水平的技术研发人才、运营管理人才、青年科技人才和高水平创新团队。一是用好现有人才，将勇于担当、敢于创新的人才吸纳进干部队伍或关键岗位；二是引进一批高水平、高素质的社会优秀人才；三是会集一批院士专家学者。中建水务通过实施"青蓝计划"，选拔德才兼备、素质优异的青年人才进行重点、系统培养，努力建立一支具有创新、担当精神的年轻后备骨干队伍，同时整合高端智库，建立了覆盖八大业务领域的院士专家库，与多位院士领衔的"河长智库"开启战略合作。

将技术作为创新发展的强大基石。中建发展将科技研发和技术集成放在公司创新发展的首要位置，并投入大量资源，取得了一大批科研创新成果，奠定了行业领先地位。中建水务主持《建筑垃圾资源化全产业链高效利用关键技术研究与应用》"十三五"国家重点专项一级项目课题，牵头28家科研院所、大学、企业等单位，实现40多项发明专利，一举奠定行业领先地位；同时组建了中建系统首家专注生态环境建设的设计院——中建生态环境设计院，强化设计引领能力。中建电商研发应用了以物联网智能设备为核心的"云筑智联"，构建了项目在图上、数据在云上、监管在掌上的智慧工地管理平台。

将合作共赢作为创新发展的制胜法宝。中建发展坚决走"协同作战，合作共赢"之路，与系统内单位形成业务领域和发展模式的差异化。中建电商一举升级"云筑电商""云筑劳务""云筑金服""云筑数据""云筑科技"，开启

"云筑智联"。实践证明，只有将系统内各单位创新资源和力量拧成一股绳，才能形成中国建筑创新发展的强大市场竞争力和全产业链竞争优势，在合作共赢、开放共享中创新驱动，共同推进中国建筑转型升级。

中建铝铝模板预拼装

三、站在新时代 谋求"新作为"

习近平总书记在党的十九大报告中阐述了新时代中国特色社会主义思想和基本方略，中建发展必将按照党的十九大提出的：坚持党对一切工作的领导，全力实现中建发展在绿色发展、创新发展、可持续发展中的"新作为"。

谋求跨越创新发展。中建发展成立四年多来，在创新业务领域开展了一批具有标志意义的示范项目，引领相关行业的发展变革。中建水务坪山河项目是全国第一个以交接断面水质达标为标准的大体量全流域水生态治理工程，水安全、水资源、水环境、水生态、水文化"五位一体"的治水理念引领全国，示范作用明显；北京丰台区建筑垃圾项目是全国第一个建筑垃圾资源化利用PPP项目，致力于打造全国最高水平的示范项目；中建水务同腾讯联合开发水务智慧运营平台，获西安海绵城市项目业主高度肯定。中建电商获互联网周刊 2017 年互联网+建筑企业排行榜第一名，获全国建筑类电商第一名。中建发展将带领各单位持续发力，重点抓好高端市场营销，做好在建项目履约和运营，提升中建发展及子企业的品牌影响力，将中建水务打造成国内领先的生态环境系统解决领导者；将中建电商打造成建筑业中最具竞争力互联网综合服务商；将中建铝打造成为国内最具影响力的铝合金模架体系及新型建筑材料综合服务商。

塑造先进文化引领发展。打造"简单、透明、坦诚"的沟通文化和工作氛围，一切要以工作至上，业绩至上。员工每天的行为都要围绕着推进工作展开，围绕着"做对的事情"和"把对的事情做对"展开。工作的目的就是要创造绩效，创造业绩，全力将企业打造成"让员工在物质和精神上都幸福的公司"。

使命呼唤担当，创新引领未来。中建发展将不忘初心、牢记使命，真正成为中国建筑战略转型升级、绿色发展的重要力量，会同 20 万中建人凝聚起同心共筑中建蓝海战略的磅礴之势！为中国建筑转型升级、成为最具全球竞争力的世界一流企业而贡献力量！

心若在　事竟成

中建方程　陈　颖

　　党的十九大召开以来，学习宣贯十九大精神的热潮正推动着习近平新时代中国特色社会主义思想在神州大地落地生根。不忘初心、牢记使命的集结号感染着中国建筑的每一颗为中华民族伟大复兴奋勇拼搏的心灵。

　　在学习的不断深入中，笔者已不知不觉从"读报告读原文"逐渐化为"懂报告悟原文"的过程。每一次学习习近平总书记报告和讲话，每一次夜深人静浏览十九大召开以来的社论、解读，就会更深地认知十九大精神的内涵。研读间，感悟着习近平新时代中国特色社会主义思想的博大精深，体味其笔者40余年"为人民谋幸福"初心不改的矢志情怀。

　　习近平新时代中国特色社会主义思想形成的过程，映射着习近平总书记数十年刻苦学习扎实积累，不断总结实践与思想升华的足迹：在陕北梁家河，习总书记将自己称作"黄土地的儿子"，把陕北高原视为他的"根"；在河北正定，一句"我爱自己的第二故乡"始终温暖着正定人民；在福建宁德，"弱鸟如何先飞"的鸿鹄之志，激励福建人民踏步迈向决胜小康社会的征途；在浙江，"八八战略"穿越时空，经受了实践检验，至今成为浙江人民在"两个一百年"新征程上实现腾笼换鸟、凤凰涅槃的强大动力……

　　习近平新时代中国特色社会主义思想形成的过程，也是中国建筑伴随其不断成长与发展实践的过程。作为一名共产党人尤其是一名中建人，笔者骄傲中华人民共和国成立特别是改革开放以来取得的辉煌成就，更自豪中国建筑作为国有骨干企业，为成为中国经济发展的重要力量而担当的责任和使命。中建方程作为中国建筑实现转型升级、改革发展的重要前沿，更加有责任传承红色基因、凝聚蓝色力量、践行绿色发展，初心不改，砥砺前行。

中建方程拓展幸福空间

一、传承红色基因，务必强"根"铸"魂"

坚持党的领导、加强党的建设，是国有企业的"根"和"魂"。官庆书记在一次会议上总结，做强、做优、做大国有企业，离不开党的建设这个法宝，党建工作做实了就是生产力，做强了就是竞争力，做细了就是凝聚力。中建方程在系统里是一家年轻的单位，公司党委组建以来，始终以"把方向、管大局、保落实"总要求作为工作之本，静下心来认真研究党建工作，加强党委顶层设计，制定出自己的时间表任务书，抓好措施落地、办法创新，抓出成果与成效。2017年，在中建集团党组"112"文件体系的指导下，方程党委以全体系、全维度党建考核作为关键一招，党建工作与生产经营"四同步"，抓紧抓实抓出成效。公司连续三年通过党建考核的标准从严、监督从严、奖罚从严，不断实现党建责任制管理升级，从根本上提升两级党委第一责任人主体责任意识和履职履责能力，企业主要经济指标实现跨越式增长，重大项目连续突破，品牌影响力不断扩大，企业规模和综合实力迅速提升，实现了党建引领中建方程创新发展、和谐发展、快速发展。

二、积蓄蓝色力量，贡献转型升级的方程样本

"问渠哪得清如许，为有源头活水来。"2013 年，在中央城镇化工作会议召开以后，中国建筑决心启动"新蓝海战略"的"转型升级"模式，并紧跟形势，走上了为未来"造"城的中国特色的新型城镇化道路。2014 年初，中建方程正式组建，历史性地担负起中国建筑转型升级的神圣使命，并致力于为社会提供一站式、全产业链优势的城镇综合建设服务。中建方程也因此成为中国建筑跨越竞争激烈的"红海"，在寻求差异化竞争的"蓝海"上，获得更快增长和更高效益的转型阵地。这块阵地承载着中建方程成为国家级城镇化建设集成平台的梦想，承载着中国建筑遨游在广阔"蓝海"的梦想，更加承载着民族复兴的梦想。这些梦想，源于中建方程的初心，中国建筑的初心，更加源于中国共产党人的初心。心若在，梦就在。实现梦想，需要担当，更要创新。2015 年，中国建筑与中央党校联合成立的新型城镇化研究课题组，经过三年努力，调研全国 10 多个城市，结合中国建筑在全国成功实施的城镇化案例，归纳形成了科学严谨的理论研究成果。2016 年，中建方程在市场布局上已充分体现前瞻性和大格局，成功将微城市、智慧城市、生态城市等城镇建设理念植入新型城镇化建设和方程品牌。党的十九大召开，新型城镇化被视为是推动中国经济可持续发展、实现"两个一百年"奋斗目标的强大引擎，中建方程也将迎来更多机遇和挑战。中建方程有责任把更多优质资源融入到新型城镇化建设的项目中来，为新型城镇化建设提供更多的方程智慧、方程方案，为中国建筑"蓝海战略"贡献方程样本。

三、践行绿色发展，建设美丽中国

践行绿色发展，建设美丽中国，始终是中建方程为人民拓展幸福空间的使命和追求。习近平总书记从 2005 年提出"绿水青山就是金山银山"，到"生态文明""美丽中国"写入十八大、十九大报告，中建方程始终以践行五大

发展理念作为公司创新发展的原动力。为此，公司党委从改革创新、商业模式升级、拓展投资规模、提升项目运营质量、推进品牌建设等方面有的放矢，不断突破；深入研究"一带一路"、混合所有制改革、PPP模式等国家政策和市场规律，不断创新健康养老产业和停车场等持有型物业运营模式，做活做强"3132"模式；深入研究健康养老产业园、未来科技城、城乡统筹特色小镇等创新产品开发和标准化设计，打造方程特色项目产品线。中建方程始终不忘作为中国建筑一份子的初心、使命和责任担当，引领中国新型城镇化建设新模式，为解开中国建筑业转型升级的方程式和解开中国新型城镇化发展的方程式奉献方程智慧，提供方程方案。

全产业城市运营模式

学习的过程也是思考与实践的过程，学懂悟透并付诸实践，正是习总书记所崇尚的"知行合一"理念的核心，能够做到知行合一，也绝非一日之功。再读十九大报告，依然震撼于习近平新时代中国特色社会主义思想所带给我的澎湃力量，十九大精神也必将成为助推中建方程在传承红色基因、积蓄蓝色力量、践行绿色发展中，不断成长、创造幸福未来的不竭动力！作家徐百轲所说，"你所站立的地方，正是你的中国。你怎么样，中国便怎么样。你有光明，中国便不黑暗……"站在新时代的起点，重温"不忘初心，牢记使命"的誓言，笔者相信，心若在，事竟成。

方舟建业筑四海 圆融资本投九州

中建装饰 陶盛发

一、成立方圆——顺大势而谋，塑自身而动

投资业务是建筑类企业转型成长新的强大动力，也是中建装饰实施"双主业、双品牌"发展战略的现实选择和关键所在。中建方圆投资发展有限公司的成立，既是顺国家大势而为、应行业形势而谋的重大举措，也是符合股份公司战略愿景、加速中建装饰集团转型升级的必要手段。

党的十九大报告提出："建设美丽中国""建设生态文明是中华民族永续发展的千年大计""生态文明建设功在当代、利在千秋"。两年来，国家在海绵城市、林业生态、旅游休闲等方面出台了各种指导意见。尤其是 2016 年 12月，住建部组织召开了全国生态修复、城市修补工作会，全面推进"双修"工作：一个是修复城市自然生态，另一个是实施城市修补。"生态修复与城市修补"背后所蕴含的投资建设工程，与集团建筑装饰、园林绿化施工主业十分契合，给集团提供了独一无二的重大历史机遇。

邀请学生共绘美丽中国

行业层面，装饰与园林行业领先企业普遍实现了资本化运作，资本实力强大，并且坚持多元化发展，通过投资和并购迅速扩张。集团原有装饰、幕墙、园林施工业务模式相对单一，已经不能适应行业发展的需求，向投资和资本运作的转型势在必行。

中建股份的愿景是成为最具国际竞争力的投资建设集团。投资开发业务是公司向产业链上游延伸的重要举措，是迅速扩张业务范围、提升经营效益的重要途径。以投资带动施工，在重点领域积极探索、引导、落实基础设施持有运营业务模式，以投资盘活资产，把积累的经验、财富、资源高效利用并最大化地创造价值，将有助于公司整体协同运转。中建方圆将成为中建股份投资建设领域的重要子品牌，成为中建股份增强企业竞争力进程中的新生力量。

公司层面，施工和投资"双主业"、中建装饰和中建方圆"双品牌"是未来转型升级、提质增效的战略方向。成立中建方圆有助于对接市场，有助于转型升级，有助于打造品牌，实现战略目标。

因此，从国家、行业、中建股份和自身的发展形势看，装饰集团向专业化投资建设集团的转型刻不容缓，中建方圆为中建装饰集团投资业务和品牌的发展奠定了坚实的基础。

二、取名方圆——寄殷殷希冀，展灼灼宏图

中建集团第一任总经理、董事长张恩树先生为集团《方圆》杂志题字"人生自在方圆"。

"方圆"以其深远的含义，同中建的企业内涵和价值相得益彰。首先，"天圆地方"代表古人对天地的看法。作为首屈一指的建筑企业，中国建筑的使命是在国内外拓展幸福空间，愿景是成为最具国际竞争力的投资建设集团，世界宽广、功崇怀志成就中建的方圆。

其次，"外圆内方"蕴含处世的哲学，圆中有方，即不忘原则，方外有圆，即灵活变通，中国建筑始终秉持央企的责任与信条，以敏锐的洞察力应对市场的波澜和变化，坚持原则、张弛有度成就中建的方圆。

最后，"思圆行方"彰显行动的智慧，思考问题圆融通达，执行实践端方

不苟，中国建筑以宏观战略布局谋划发展的潮流，以微观标准规范专注细节的支撑，运筹帷幄、躬行唯谨成就中建的方圆。

三、鹰之重生——深化良性互补，引领传统业务

传统的装饰、幕墙、园林施工业务是集团重要的存量业务，也是集团赖以生存的基础与核心实力的体现。中建方圆的成立将使集团实现产业经营和资本经营的良性互补，促进融资渠道和投资体系的日臻完善，为传统施工业务注入新内涵、新活力。具体讲，将为传统施工业务提供"三个带动"。

武汉最大市内公园——知音生态公园项目

首先，带动业务规模增加。资本对施工业务撬动作用强烈，投资带动施工能为中建装饰集团及各单位提供强有力的业务来源。

其次，带动营销方式升级。投资必须坚持高端营销，投资建造商的身份有利于增强商务谈判优势，提升项目收益，减少经营风险。

最后，带动品牌形象提升。投资业务是中建装饰集团市场拓展的新名片，有助于改善分包商的角色形象，提升集团的市场影响力和认可度。

"鹰之重生"正如传统施工业务在投资带动下革故鼎新的成长，使其在经济变迁、行业发展的浪潮中永葆创造力、生命力。中建装饰的装饰、园林、幕墙等传统施工业务长期以来是集团快速成长的利器，为集团的发展做出了

卓著贡献。对装饰集团而言，存量业务必须再次锻造、深层提炼，构筑差异优势，引领高端市场，要像"鹰之重生"一般历经磨砺，摆脱羁绊，精益求精，才能成就行业霸主地位。

四、蛇之蜕变——突破既往桎梏，开拓投资新局

中建方圆将成为中建装饰集团向专业化投资建设集团转型的关键依托和平台，成为实践"双主业、双品牌"战略的新阶段、新起点。中建装饰集团将把中建方圆打造成重要投资平台，围绕产业链开展投资管理、项目投资、资产管理、投资咨询等活动。

投资业务要按照"相关、多元、有限"的原则开展。"相关"就是要围绕主业开展投资业务；"多元"就是不拘囿于某一类业务、推进投资结构多元化；"有限"就是坚持风险可控、稳扎稳打推进投资业务。

投资业务领域主要包括生态环境建设项目、城市环境建设项目、综合开发项目、建筑工业化项目等类型。

中建方圆最终将形成生态和城市环境建设领域的全方位、多层次、宽领域投资架构和体系，锐意进取、奋勇向前，成为集团转型升级的急先锋、新兴业务的排头兵。"蛇之蜕变"正如装饰集团突破发展瓶颈，创立投资公司的决心和步伐，完成新一轮成长和蜕变。

五、蝶之羽化——力克困难挑战，拥抱荣耀未来

任何一家公司的成长都不是一帆风顺的，尤其对于初创起步、业务革新的公司，面对投资领域高强度竞争、快节奏决策的紧张形势，中建方圆急需高端金融人才的支撑、深厚投资经验的累积、科学决策体系的强化，这不仅需要方圆自身披荆斩棘、励精图治，同时也需要全集团上下各单位通力协作、众志成城。

困难和挑战在所难免，但我们有信心将中建方圆打造成为中建股份投资领域的一面旗帜，使其实现转型升级最好、发展质量最优、竞争能力最强、企业品牌最响的蓝图。未来投资业务的开展应坚持有的放矢，迈出坚实步伐。首先，坚持投资区域精挑细选的原则，降低投资风险。其次，坚持投资领域

立足专业的原则，把握"双修"机遇。再次，坚持自主投资优先的原则，兼顾跟投为辅。采取"自主承接＋联合参股"的方式开展项目投资，联合参股是投资起步的重要方式，自主投资是投资业务核心竞争力的体现。最后，坚持高端政府资源优先的原则，强化政企合作。方圆成立初期，着重推进增量业务，提高发展规模，稳定发展基础，到中后期，着力转向以资本回报率和经济增加值为核心的内涵式增长。"蝶之羽化"正如装饰集团发展变革的历程，纵然有艰难和风险，但义无反顾、坚持奋进，最终会像蝶一样展现出绚丽的翅膀。

"雄关漫道真如铁，而今迈步从头越"，当历史的车轮翻越峥嵘的过往，当前进的洪流迸发激扬的篇章，中建装饰集团将以中建方圆为融投资带动转型升级的主战场，全力打造"双主业、双品牌"战略的生力军，使集团投资业务蓬勃发展，使中建方圆勇创辉煌！

"钢结构+"铺展绿色长虹

中建钢构 王 宏

"绿水青山就是金山银山",这是习总书记多年前就做出的科学论断。党的十九大报告进一步指出,建设生态文明是中华民族永续发展的千年大计,必须树立和践行绿水青山就是金山银山的理念,像对待生命一样对待生态环境,形成绿色发展方式和生活方式。

建筑行业从事的是创造美好环境的活动,建筑产品本身就是环境的一部分。

一、坚定绿色发展理念,春来江水"绿"如蓝

前几年,在世界经济复苏乏力、国内经济承压下行、传统建筑业粗放式增长难以为继的情况下,建筑企业纷纷启动转型升级,但转什么型、升什么级? 转型是不是转行等问题也困扰着不少企业。此时供给侧结构性改革大幕方起,"创新、协调、绿色、开放、共享"五大新发展理念为广大建筑企业转型升级指明了方向。

众所周知,钢结构具有建筑工业化的优良基因,相较于传统建筑方式,钢结构建筑不仅采用工厂化制作,现场机械化吊装,干式施工,整个建造过程更加绿色低碳,而且钢材可以循环使用,具有绿色、民生、朝阳的优势。从国际发达国家的经验看,钢结构建筑已是建筑的主流建造方式之一,在美国、日本等发达国家,建筑结构用钢量已占到钢产量的30%以上,钢结构建

筑面积占总建筑面积约 40% 以上。正如李克强总理所指出的，"大力发展装配式钢结构建筑，具有发展节能环保新产业、提高建筑安全水平、推动化解过剩产能等一举多得之效"。从中央到各地的支持钢结构建筑发展的政策密集出台，钢结构行业迎来了发展的春天。

在行业春天里，中建钢构人经过认真的思索，下定决心要读懂、做实绿色发展，同时认识到转型升级必须围绕钢结构主业做文章，纵深拓展和丰富钢结构的内涵和外延，延伸产业价值链，把钢结构的绿色优势淋漓尽致地发挥出来。于是中建钢构走绿色发展之路的转型升级思路越发清晰，即从建筑钢结构向钢结构建筑转变，创新"钢结构+"产品；从钢结构建造向研发、设计乃至投资、运营环节延伸，提供"钢结构+"服务，让钢结构不单是带绿色，而且是"春来江水绿如蓝"，绿得彻底、绿得通透，如此才不辜负伟大时代，不辜负中国建筑对专业化的殷殷期望。

厦门自行车高速公路项目

二、聚焦钢结构产品创新，千里莺啼"绿"映红

打造"钢结构+"，围绕钢结构产品创新下功夫是首要的任务，而产品创新要准确回答为谁创新，解决需求在哪儿的问题，方向找对了，产品创新才有生命力。党的十九大报告指出，把人民对美好生活的向往作为奋斗目标。落实到企业的产品创新上，就是要把满足客户需求作为创新目标。中建钢构的创新探索无疑契合了这一点，近年始终密切关注民生问题发展动向，主动针对民生热点、难点谋创新，力求为民生改善提供更多的"钢结构+"绿色解决方案。

如在化解交通拥堵、出行难方面，中建钢构在厦门完成了一次有益的探索。2016 年末，国内首条、世界最长的空中自行车高速公路在厦门建成，它是中建钢构针对厦门当地交通拥堵、城市空间有限提出的针对性解决方案成果。中建钢构研发团队充分借鉴国际标准，与厦门城市风貌有机融合，在路权上，实现独立路权，与行人、机动车分流，让自行车出行安全快速；在空间上，充分利用既有 BRT 空间，建成立体交通格局，节约了城市空间；在通达性上，与沿线重要设施、公交站点联通，解决了出行"最后一公里"难题；在外形上，采用全钢结构建造，造型美观，与周围环境和谐相融。项目一经建成便成了厦门当地明星地标，吸引了众多市民和游客前来骑行体验，目前更成为周边居民绿色出行的首选，前不久，这条自行车道荣获了住建部评选的"中国人居环境奖"。

在厦门自行车高速公路强烈的示范带动下，成都、江阴等地也纷纷引入这一慢行系统产品，目前中建钢构正在两地分别打造长达 32 千米的天府绿道一期、长 6.4 千米的江阴绿道，另外在西安、长沙等地也有相应的产品方案正在沟通设计中。中建钢构已经把以自行车高速公路为代表的慢行交通系统作为转型升级的主打产品之一，希望为更多城市带来一股绿色出行新风。

不仅如此，中建钢构根据市场需求自主研发的装配式钢结构建筑、智慧立体停车库等新产品同样得到市场的认可，在多地落地了示范项目。中建钢构还紧扣国家以及地方发展重大战略部署推进产品研发，正在实施的《海洋绿色人居系统技术研究》课题被列为深圳市未来产业重点资助项目，目前已完成海洋人居示范产品开发建造。

得益于产品创新的加速推进，中建钢构打造"钢结构+"产品的绿色发展之路竞争优势日益显现，示范项目陆续落地，呈现出"千里莺啼绿映红"的生动局面，也更加坚定了公司从高端承建商向产品开发商转型迈进的信心。

三、升级绿色产业链，接天莲叶无穷"碧"

钢结构产品要"绿"得通透，必须依赖于与钢结构产品有关的每一个产业链环节、每一项生产举措均"绿"得纯正、环环相扣。事实上，中建钢构遵循中国建筑的专业化发展策略，一开始就瞄准构建一条包括研发、设计、制造、安装、检测各环节的绿色产业链，组建了专门的研究院、设计院，在江苏、湖北、四川、广东、天津布局建设了现代化大型钢结构制造基地，制造年产能超120万吨，位居全国首位，且均通过欧标、美标、日标认证；检测中心达到国家级钢结构实验室水平。

钢构件首次出口日本

近年来，中建钢构紧扣绿色发展，加大力度锤炼升级产业链上的每一环节，力求这条绿色产业链绿得更鲜亮。其中，在研发设计环节筑巢引凤，引入一批高层次研发设计人才，目前拥有了600余人的研发设计队伍，并加大与高校、设计院所的产学研合作力度，申报和参与的6项课题被纳入了国家"十三五"重点研发计划，"做精一代、开发一代、储备一代"的"钢结构+"产品阶梯格局已经显现；在制造环节对接"中国制造2025"，在国内率先建成了首条建筑钢结构智能制造模拟生产线，而首条正式的钢结构智能制造生产线也将于2018年底在惠州阳光二期制造基地建成投产，这条生产线充分利用工业以太网、工业机器人体系、智能物流系统、工厂信息化集成体系等先进技术，形成一套架构完善、自动化信息化有机融合的工厂智能制造体系，已经获得了国家工信部智能制造示范基地立项，建成后将成为集智能化、自动化、信息化为一体的绿色智能工厂。

中建钢构还充分借助信息化手段对现有的钢结构建造流程、管理工具进行升级换代。如全生命期钢结构管理平台以 BIM 模型为载体，应用了物联网、商业智能等多项前沿信息技术，实现了工程管理可视化、资源管理集约化、质量管理可追溯等多重功能，达到了国际先进水平，极大地促进了钢结构建造效率和品质的提升。自主研发的能像系统将五大制造基地的大型设备用电能耗全部纳入实时监控，根据能耗监控结构优化制造排产、指导设备节能改造，有效降低了生产能耗，预计创效逾千万元。

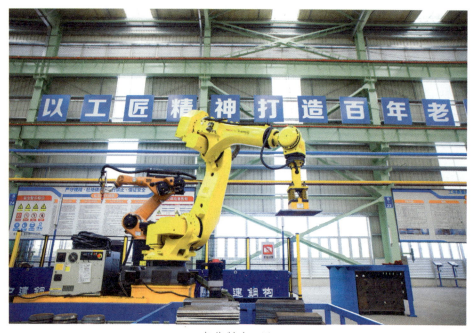

智能制造工厂

绿色发展是理念也是举措，从产业链前端到产业链末端，绿色发展贯穿始终，恰如接天莲叶无穷"碧"一般，装点着中建钢构转型升级的宏伟画卷。

总之，绿色发展永无止境，"钢结构+"活力无限。中建钢构将以党的十九大精神为指引，继续以行动思考，用实践作答，努力为人们创造和奉献更多绿色优质的"钢结构+"产品和服务，铺展一道道连接起人们美好生活和优美生态的绿色长虹。

聚焦新目标 开启新征程

中建安装 田 强

党的十九大报告站在历史和时代高度，紧紧抓住了坚持和发展中国特色社会主义这条主线，科学判断中国特色社会主义进入新时代，提出了新时代我国社会主要矛盾，阐明了基本方略，描绘了宏伟蓝图，体现以人民为中心思想，强化全面从严治党要求，是我们党迈进新时代、开启新征程、续写新篇章的政治宣言和行动指南。

一、凝聚新共识 拥抱新时代

要深刻认识党的十九大的重大意义和重要地位，切实把思想和行动统一到十九大精神上来。

通过学习十九大报告，我们能够深刻认识到，党的十八大以来，改革开放和社会主义现代化建设取得历史性成就，根本在于有习近平总书记掌舵领航，解决了许多长期想解决而没有解决的难题，办成了许多过去想办而没有办成的大事，推动党和国家事业发生历史性变革。我们要牢固树立"四个意识"，切实增强忠诚核心、维护核心、捍卫核心的政治自觉，坚决维护以习近平同志为核心的党中央权威和集中统一领导。习近平总书记是全党拥护、人民爱戴、当之无愧的我党领袖。

报告用"八个明确""十四个坚持"深刻阐明了新时代中国特色社会主义思想的精神实质、丰富内涵和基本方略，并旗帜鲜明地将其写入党的章程，确立为我们党长期坚持的指导思想，这是十九大最大的亮点，是对党的发展的历史性贡献，对于全党统一思想、统一意志、统一行动有着重大现实意义和深远历史意义。我们要深刻认识到，习近平新时代中国特色社会主义思想是当代中国最鲜活的马克思主义，是我们夺取新时代中国特色社会主义伟大胜利最强大的思想武器，必须持之以恒学、反复跟进学，切实用党的最新理论成果武装头脑、指导实践、推动工作。

二、展现新作为 迈上新征程

要深刻领会十九大提出的新论断、新目标、新任务，必须紧密结合公司工作实际抓好贯彻落实。十九大报告中对完善国有资产管理体制，促进国有资产保值增值，推动国有资本做强、做优、做大，深化国企改革等做出了进一步的战略性安排，这是对国企改革提出的新任务、新要求。具体到公司实际来说，就是需要我们尽最大努力推动公司持续健康发展，确保实现全年既定发展目标。

员工阅读自制十九大精神口袋书

2018 年以来，中建安装始终迎着变革的痛点奋力前行，企业改革面临着重重压力，企业发展面临着巨大挑战，知耻而后勇，知不足而奋进。在行业形势下滑和企业发展的困境面前，中建安装不能气馁，也决不能后退，更不可自暴自弃，而是凝聚起困境反转的决心，保持奋发进取、迎难而上的精神状态，心往一处想、劲往一处使，深化企业瘦身健体改革目标，积极推进市场营销新战略，全力实施创新发展新举措，全面加快国际化经营步伐，全方位防控企业运营风险，着力解决好中央和中建集团巡视发现问题整改，把高质量发展作为主攻方向，坚决打赢提质增效攻坚战。

三、直面新形势 负担新使命

要深刻理解十九大提出的新时代党的建设总要求，必须将全面从严治党提升到新高度。党的十九大报告和新修改的党章对推动新时代全面从严治党向纵深发展进行了深刻阐述，做出了全面部署，把我们对党的建设规律、全面从严治党规律、党的领导规律的认识提升到了新高度，为我们推动全面从严治党向纵深发展提供了根本遵循。

十九大报告第一次把党的政治建设纳入党的建设总体布局，意义重大而深远。这就要求各级党组织要准确把握党的十九大对坚持党的领导、加强党的建设、全面从严治党的最新要求，按照中央要求开展好"不忘初心、牢记使命"主题教育活动，持续深入推动企业党建工作取得新的成效。

各级党组织要教育引导党员干部不断增强"四个意识"，用习近平新时代中国特色社会主义思想武装头脑，在政治立场、政治方向、政治原则、政治道路上始终同以习近平同志为核心的党中央保持高度一致，把对党忠诚、为党分忧、为党尽职、为民造福作为根本政治担当，永葆共产党人政治本色。

一是要把党的政治建设摆在首位。这是一个全新的命题，内涵丰富、意义重大。一直以来，公司强调要把思想政治建设摆在首位，主要侧重的是思想建设，而对政治建设重视不够。报告第一次提出把政治建设摆在首位，凸显了政治建设作为根本性建设的极端重要性。

二是要建设高素质专业化干部队伍。治企兴企之要，首在选人用人，党员领导干部是公司改革发展的中坚力量。公司要坚持正确选人用人导向，突出政治标准，选优配强各级领导班子，把能够全面贯彻执行党的理论和路线方针政策、忠诚干净担当的干部提拔重用到重要岗位和关键岗位上来。同时，公司转型升级和改革发展面临的新形势、新环境，迫切需要具有很强专业能力和专业精神的干部，要按照习近平总书记在国企党建会上提出的"对党忠诚、勇于创新、治企有方、兴企有为、清正廉洁"二十字标准来建设高素质专业化干部队伍。

三是强化基层单位党组织的职责定位。基础不牢、地动山摇。公司的基层单位党组织是确保公司路线方针政策和决策部署能否得到贯彻落实的基础。

要以提升基层党组织的执行力为重点，突出基层党组织发动员工、团结员工凝聚干事创业激情的引领功能，把基层党组织建设成为宣传党的路线主张、贯彻公司战略部署、领导基层单位发展、团结动员职工群众、推动企业转型升级的坚强战斗堡垒。基层党支部要担负好直接教育党员、管理党员、监督党员和组织群众、宣传群众、凝聚群众、服务群众的职责，引导广大党员发挥先锋模范作用。

十九大精神走进工友兄弟

千里之行、始于足下，一分部署、九分落实。学习宣传十九大精神，不能停留在口头上，要在深入宣讲、广泛宣传上下功夫，以钉钉子精神让党的十九大精神落到实处。

要营造氛围走在先。通过各种宣传形式，运用各种宣传阵地，形成全方位、多层次、立体式的宣传格局，使党的十九大精神家喻户晓、深入人心。

要深入领会学在先。两级党组织要把党的十九大精神作为理论学习中心组学习的核心内容，着力在学深学透、融会贯通、准确把握上下功夫，确保党的十九大精神入脑入心，成为武装头脑、指导实践、推动工作的重要抓手。

要贯彻落实干在先。学习宣传贯彻落实党的十九大精神，必须落实到干好本职工作中。学习十九大精神，必须要与全面完成2018年各项目标任务结合起来，集中精力抓好经营管理、安全生产、内部改革、结构调整等重点工作，确保发展态势持续平稳、改革任务全面完成、经营形势持续向好、企业大局和谐稳定，巩固和扩大公司改革发展稳定的良好局面。

风劲帆满图新志，砥砺奋进正当时。中建安装始终传承着"铁军"的"红色基因"，汇聚着中国建筑的"蓝色力量"，以永不懈怠的精神状态和一往无前的奋斗姿态，为实现中华民族伟大复兴的中国梦、实现中国建筑"1211"愿景目标、实现"中国安装行业领先，国际同类企业一流"的发展愿景而贡献力量。

"生态文明建设"为预拌混凝土行业指明涅槃之路

中建西部建设　吴文贵

党的十九大报告对生态文明建设进行了多方面的深刻论述，明确了从经济、政治、文化、社会、生态文明"五位一体"总体布局推进中国特色社会主义事业，强调建设生态文明是中华民族永续发展的千年大计。对于预拌混凝土行业而言，又一次走到了转型的十字路口。

一、一场历史性告别的开始

一场新的改革已经开始。回顾我国预拌混凝土行业发展的历程，"生态文明建设"的提出，可以视为这个行业转型涅槃的标志。从某种意义上说，这也是一场历史性告别的开始。混凝土行业将逐步告别过去"粉尘飞舞、污水横流、噪声刺耳"的传统印象，走上"智能制造、绿色生产"的生态文明建设之路。

1903 年，德国在 Starberg 建造了世界上第一座预拌混凝土工厂，美国、日本相继于 1913 年、1950 年开始了预拌混凝土生产。而中国的预拌

中建西部建设办公大楼

混凝土生产则要追溯到 1973 年，当时北京市建工局承建北京饭店东楼，从捷克引进了立轴强制式搅拌机，建立了我国的第一个混凝土搅拌站，这被视为我国预拌混凝土行业的肇端。1985~1986 年，北京、上海、广州、天津等一些大城市相继建设了一大批混凝土生产厂，迎来了我国第一个建站高峰。这一批混凝土搅拌站的建成，标志着我国预拌混凝土产业已经初具规模，也标志着我国商品混凝土行业的形成。

早期的预拌混凝土生产大都是靠手动操作，称量方式也都是容积式的。步入 20 世纪 90 年代后，我国基础建设和房地产业迅速发展，预拌混凝土行业开始出现了专业化、机械化趋势。进入 21 世纪以来，随着城市化进程的加快，我国预拌混凝土行业快速增长。截至 2016 年，据不完全统计，全国预拌混凝土产能超过 56 亿立方米，产量超过 18.6 亿立方米；全国预拌混凝土企业数量超过 9500 个。

作为行业发展的见证者、参与者，包括中建西部建设在内的所有混凝土企业，都从来没有谁会怀疑，中国预拌混凝土产业的快速发展是经济增长带来的红利。预拌混凝土行业作为一种水泥衍生品能够异军突起，是城镇化和现代化的必然结果。与此同时，人们同样注意到，一大批生产工艺粗糙、管理水平低下、资源利用率低、环境污染严重的"作坊式"企业开始走向"只要金山银山不要绿水青山"的误区，"粉尘飞舞、污水横流、噪声刺耳"成为公众对混凝土企业的传统印象。

"我们在快速发展中也积累了大量生态环境问题，成为明显的短板，成为人民群众反映强烈的突出问题。这样的状况，必须下大气力扭转。"习近平总书记说。不可否认，行业发展之初，市场对产品处于刚性需求时期，"发展成为企业的硬道理"。但是，随着时间的推移，"金山银山"不再是粉饰太平的遮羞布。党的十八大以来，"生态文明建设"被提高到前所未有的高度，环境监管政策逐渐收紧，一些预拌混凝土企业势必"日子难过"。

"生态兴则文明兴，生态衰则文明衰"，党的十八大以来，以习近平同志为核心的党中央，深刻总结人类文明发展规律、自然规律和经济社会发展规律，将生态文明建设纳入中国特色社会主义"五位一体"总体布局，先后提出"建立系统完整的生态文明制度体系""用严格的法律制度保护生态环境"，确立了"绿色发展"的新理念。如果企业仍旧试图抱有"生态文明只是一阵风"的侥幸心理，那么就一定会在历史的浪潮中被"淘汰出局"。

二、生态文明建设呼唤"5.0 变革时代"

如上所述，党的十九大将"生态文明建设"提到与"政治建设""经济建设""文化建设"和"社会建设"一样重要的位置，昭示了中央对于绿色发展的决心。身处其中的企业，必须牢固树立社会主义生态文明观，推动形成人与自然和谐发展现代化建设新格局，为保护生态环境做出我们这代人的努力。

预拌混凝土行业的显著进步在于，不少企业早已意识到绿色生产的重要性。众所周知，预拌混凝土搅拌站最大的污染是三项：噪声、粉尘和污水。

20 世纪 70~90 年代，由于行业的计划性特征和市场需求不充分，预拌混凝土基本以"现场搅拌站"的方式进行。由于总量较小，采取粉料、骨料等叠加计量，提拉斗上料，以现场搅拌、不用混凝土搅拌车输送为主要特点，其对环境的影响较为薄弱，这是预拌混凝土行业的"1.0 时代"。90 年代开始，部分预拌混凝土企业开始采取工厂流水线生产商品混凝土，把物料根据骨料、粉料、液体物料分开计量单独输送，并用罐装车将预拌混凝土运输到各工地，让建筑工地的尘土减了至少一半。这被视为预拌混凝土行业的"2.0 时代"。进入 21 世纪后，混凝土搅拌站骨料输送不再采用提拉斗上料，主要以皮带机输送为显著特征，同时搅拌楼内加装预加料斗，大大提高了行业生产效率，预拌混凝土行业进入"3.0 时代"。近些年来，全封闭工厂开始出现。即将预拌混凝土生产基地装进由钢结构的隔音墙板厂房，从而控制其噪声、粉尘和污水的排放，使其达到国家标准，预拌混凝土行业进入"4.0 时代"。

但单纯地将"污染源"装进"盒子"，并未从根源上解决预拌混凝土的环境污染问题。一个全封闭工厂能够解决的是"对外影响"的问题，而不是"绿色生产"的问题。转型，意味着必须不断创新性地解决已经出现和即将出现的问题，它决定了预拌混凝土绿色生产之路不可能一蹴而就。但有一点是清晰的，那就是结合马克思主义哲学观点，既从"外因"上采取对策，也要从"内因"上寻找突破，"外因治标，内因治本。"

2013 年以来，国务院和相关部委先后出台了《关于化解产能严重过剩矛盾的指导意见》《绿色建筑行动方案》《关于推广应用高性能混凝土的若干意见》《促进绿色建材生产和应用行动方案》《预拌混凝土绿色生产评价标识管理办法（试行）》等文件，提出推广应用高性能混凝土，促进绿色建材生产应用，鼓励行业企业探索预拌混凝土从"灰色"向"绿色"转型。2015 年 6 月，中建西部建设西南有限公司郫县站成为国内首家通过验收的预拌混凝土绿色生产示范基地，预拌混凝土行业的"5.0 时代"初见雏形。

毫无疑问，从第一家预拌混凝土搅拌站建立以来，中国的企业取得了前所未有的成绩。成绩从哪里来？来自经济的高速发展。但经济的高速发展不应以牺牲生态为代价。就预拌混凝土行业而言，建立一套全流程化的绿色生产体系，是破解生态难题的最佳办法。俗语云，"在激流中能够屹立的人，未必能坚挺于人海。"显然，仅靠一个企业的努力是不够的，而是需要全行业提高政治站位，站在"千年大计"的高度上探索行业的"5.0 时代"甚至"6.0时代"。

三、中建西部建设的"5.0 时代"：智能制造与绿色生产

作为国内预拌混凝土行业的标杆企业，中建西部建设是最早实施绿色生产的企业之一。党的十八大以来，在生态文明建设的指引下，中建西部建设以智能制造和绿色生产为抓手，初步探索出了一条预拌混凝土绿色生产转型的道路。

向智能制造升级。作为国内最早实施智能制造的混凝土企业之一，中建西部建设从 2007 年推动"无纸化办公"和"可视化生产"以来，至今已经走过了 10 多个年头。目前已建成 RMX-APC 生产控制系统、CPS 生产管理系统、实施基于业财一体化的运营管理系统、基于 CPS 平台的智慧工厂等，已经无限逼近"混凝土集团化智慧体系"的智能制造目标。它不是简单的某个生产环节的革新，而是涉及整个企业的组织架构、运营管理体系、生产运输系统的统筹和集成，运用"互联网+"的思维和工具，以实现混凝土行业传统运营模式的彻底变革。"众人拾柴火焰高"，智能制造升级实际上是创造了一个平台，需要更多的设备制造企业、软件设计企业的参与，从而实现各类资源和力量的联动，共同推动行业的智能化升级。

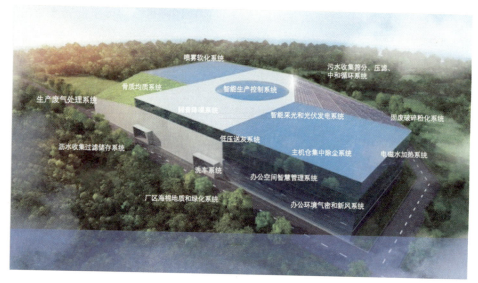

喷雾软化系统　污水收集降分、压滤、中和循环系统
骨质均质系统　智能生产控制系统
生产废气处理系统　降音降噪系统
　　　　　智能采光和光伏发电系统　固废破碎粉化系统
沥水收集过滤储存系统　低压送灰系统
　　　　　主机仓集中除尘系统　电磁水加热系统
洗车系统　办公空间智慧管理系统
厂区海绵地质和绿化系统　办公环境气密和新风系统

绿色智能化厂站

　　向绿色环保升级。"绿色"一直被视为中建西部建设的核心竞争力。在绿色生产和生态文明建设的引导下，中建西部建设 2008 年即着手申报国家绿色生产示范基地，2011 年形成了国际先进的《预拌混凝土绿色生产技术》，2014 年成为绿色生产示范企业，获得中国环境标志产品，并参与了国家标准制定。2017 年更是实施了《2017 年绿色生产行动方案》，先后成立了化学建材研究所、骨料及资源综合利用研究所、混凝土绿色智能制造研究所，在绿色生产领域更进一步。今后，中建西部建设将努力在行业内营造生态文明建设的氛围，主动参与标准的制定和完善，变被动为主动，为预拌混凝土行业的生态文明建设贡献力量。

　　一个行业的成长成熟，必定有一个粗放到集约、无序到规范的过程，想要成为受人尊敬的行业，想要打造受人尊敬的企业，靠简单的兼并重组、价格竞争根本无法实现，只有苦练内功、绿色发展才是混凝土行业未来发展的必然选择和必经之路。如果身处其中的企业意识不到绿色生产的重要性，那么这个企业就注定面临危险。所以，企业想要走向"文明"，那就要在生态文明建设的指引下不断推进自身在绿色生产领域的技术更新和完善。这是一个行业的选择，也是中建西部建设央企身份所必须担负的职责。

向着打造"中建海军"的目标奋勇前进

中建港务　肖　飞

　　党的十九大是在全面建成小康社会决胜阶段、中国特色社会主义进入新时代的关键时期召开的一次十分重要的大会，为党和国家迈向新时代、开启新征程、续写新篇章指明了方向。中央企业作为国民经济的重要支柱和党执政兴国的重要依靠力量，把学习领会党的十九大精神学习成果转化为推进工作的强大推动力，坚决贯彻落实党的十九大的重大战略部署，是我们义不容辞的光荣使命和责任担当。

　　中建港务建设有限公司作为中国建筑集团有限公司旗下的一家以港航建设为主体、拥有港口与航道工程施工总承包特级资质，房屋建筑、市政公用等多项施工总承包及专业承包壹级资质的建筑施工企业，必须坚决将十九大精神贯彻落实到企业改革发展实践中，在实现伟大梦想的征程中，立足新起点，践行新思想，展现新作为。

一、立足企业党建新时代，坚持党对国有企业的领导不动摇

　　十九大报告中指出："党政军民学、东西南北中，党领导一切"，明确提出了新时代党的建设总要求、总布局、总目标和重点任务，这是国有企业坚持党的领导、加强党的建设的根本遵循。

　　中国特色社会主义进入新时代，企业党的建设要有新气象、新作为：一是严格落实党委主体责任。要坚持服务生产经营不偏离，把提高企业效益、

增强企业竞争实力，充分发挥企业党组织领导核心和政治核心作用，把方向、管大局、保落实，以党建为统领推动企业全面发展。二是以企业党的政治建设和思想建设作为根本性、基础性工程，毫不动摇，常抓不懈。以习近平新时代中国特色社会主义思想为统领，以"不忘初心，牢记使命"为主题，教育引导党员干部牢记党的三大历史任务，增强"四种能力"，牢固树立"四个意识"和"四个自信"，经受"四大考验"，克服"四种危险"。三是始终坚持党管干部、党管人才原则。拓展人才培养渠道，健全选拔任用干部管理机制，把"一岗双责"要求同两级领导班子综合考评、经营业绩考核、党建目标责任制考核有机融合，齐抓共管，做实打造忠诚、有担当的领导班子和高素质人才队伍。四是落实全面从严治党。加强党风廉政教育，落实全面从严治党是国有企业的职责所在、使命所系，是做强做优做大国有企业的时代要求，要始终坚持把纪律和规矩挺在前面，驰而不息抓好作风建设，聚焦"四风"问题，正风肃纪，防范风险。

当前，公司迎来增资扩股全面深化改革的关键机遇期，企业党建工作已经步入新时代，全力打赢企业转型发展攻坚战，尤其需要创造一种风清气正的党内政治生活环境，不断提升企业党组织的创造力、凝聚力和战斗力。

二、着力塑造优质品牌，进一步提升企业核心竞争力

"品牌建设已成为一个企业实力和地位的象征，代表着一个企业参与市场竞争的能力和市场形象"，以品牌优势提升企业核心竞争力，推进企业持续有效和谐发展。

历年来，中建港务以塑造优质品牌、深化企业文化建设、拓展幸福空间为己任，以"市场为大、一主多元"为理念，铸造精品工程、铸就诚信企业，向"中建海军"的目标奋进，先后承建了外高桥港区、洋山深水港、重庆东港区、南京龙潭港码头、世博会工程、曹妃甸首钢京唐钢铁码头及非洲吉布提多哈雷多功能港口等国内外重大工程。

2002 年，中建港务以主力军的身份承建了国家重点工程——上海国际航运中心洋山深水港区。15 年来，在东海孤岛上演的现代工程建设"精卫填海"传奇，将"沧海"变成了"桑田"；15 年前，大小洋山岛，只不过是东海之上

的普通小岛，居民以打渔为生，闭塞而落后；15 年后，小渔村不见了，取而代之的是一片总面积相当于 1000 多个足球场大小的现代化深水港。这 15 年中，仅在小洋山海域的狂风巨浪中，累计成功沉桩 7147 根，首尾相接长度超过 443114 延长米，排在地表约等于上海到合肥的陆路距离，洋山深水港区是世界最大的海岛型人工深水港，也是建设上海国际航运中心的战略和枢纽型工程。2017 年 12 月 10 日，洋山深水港四期码头生产试运行，全球规模最大的自动化集装箱码头初展雄姿。

洋山深水港四期工程项目

中建港务先后荣获"中国建设工程鲁班奖""国家优质工程金奖""詹天佑土木工程奖""中国建设钢结构金奖""交通部水运工程质量奖"、上海市建设工程"白玉兰奖"、"上海市市政金奖"等多项国家、省部级工程质量奖。公司先后荣膺全国先进基层党组织、全国五一劳动奖状、全国优秀施工企业、全国用户满意施工企业、上海市文明单位、上海市质量管理奖、上海市重大工程立功竞赛金杯公司等称号，是中国工程建设社会信用 AAA 级企业、上海市合同信用 AAA 级企业。依托项目建设，孕育了形成"外高桥精神""长兴岛精神""船坞精神""洋山精神"等品牌文化。

2016 年 4 月 22 日，《中建信条·蓝海文化》在洋山深水港区举行现场发布会，"洋山精神"和以此提炼形成的"求和、求实、求新、求发展"的核心价值观，成为文化的核心基因，得到进一步传承，成为助推中建港务"转型跨越""走向海外"的强大精神动力。

三、践行"走出去"责任，响应"一带一路"倡议，全力打造"中建海军"

党的十九大报告中强调"要以'一带一路'建设为重点，坚持'引进来'和'走出去'并重，遵循共商共建共享原则，加强创新能力开放合作，形成陆海内外联动、东西双向互济的开放格局"。

2014年，在股东方支持下，中建港务积极响应"一带一路"国家倡议，第一次走出国门，以主力军身份建设非洲吉布提多哈雷多功能港口（一期）工程。工程合同总价4.2173亿美元，总工期30个月，此项目不仅是中资建筑企业迄今为止在东北非地区承接的最大规模港口项目，也是中建集团在非洲地区首个水工项目、海外最大的水工项目。非洲吉布提是通往欧洲和非洲的海上必经之地，也是亚非欧市场的重要连接点和"一带一路"倡议海上西线的关键节点。要在东北非打造"中国建造"的品牌面临着海外项目工程方面经验略有不足、施工作业环境条件差等诸多压力与困难，但中建港务人"乐此不疲"，化压力为动力。2014年10月11日中建港务召开誓师大会，正式拉开海外工程建设的序幕，开启企业海外建设的新篇章。

而对前所未有的挑战和困难，中建港务依然创造出了令人惊叹的"吉布提速度"：仅在合同签订后的第四个月，现场临建、实验室、海水淡化厂、搅拌站全部建成；15个月后，房建行政楼结构封顶；18个月后，工作船码头完工；两年三个月，1200米主体码头建成；2017年3月31日，合同内房建、道路堆场主要施工内容完成，具备开港运营条件；2017年4月16日，第一条滚装船正式靠泊吉布提多哈雷港，港口投入试运营；2017年5月24日，港口正式开港。

仅3年时间，多哈雷港口项目就如期建成交付业主，被吉布提总统称为"西方人一百年没干成的事中国人三年就干成"。中建港务不仅实现了"如期建成"的国际承诺，也实现了"中国建设标准"的整套"走出去"港口工程

吉布提多哈雷多功能港口工程项目

全部内容，全部使用"中国建设标准"，使得"中国建造"的水准和形象有了可靠保证和直接体现。

　　从 2014 年 8 月 7 日开工到 2017 年 5 月 24 日正式开港，在历时不到 3 年时间里，中建港务不仅实现了"走向海外"的目标，也成就了数千年前丝路辉煌。张骞策马西行，郑和扬帆西下。如今，筑梦"海上丝路"，是新"丝绸之路"故事，满腹建设者的艰辛与成就。通过第一个海外项目——吉布提多哈雷多功能港口（一期）工程的成功实施，中建港务正逐步参与国际竞争，不断加快进入海外市场的步伐，先后承接了吉布提多哈雷多功能码头（一期）工程、吉布提物流工程、埃塞俄比亚驻吉布提大使馆修缮工程、吉布提自贸区一期工程起步区二标段项目、招商局吉布提自贸区 CMBL 地块仓库及道路堆场工程等多项海外工程，实现了"走得稳""走得快""走得好"的更大预期。

　　新时代铸就新辉煌，新征程实现新梦想，让我们立足本职，不忘初心、牢记使命，按照十九大报告提出的新部署、新要求，迎接新时代，踏上新征程，锐意进取、埋头苦干，确保全面完成全年各项目标任务，合力谱写新时代中建港务改革发展的新篇章，向打造"中建海军"的目标迈出更加坚定的步伐。

发展装配式建筑要面向新时代贯彻新理念

中建股份　中建科技　叶浩文

新思想引领未来，新时代催人奋进。举世瞩目的中国共产党第十九次全国代表大会胜利闭幕，大会描绘了中华民族伟大复兴的宏伟蓝图，明确了实现伟大梦想的基本方略和战略安排，将习近平新时代中国特色社会主义思想写入党章。全党全国坚决拥护、党心民心极大振奋。

习总书记在十九大报告中提出，必须坚持"创新、协调、绿色、开放、共享"的新发展理念，深化供给侧结构性改革，在创新引领、绿色低碳等领域培育新增长点，建设美丽中国、推进绿色发展。党的十九大确立的新发展理念，无疑为建筑业的改革创新指出了鲜明的发展方向。

党的十八大以来，建筑业的改革发展取得了许多重大成就，并在生产方式变革上大力推行装配式建造，为建筑业的转型升级找到了一条创新发展之路。中建科技有限公司（以下简称中建科技）作为中国建筑股份有限公司（以下简称中国建筑）实施建筑工业化的产业平台和科技平台，近年来，在技术创新、产品研发、产业联盟和项目示范等方面积极发挥行业引领作用，被行业主管部门授予全国首批"装配式建筑产业基地"。作为建筑业创新企业，学习贯彻十九大精神，应全面贯彻落实党中央确立的新发展理念，坚持绿色发展、创新引领、质量提升，积极跟进"一带一路"，大力培育建筑产业工人，在中国特色社会主义新时代，为全面推进绿色生态文明战略做出积极贡献。

一、坚定不移推进"绿色发展"

党的十九大提出：建设生态文明是中华民族永续发展的千年大计。必须树立和践行绿水青山就是金山银山的理念，坚持人与自然和谐共生，坚持节约资源和保护环境的基本国策，形成绿色发展方式，建设美丽中国，为人民创造良好生产生活环境，为全球生态安全做出贡献。对于建筑行业来说，传统建筑业前30多年的高速发展也带来了诸多问题，如房屋的质量、品质、舒适度、使用寿命等，尤其是传统建筑的高能耗和建筑工地的脏乱差，已与十九大提出的建设现代化经济体系和建设美丽中国宏伟目标明显不符。在建筑领域大力发展装配式建筑和绿色建筑，既是建筑业贯彻落实党的十九大精神的有力抓手，也是建筑业推进绿色可持续发展的内在要求，更是建筑业落实生态文明建设这一千年大计的具体行动。

中建科技近年来一直大力推行装配式建筑与绿色建筑的互融发展，坚持以绿色建筑技术提升装配式建筑的绿色化发展水平，集成创新了高性能绿色建筑、绿色生态城、光伏建筑一体化等绿色建筑技术体系。中建科技以装配式建筑技术+被动式低能耗建筑技术打造的全国第一个钢结构装配式被动式超低能耗建筑——山东建筑大学教学实验楼项目获得了德国能源署（DENA）、住建部科技发展中心联合颁发"高能效建筑—被动式低能耗建筑"质量标识认证，成为装配式建筑技术与绿色建筑技术融合发展的典范之作。未来，在"绿色发展"的理念下，中建科技将加快打造成为装配式建筑领域最有竞争力的龙头企业、绿色建筑领域领先发展的集成服务商，为引领绿色建筑发展起到更大的作用。

二、坚定不移推进"创新引领"

党的十九大提出：创新是引领发展的第一动力，是建设现代化经济体系的战略支撑。在十九大报告中，习总书记十余次提到"科技"、五十余次强调"创新"。报告中强调，要深化科技体制改革，建立以企业为主体、市场为导向、产学研深度融合的技术创新体系。报告中还提到供给侧结构性改革的核心，在于通过科技创新提高全要素生产率。抓科技创新，就等于抓住了供给侧结构性改革的根本。

四川绵阳科技城地下管廊项目

近年来，中建科技一直坚持"抓创新就是抓发展，谋创新就是谋未来"的发展之路。在发展理念上，中建科技创新提出装配式建筑"三个一体化"的产业发展理念（建筑、结构、机电、装修一体化，设计、加工、装配一体化，技术、管理、市场一体化），获得了行业的广泛认同；在发展模式上，中建科技创新实践了REMPC五位一体工程总承包模式，有力地提升了装配式建筑建造管理水平；在技术创新上，中建科技主持"十三五"国家重点专项一级课题2项，牵头或参与二级课题12项，并成为国家"十三五"建筑工业化领域所有课题的协同攻关组长单位，有力践行了"企业为主体、市场为导向、产学研深度融合"的技术创新路径。在十九大精神指引下，中建科持将在管理、技术创新、商业模式创新上继续提升、不断突破，以实践创新更好地推动企业在科技创新道路上取得又好又快发展。

三、坚定不移推进"质量提升"

党的十九大提出：我国经济已由高速增长阶段转向高质量发展阶段，正处在转变发展方式、优化经济结构、转换增长动力的攻关期。必须坚持质量第一、效益优先，以供给侧结构性改革为主线，推动经济发展质量变革、效率变革、动力变革，提高全要素生产率，不断增强我国经济创新力和竞争力。

在十九大召开之前，中共中央国务院印发的《关于开展质量提升行动的指导意见》中，明确提出要完善供需体系，以提高发展质量和效益为中心，将质量强国战略放在更加突出位置，要在产品、工程和服务三个方面，全面提升质量水平、质量层次和品牌影响力，加快培育国际竞争新优势，为实现"两个一百年"奋斗目标奠定质量基础。建筑业作为我国支柱产业之一，在新时代也要加快推进从"中国速度"走向"中国质量"，从"中国产品"走向"中国品牌"。装配式建筑是建筑业供给侧结构性改革的重要方向，更要牢牢守住工程质量这条生命线，进一步树立产品服务意识，不断提升装配式建筑的质量和品质，真正在建筑创新领域，充分关注人民日益增长的居住需求与发展的不平衡不充分之间的矛盾，为社会提供更多高品质的现代建筑。中建科技以 REMPC 模式建造的深圳裕璟花园项目，作为住建部提升装配式建筑质量的示范项目，通过在该项目召开全国装配式建筑质量提升大会，在建筑行业内起到了很好的质量领航作用。

四、坚定不移推进"一带一路"

党的十九大指出：中国开放的大门不会关闭，只会越开越大。要以"一带一路"建设为重点，坚持"引进来"和"走出去"并重，遵循共商共建共享原则，加强创新能力开放合作，形成陆海内外联动、东西双向互济的开放格局。近年来，传统建筑业"走出去"步伐越来越大，并在海外承建了多个有影响的项目，例如，吉布提港多哈雷码头项目成为"一带一路"的关键节点；俄罗斯联邦大厦 420 米登顶欧洲第一高楼；印尼雅加达标志塔 638 米将成为东南亚最高楼；美国亚历山大·汉密尔顿大桥改扩建工程获选 2013 年度美国十大桥梁工程等等。

在党的十九大精神指引下，装配式建筑如何紧跟"一带一路"倡议加快"走出去"步伐，可谓是机遇与挑战并存。"一带一路"倡议是以投资驱动的国际经济合作方式，这无疑为"走出去"带来了先天优势，但同时，我国建筑业一直以来都备受"国际标准"门槛的制约，装配式建筑起步不久，这方面的技术壁垒应该更大。对此，我们一定要有清醒的认识，并加快提升"走出去"本领。国务院办公厅《关于促进建筑业持续健康发展的意见》（国办发〔2017〕19 号）也明确要求：建筑业企业要加大对国际标准的研究力度，缩小中国标准与国外先进标准的技术差距。要做好中国标准推广，以"一带一路"倡议为引领，优先在对外投资、技术输出和援建工程项目中推广应用。这就要求装配式建筑在"走出去"过程中一定要以"技术标准"和"产品体系"引路。中建科技作为产学研用一体化发展的科技型企业，一直以来都以创新完善行业"技术标准"与"产品研发"为己任，在积极参与编制国家《装配式建筑混凝土结构技术规范》等三大规范和《装配式建筑评价标准》的基础上，创新丰富了多种装配式建筑产品技术，形成了行业领先的具有中建特色的标准化厂区规划、标准化厂房建设指南和构件标准化流水生产线，具备了走向海外市场的核心竞争力。面向未来广阔的"一路一路"市场，中建科技将发扬中建人敢于"海天揽月"的精神，以央企的责任担当，进一步聚焦海外，推进中建装配式建筑在"走出去"战略中取得更加丰硕的发展成果。

五、坚定不移培育"工匠精神"

党的十九大指出：建设知识型、技能型、创新型劳动者大军，弘扬劳模精神和工匠精神，营造劳动光荣的社会风尚和精益求精的敬业风气。产业工人是创造社会财富的中坚力量，是实施制造强国战略的有生力量，在加快产业转型升级、推动技术创新、提高企业竞争力等方面具有基础性作用。

建筑业作为我国的支柱产业，除每年贡献约占 DDP 总量 6%的经济增加值之外，还带动了约 6000 万名农村剩余劳动力的再就业。在加快推进新型城镇化建设进程中，要有效保证建筑农民工"进得来、住得下、能就业、可创业"，建筑业必须加快推进农民工转向产业工人。住建部日前已在《关于培育新时期建筑产业工人队伍的指导意见》（征求意见稿）中提出：要深化建筑用工制度改革，建立建筑工人职业化发展道路，推动建筑业农民工向建筑工人转变。装配式建筑基于"工厂制造"与"现场装配"特点，不仅有培育产业工人队伍的自身优势，也有培育产业工人队伍的迫切需要。中建科技组建以来，已先后在全国投资建设了近 20 个 PC 工厂和一批装配式建筑示范项目，并在装配式建筑的"制造"的"装配"环节，有计划地培训、培养企业自有产业工人。下一步要重点做好生产线工人的技能鉴定和持证上岗工作，不断完善班组的绩效考核机制，培育精益求精的劳模精神和工匠精神，真正在工厂生产和现场装配一线，建设一支知识型、技能型、创新型的建筑业产业工人大军。

深圳长圳公共住房项目

学习宣贯十九大精神
要"大气"更要接"地气"

中建海峡　林向武

2017 年 10 月 27 日，十九届中共中央政治局就深入学习贯彻党的十九大精神进行第一次集体学习。习近平总书记在主持学习时强调："贯彻落实党的十九大精神，在新时代坚持和发展中国特色社会主义，要求全党来一个大学习。学习宣传贯彻党的十九大精神是全党全国当前和今后一个时期的首要政治任务，要在学懂上下功夫、要在弄通上下功夫、要在做实上下功夫。"

一、规定动作要"大气"

学习宣贯"高质量"。按照习总书记的要求，全党全国上下正在深入学习宣传贯彻党的十九大精神，开会发文是传达精神的必要方式，营造浓厚氛围也是必要的，但要防止出现以会议落实会议、以文件落实文件的现象，不能空喊口号、流于形式。中建集团第一时间响应习总书记的号召，着力在学习宣贯的质量上进行部署，2017 年 10 月 26 日便召开了专题党组（扩大）会议，传达学习贯彻党的十九大精神。中建集团党组书记、董事长官庆强调："认真学习宣贯党的十九大精神，是当前和今后一个时期的首要任务和头等大事，各级党组织、党员干部要迅速掀起学习宣传贯彻党的十九大精神的热潮，真正让十九大精神在中建系统落地生根，并形成推动企业改革发展的生动实践。"

作为下属单位，应全面结合各单位党委中心组学习、党委（扩大）会议等，全面开展学习宣贯动员部署会，积极营造学习宣贯氛围，切实提高各级领导班子成员、党组织负责人的思想认识，真正把学习宣贯作为当前企业党建工作的首要任务抓紧抓实，并带头把学习贯彻党的十九大精神作为第一堂党课、第一堂政治必修课，努力提高自身的政治素养和思想理论水平。

推进落地"全方位"。按照习总书记的要求，学习贯彻党的十九大精神，要联系地而不是孤立地、系统地而不是零散地、全部地而不是局部地理解党的十九大精神，不能就事论事，不能搞形式主义、实用主义，要作为干部培训、轮训的主要内容。中建集团第一时间响应习总书记的号召，结合开展的基层党支部书记培训班，分片区、全范围地对广大党支部书记组织进行十九大精神的学习宣贯，让广大支部书记成为十九大精神宣贯的重要力量，切实深入一线、走进每名党员，确保学习宣贯全覆盖。同时，中建集团还结合"书香大讲堂"活动，召开现场及视频会议，邀请中央党校高级专家解读党的十九大会议精神。

作为下属单位，应积极响应中建集团党组的各项学习宣贯安排，切实组织开展好各类学习宣贯视频会议，并确保广大党支部书记如期、如数参加党支部书记培训。同时，要积极发放人民出版社出版的党的十九大报告单行本、《中国共产党章程》单行本、《中国共产党第十九次全国代表大会文件汇编》、《党的十九大报告辅导读本》等学习读本，结合各党支部"三会一课"，切实组

"中建海峡杯"第四届企业文化暨党的十九大精神知识竞赛

织广大党员职工深入学习、集体研讨，发表学习感言、撰写体会文章，加大宣传力度，迅速掀起学习宣传贯彻热潮。

二、自选动作接"地气"

丰富载体"有创新"。党的十九大闭幕仅一周，习总书记带领中共中央政治局常委于 10 月 31 日专程从北京前往上海和浙江嘉兴，瞻仰上海中共一大会址和浙江嘉兴南湖红船，回顾建党历史，重温入党誓词，宣示新一届党中央领导集体的坚定政治信念。在中央领导人的良好表率下，很多地方、企业都开展了富有创意的学习宣贯活动。比如福建省委书记于伟国深入福州市台江区苍霞新城社区，向社区的干部群众面对面宣讲党的十九大精神，紧密联系社区的变化发展以及每个家庭、每个人的工作生活变化来学习并加深对报告精神的理解；云南德宏傣族景颇族自治州用傣、景颇、载瓦、傈僳 4 种民族文字，编译党的十九大精神宣传册，发送给少数民族群众；中建一局国际工程公司编辑《学习十九大精神口袋书》，制作成了中文、英文、俄文、德文、西班牙文、阿拉伯文 6 种语言的版本，第一时间让海内外员工快速学习掌握十九大精神等。各单位要结合实际，持续丰富、创新学习宣贯的载体，让更多党员职工主动参与学习、乐于贯彻实施。

中建海峡制定了包括专题党课、专题研讨、主题征文、网络答题、巡回宣讲、项目竞答、知识竞赛、有奖征集、创意宣贯"九个一"活动的学习宣贯方案，并结合各党支部的自身资源，组织开展党员职工喜闻乐见的手工绘画、电子册宣传、主题小品、快板演说、手抄简报等活动，取得了良好的成效。

员工自编自导党的十九大精神宣贯快板表演进项目

围绕中心"有部署"。习总书记强调，学习贯彻党的十九大精神，要在做实上下功夫，要拿出实实在在的举措，一个时间节点一个时间节点往前推进，以钉钉子精神全面抓好落实。各地方、企业也统筹党的十九大提出的各项目标任务，就重大目标任务做出顶层设计和全面部署。比如河北省廊坊市委表示，紧扣廊坊发展具体实际，在服从京津冀协同发展等国家重大战略中加快发展自己；革命老区安徽省六安市委表示，聚焦脱贫攻坚主任务，全部完成六安革命老区的脱贫攻坚硬任务。

十九大代表、中建集团董事长官庆也表示，"按照党的十九大报告对培育具有全球竞争力的世界一流企业的新要求，中国建筑作为全球建筑行业的排头兵，将在建设具有世界一流竞争力的企业中起到担当作用"。各单位要切实结合十九大报告相关要求，比如结合"房子是用来住的，不是用来炒"的要求，深入供给侧结构性改革，把提高供给体系质量作为主攻方向，坚决打赢瘦身健体、提质增效攻坚战；结合全面深化国有企业改革新要求，积极探索国有资本投资、运营公司有效运营模式，加快国有经济布局优化、结构调整、战略性重组；准确把握党的十九大对坚持党的领导、加强党的建设、全面从严治党的最新要求，持续深入推动国有企业党建工作取得新的成效。各单位要找准工作方案，排出任务表、时间表、路线图，对工作提出明确要求，重点是质量要求。

中建海峡党的十九大精神宣贯会

筑梦核电 为中国建造品质代言

中建电力 胡立新

核电，是对于人类发展意义重大的高技术工业产品，不仅是我国能源战略的重要支撑，更是"国之重器"，与高铁齐名的两张"国家名片"之一。1987 年，我国引进技术开工建造第一座大型商用核电站——广东大亚湾核电站，2016 年，采用我国完全自主知识产权的第三代核电技术——"华龙一号"核电机组开工建设，30 年来，我国商用核电走上了一条"引进、消化、吸收"的自主创新、打造自主核电技术的发展之路。

广东大亚湾核电站项目

从广东大亚湾核电站，到"华龙一号"示范工程之一的广西防城港核电站二期工程，中国建筑集团有限公司始终将自身发展与我国核电事业同频共振，是中国核电日新月异 30 年发展变化的见证者，更是参与者。

一、从"跟跑"到"领跑"的角色之变

1987 年，广东大亚湾核电站开工，中国建筑第二工程局有限公司（以下简称中建二局）与法国、日本等国家的公司共同联合组成 HCCM 合营公司，承担起大亚湾核电工程的土建施工任务。建设过程中，外方始终占据主导地位，时任国家总理李鹏指示：建成，学会。

中建二局大亚湾团队用自己的实力证明：我们做到了，而且做得更多。1992 年 11 月，大亚湾核电站 2 台机组全面竣工，前来进行评审的国际原子能机构认为"工程建设方面采用了高度紧凑、颇富挑战性的进度，主承包单位在施工作业和质量控制方面都是高标准、严要求，有些做法堪称典范，值得推广"。这无疑是对建设者们的高度肯定。

不仅如此，大亚湾核电科学的管理手段、现代化的施工技术、国内外少见的高质量施工厂房、可靠缜密的安全措施、严格有序的劳动纪律和严谨科学的工作方式，培育和锻炼了中建二局参加核电站建设的 1000 多名职工，为之后的核电建设提供了充足的人才保障。

大亚湾核电站建成后，中建二局又先后参与承建了全国纬度最高的核电站——辽宁红沿河核电站；目前世界上单机容量最大的核电机组、中国建筑首个核岛工程——广东台山核电站；中俄两国迄今最大的技术经济合作项目——江苏田湾核电站；采用我国完全自主知识产权的第三代核电技术——"华龙一号"广西防城港核电二期工程等。其中，广西防城港核电二期工程还将作为英国布拉德韦尔 B 项目的参考电站，成为我国核电开拓国际市场的桥头堡。

30 年的积累和沉淀，中建二局已经成为我国核建系统外唯一一家"常规岛—核岛土建一体化"施工的建筑企业。

从引进吸收国外技术，到打造"华龙一号"国家新名片，中国核电正在实现从"跟跑"到"领跑"的极速超越。而始终与中国核电事业共同成长的

中建二局，也走出了自己在学习中适应，在提升中超越的核电建造发展之路。

二、从制造到"智"造的能力之变

"'最严谨的标准，最严格的监管，最严厉的处罚，最严肃的问责'，既是国家对安全生产工作的新形势、新要求，更是对我们企业、干部和员工的保护。"中建集团董事长、党组书记官庆曾多次强调安全管理的重要性。而核电安全更是重中之重。

为了捍卫和守护核安全，建设者们不断超越自我，从科技研发、安全管理、质量控制等多个层面完成了从机械地施工制造到主动地创新"智"造的能力之变。

30 年来，中建二局在核电建设领域共开发国家级专利 85 项、各类型工法 32 项，其中 10 余项科技成果获得国际领先和国际先进水平，8 项科技成果获得国内领先水平，填补了我国核电站土建施工的诸多技术空白，参编国家、行业标准 15 项，撰写发表各类技术论文 102 篇，获科技进步奖 19 项，成功实现了从制造到"智"造的华丽转身。

以辽宁红沿河核电项目泵房蜗壳施工为例，蜗壳是泵房中最重要的部位，被称作泵房的"心脏"。因其形状为渐变截面螺旋状旋转，逐渐张开，逐渐变圆，状似蜗牛壳，所以被称为"蜗壳"。由于蜗壳的异形结构，在施工中有着模板拼装复杂、钢筋加工绑扎难度大、精度要求高的特点。中建二局核电建设团队围绕这一重难点进行科研攻关，成功开发出《预制钢筋混凝土蜗壳施工法》，实现了提高工程质量、缩短工期、降低工程成本"一箭三雕"的目的，具有显著的经济与社会效益，经专家鉴定，成果整体达到国际先进水平。

30 年核电建设的过程中，这样的例子数不胜数，更令公众感到放心的是，"智"造精品的理念与行动不仅仅体现在科技层面，核电建设者们还要以最严苛的质量安全标准，为中国建造品质代言。以广西防城港核电项目 3 号机组为例，1 万多平方米的钢板全部要通过焊接成型，把这些钢板平摊开来，面积相当于 1.5 个标准足球场。其中如若出现 1.5 毫米以上的单个气孔，或者针尖大小的连续气孔，都会被视为不合格品。

而在安全管理方面，大家更是没少开动脑筋。被戏称为"圈儿会"的同心圆站位班组会在辽宁红沿河核电项目首先推广开来，班组所有人围一个圈站好，班组长和工长站在圆心位置分配任务、做技术、安全交底，既保证每个人都能听清任务内容，又便于班长随时检查班组成员精神状态。而在江苏田湾核电项目，根据不同工作岗位，项目部为员工"私人定制"工具包，并制定"背包客"制度，将工具包的颜色、标语和包内物品实行标准化管理……

在各环节"智慧联动"的作用下，中建二局多个核电工程国际标杆建设从5级逐步上升到7级水平，成为国内核电系统质量、安全、现场管理的标杆。"严谨精细"的核电安全文化，"安全第一、质量第一""一次把事情做好""凡事有章可循、凡事有据可查、凡事有人负责、凡事有人监督"的"四个凡事"核电安全文化理念更是在建设者们身上内化于心，外化于行。

三、从学习引进到培育输出的团队之变

"建设大亚湾核电站时，我们是学生，跟着拥有核电先进技术的外方学；现在我们是核电建设的合作伙伴。"对于中建二局30年来核电建设的发展，中建二局董事长、党委书记陈建光这样说道。从大亚湾核电站的完全跟着学，到现在的独立施工管理，昔日的"小学徒"，已成长为备受信赖、扬帆"出海"的核电队伍。中建二局低头靠勇气，抬头凭实力。

还记得大亚湾建设时期，在负责承担土建施工任务的中外合资企业 HC-CM 公司中，外方处于主导地位，公司总经理和第一副总经理以及所有部门正职都是外方人员。

30年过去了，在我国"华龙一号"示范工程之一的广西防城港核电3、4号机组核岛工程的施工现场，650多名专业工程师和4000多名技术工人，正在为这一中国"智"造的巅峰之作而努力奋战着。这一次，中方占据的不仅仅是主导地位，而是核电领域中国标准、中国制造、中国建造的话语权。

在这个超级工程的建设者当中，各个环节的精兵强将数不胜数。他们中，有致力于核电科技研发、数十年扎根建设一线的全国劳动模范李政；历经的核电项目，囊括了世界三代全部核电技术类型的核电管理专家李光远；从广东大亚湾核电站就参与一线施工、焊接一次合格率高达100%的核级焊工杨运兵……

　　筑梦核电的30年，中国建筑实现了从"跟跑"到"领跑"、从常规岛到核岛土建施工、从制造到"智"造、从引进人才学习借鉴到培育团队对外输出的多重跨越，更是完成了核电业务施工能力和施工领域的"双突破"。一项项世界之最、中国之最在中建人手中诞生，一个个首开先河的工程在中建人手上完美落成。

大连红沿河核电站项目

　　水清沙幼，帆影点点，夕阳斜照，白鹭翱翔，这是如今大亚湾核电基地的情景。而在辽宁瓦房店，江苏连云港，广东台山、阳江和陆丰，广西防城港以及未来的海内外，中国建设者将用最严苛的质量安全标准为中国建造品质代言，用核电这一安全放心的清洁能源，守护天蓝海碧的美好明天。

贰

用新的作为迎接新的使命

中海物业广州公司　李秋明

"新时代要有新气象，更要有新作为"，习近平总书记在十九届中央政治局常委同中外记者见面时的宣示是对人民群众的庄严承诺。就物业管理行业来说，也是对我们学习贯彻党的十九大精神的明确要求。

为更好地推动和引导各地区、各项目把思想和行动统一到党的十九大精神上来，把智慧和力量凝聚到党的十九大确定的各项任务上来，中海物业管理广州有限公司（下称"广州公司"）聚焦管辖范围内各单位用党的十九大精神武装头脑、指导实践、推动工作的新思路、新举措、新成效，展示十九大精神走进物业的生动实践，并收集整理出一批有思想、有温度、有品质的故事素材，从传承红色基因、汲取蓝色力量、推动绿色发展三个方面，讲述广州公司近年来的成长历程及时下中海物业人的社会责任感。

一、传承红色基因，夯实基层党建

结合中建集团企业文化部"不忘初心、牢记使命——红色基因、蓝色力量、绿色发展"主题活动，广州公司行动迅速，及时向所属各单位下达任务，开展收集能体现红色基因缓缓注入物业灵魂、蓝色力量与绿色发展实践相结合的文字、图片记载的工作。

为纪念中国工农红军长征胜利 81 周年，重温长征故事、传承长征精神，更好地走好新时期长征路，2017 年 7 月 1 日，恰逢中国共产党建党 96 周年之际，中海物业管理广州有限公司组织党员、预备党员及入党积极分子等员工，来到韶关梅关古道的红色爱国主义教育基地开展"主题党日"活动。长征精神是激励中国共产党人和中华民族百折不挠、奋发图强的巨大精神动力，是典型的"红色基因"。通过本次主题党日活动，党员重温入党誓词、党员集体诵读党章、党员代表分享长征故事；同时，体现广州公司重视基层党建工作，充分发挥党员的先锋模范作用，团结带领广大员工克服困难、顽强进取，为公司发展做出更大的努力和贡献。广大党员要通过学懂、弄透、做实党的十九大精神，努力传承红色基因，使先锋模范作用在基层发挥得更加充分。

学习党的十九大精神

二、汲取蓝色力量，强化学习意识

广州公司号召重视知识的汲取，鼓励多正面交流彼此的世界观、人生观、价值观，全面提高自身修养和素质。同时，发扬中海物业"物有所依，业有所托"的服务精神，坚定信念，努力为物业管理事业的发展贡献蓝色的青春力量。

据不完全统计，广州公司2017年组织开展十九大专题报告学习、学习洗夫人廉洁齐家、惩治腐败的廉政故事、学习陈超英先进事迹等多次大型讲座、会议，深切体会到中海人对物业管理服务事业的赤诚之心及永无止境的求知欲望。通过不断的学习提升活动，在学习先进、正当典型，如何发扬中海物业精神等方面受益匪浅，并结合自身实际工作和物业服务发展大局做好本职工作。除此之外，广州公司2017年培训计划完成率达100%，一级培训开设34次、参培人次达1627人次，二级培训开设44次、参培人数达1216人次，三级培训开设1805次、参培人数达27316人次。

中海物业（广州）清风营

三、推动绿色发展，引领优质服务

党的十九大报告，一个"新"字贯穿始终，立足新时代，必须要以"苟日新、日日新、又日新"的革新精神，只争朝夕的紧迫感、使命感，为夺取新时代中国特色社会主义伟大胜利而努力奋斗。这与物业行业是息息相关的，比如推进绿色发展，需要不断强化物业服务水平，倡导简约适度、绿色低碳的生活方式，反对奢侈浪费和不合理消费，开展创建绿色家庭、绿色社区和绿色出行等行动。

广州公司在绿色、环保、低碳方面与党的十九大报告"推进绿色发展"

保持高度一致。利用技术优势进行节能降耗方面，倡导绿色环保理念，在业主满意及社会声誉方面收到良好社会反响：加强及规范广州公司物业住宅专项维修基金的使用，保障各项目辖区内共用部分、共用设施设备的及时维修和正常使用；通过管理手段和技术手段，进一步做好公共能耗规范化管理。其中，技术手段方面，采用 LED 照明节能改造和无负压供水节能改造，节能效果持续良好；自 2017 年 6 月在东山广场、云麓公馆开展电子仓库试点工作，运行情况良好。2018 年 3 月开始在广州、厦门、武汉等地推开，全面使用电子仓库。

在今后的工作中，广州公司要不忘初心，牢记使命，扬帆起航，为推动物业管理绿色发展，引领优质物业服务做出更大贡献。

不忘初心牢记使命　砥砺前行共筑梦想

中海地产上海公司

伴随着上海浦东新区的开发，1992年中海地产上海公司以"海华花园"为起点，将独特的香港高层花园模式、高标准的质量及过程控制标准带入上海。随着企业经营管理体系的不断健全完善，中共中海发展（上海）有限公司党委（以下简称"公司党委"）于1995年5月29日正式成立。在二十余载的发展历程中，公司基层党委组织始终能够认真贯彻党的路线方针，坚持落实"两项责任"，以民主生活、组织生活为组织建设强有力抓手，通过党建理论自主学习、廉洁示范点建设和专题党建教育等多种形式，不断提升党组织战斗堡垒作用。

在党的十九大中，新一届党中央以"不忘初心、牢记使命"为基点开启全新征程，要求用习近平总书记新时代中国特色社会主义思想武装全党，推动全体党员干部为实现新时代美好的中国梦而努力。"如何锻造基层党员党性特质，如何唤活基层党组织生命力，如何谋求党建与经营的规划发展点"成为现阶段重要的工作思考课题，中建集团"红色基因、蓝色力量和绿色发展"的战略建设理念正好为基层党建工作指明前行方向。

一、植根红色基因　锻造党性力量

以"红色基因"为基点，坚定信念，强化责任，提升理论，推进民主。应深刻意识到，落实党委主体责任是推进全面从严治党的必然要求；是反腐败形势发展的迫切需求；是党委责无旁贷的职责。根据集团党委《关于签订全面从严治党有关责任书的通知》要求，将"两个责任"，即党委负主体责任和纪委负监督责任，落实到位。

2017年初，中共中海发展（上海）有限公司党委就与下级机关党支部、华东区党支部和物业党总支签订从严治党主体责任书，并严格按照三大要求进行落实，即要求党组织明确政治定位，准确把握职能定位，认真落实党的路线方针；要求基层党组织制定实施切实可行的责任追究制度，提高党组织的政治警觉性；要求落实党风廉政建设责任制，查找和解决在政治纪律和政治规矩方面的突出问题。

公司党委把思想政治教育作为首要任务，不断以习近平总书记的系列重要讲话精神，武装党员干部头脑，开展高水平"两学一做"专题民主生活会。坚持用党章、党规、党纪规范干部言行，通过民主生活会的方式，集中学习中央会议精神和集团党委工作要求的相关文件。按照集团要求，印发学习《习近平在全国国有企业党的建设工作会议上的讲话》《中国共产党廉洁自律准则》和《党纪关键词》等相关文件，组织全体领导干部导读学习。

2017年5月公司召开的领导班子"两学一做"专题民主生活会上，公司

党建学习应知应会300条导读

党委对照要求认真检查，开展批评与自我批评。会议中提出三点要求，即加速加强问题整改、加快提升人员队伍建设和能力、确保上海各项目顺利推进，为推进下一阶段工作指明重点方向。在会议总结发言时，要求针对问题"立行立改"，具体到事、责任到人，要持续强化自身建设和作风转变，以"严的精神"和"实的作风"，落实好项目发展的各项工作。这也是班子成员调整后的第一次民主生活会，互相监督提醒，毫无保留，"辣味十足"。

二、凝聚蓝色力量　助推团队发展

以"蓝色力量"为内核，强化党群联系意识，助推企业团队发展新进程。公司基层党组织通过多样的组织生活形式加强对党员的教育、管理和监督，促进党员学习，提高党员素质，促使党员更好地发挥先锋模范作用，维护党员队伍纯洁性，保持党的先进性和战斗力。

将密切党群建设做实做细，基层调研深入开展，领导干部身为表率，充分发挥典范力量。在 2017 年 4 月开展的基层调研专项活动中，根据与各级员工面谈中反映的问题和以不记名方式收集到的补充建议，公司汇总形成《基层谈话调研问题与解决措施》并在内网公示 3 天。共整理 38 条问题并形成解决建议，坚持"从群众中来，到群众中去"，为公司开展"员工满意度"提升等相关工作提供指导方向。

公司每年组织两次部门负责人述职会，强化群众监督，并从 2016 年起，要求部门负责人述职，采用全体员工参与评分，做到公开、公正、透明，建立起良好的监督评价机制，也为优化中层管理人员团队提供考核依据。公司领导班子团队始终保持良好的工作作风，以身作则奋战在工作第一线，发挥示范带头作用，感染身边员工和所辖团队。2017 年上半年，在领导班子团队率领的一线工作小组指导下，西环中心项目首批入市销售便突破 12 亿元大关，跃居上海市月度签约额榜首，同时项目销售团队也荣膺沪建团委评选的"青年文明号"荣誉。

三、探索绿色发展　精筑行业梦想

以"绿色发展"为目标，披荆斩棘奋勇向前，为业绩挑战、精工建筑、安居民生不断进取。回顾发展历程，在进驻上海的 25 年里，公司已累计投资开发总面积超过 500 万平方米，总投资达 700 亿元；在黄浦区及闸北区进行 4 个民生旧改项目，累计总建筑面积达 104 万平方米；并持有两个写字楼项目，为后续多业态发展奠定了良好基础。

正如公司总经理 2017 年 8 月所做的"披荆斩棘·夺取胜利"主题工作报告中所提及的，要求团队不断冲刺全年经营指标；要求强化合规管控加强廉政建设，将党建工作与经营发展相结合"两手抓"；要求以奋斗者为本，为"十三五"战略规划目标的全面实现奠定坚实基础。

在未来业务发展的规划中，公司将本着持续为城市贡献力量的理念，在新业态产品、新业务合作等领域不断进行挑战，构建种类多样、内容丰富、品质精良的"热带雨林生态"般的建筑产品和增值服务。

作为公司党建工作的亲历者和参与者，在下一阶段的工作建设中，要做到始终遵循党中央的工作要求。正如党的十九大报告所指出的"经过长期努力，中国特色社会主义进入新时代，这是我国新的历史方位"。进入新时代，解决新矛盾，完成新任务，是目前基层党建和企业管理的全新目标和挑战，要做到从健全党组织建设机制入手，加强正向激励制度建设。

在基层作风建设中，不断倡导"敢于担当、踏实做事、不牟私利"的工作作风，主动引导广大基层组织成员积极投身于党和国家的事业中，调动积极性、发挥创造力，从增强学习、政治领导、改革创新、科学发展、依法执政、群众工作、狠抓落实、驾驭风险八个方面的本领入手，以调动全党积极性、主动性和创造性为着力点，以党建管理厚度为"十三五"整体发展规划目标实现奠定坚实基础，为开创新局面、赢得新优势、不断推进伟大事业贡献力量。

年度党员大会

千帆竞渡　百舸争流

中建国际投资广东公司

迈进新时代，扬帆新航程，千帆竞渡，百舸争游。广东潭洲国际会展中心二期展馆，又一艘蕴含着岭南水乡文化特色，承载着粤港澳大湾区人民的中国梦的"航空母舰"正日夜加紧修造。这是中国建筑蓝色力量的又一力作，未来将顺着"一带一路"的经济线驶出国门，航向世界，通向未来。

"不忘初心，牢记使命。"一切伟大的时代，都需要思想领航。党的十九大报告做出了决胜全面建成小康社会第一个百年目标的总动员、总部署，启航全面建成社会主义现代化国家新目标。践行新时代新使命，党的建设是重中之重。

党建兴则国企兴，党建强则国企强。六十五年薪火相传，三十五年砥砺奋进，中国建筑从来都没有忘记他的使命，秉承中国共产党红色血脉，不断提高党支部的建设质量，积极发挥"红色基因"的作用，为企业发展赋予党的优良传统和鲜明的时代特征，听党指挥、勇当先锋，把"红色基因"转化为企业的"蓝色力量"。中建国际投资根据中国建筑在基建方面的施工管理经验，不断汲取历史沉淀的精华，紧跟时代跳动的脉搏，在激烈竞争环境中，兼具海外和内地资本市场的融资优势，以全球视野、开放眼光、湾区背景审视佛山的发展，紧抓国家"一带一路"和粤港澳大湾区建设战略机遇，加快构建具有更强竞争力的开放型经济新格局，中建国际投资将目光聚焦在潭洲湾国际创新带规划。广东潭洲国际会展中心项目的投资建设，既是呼应国家战略和省市部署的举措，也是中建国际投资坚持绿色发展，用实际行动践行十九大"新时代、新使命、新思想、新征程"的必然要求。

一、传承红色基因，争做时代先锋

广东潭洲国际会展中心二期自 2017 年 3 月启动，计划 15 个月内完成总建筑面积近 14 万平方米的会展及配套工程。工期紧、任务重，面对如此严峻之势，坚持党的领导，加强党的建设，是公司一贯秉承的重要理念和核心办法。平台公司成立后，立即组织协调平台公司、政府出资方、监理单位、施工单位党员成立临时联合党支部，通过把党的领导嵌入项目管理各环节，最大程度上体现党的先进性，充分发挥党员带头争创佳绩的进取精神，推动党建工作与生产经营深度融合、同频共振，开启国企党建工作适应企业改革和市场发展的新模式。

在潭洲国际会展中心二期场馆建设过程中，平台公司联合党支部党员相互联动、紧密对接，多方协同解决项目建设过程中遇到的困难和问题。在各自所处的角度，充分发挥先锋模范作用，一是爱岗敬业，任劳任怨，全力服务项目建设，争做"奉献型"先锋。项目工期紧，任务重，进度压力大，夜间施工，总能看到他们巡视现场的身影；工序交接频繁，交叉作业单位多，管理要求高，协调需求大，为了不影响项目正常运行，临时联合党支部提议各项会议尽量安排在晚上进行，以免耽误正常工作的开展。二是作为"学习型"先锋，带头提高自身业务水平，不断丰富自己的知识，同时带动大家的学习积极性，全面提升全员综合素质，为项目建设保质提速。

二、发挥蓝色力量，践行企业精神

真诚团结、艰苦奋斗、积极进取、严格苛求、自觉奉献是我们企业精神核心内容。而这个核心内容在基层一线落地生根，中建国际投资的中建人通过不断弘扬蓝色力量，不折不扣地践行和执行，最终为企业的精神夯实基础，发扬出企业精神所具有的力量，促进企业不断壮大发展。

中建国际投资广东公司自成立以来，经营发展的业务板块主要包括市政工程、高速公路、桥梁、土地开发等各类基础设施工程在内的多方面的 PPP、

BT、BOT 项目投融资及经营。顺德会展项目是广东公司成立以来，工期最短，产值最高的投资开发项目。公司秉承"求精务实，开拓创新"的专业精神，认真履约，组织优秀力量，从设计到建设，从前线基层到管理，从拿地报建到施工建设，从施工检查到标后审查，建设全过程参与，层层把关，专人专责，落实到人，坚守"慎微笃行，精筑致远"的核心经营理念，矢志助力打造中国建筑的长青基业。

经济动态多变的市场环境，坚持诚信为立业之根，顺德会展项目，发挥团队的力量，克服前期资金紧张，经济政策收紧，国家环保形势压力大等诸多因素，组织了钢结构"大干 60 天"誓师大会，不断想方设法为提高工程进度出谋划策，解决实际难题，项目进度日新月异。公司将履约创效为诚信之根本，为中建蓝不断增色贡献力量，助力中国建筑实现"1211"宏伟目标。

企业长远发展的核心价值观——诚信、创新、务实、求精，早已融入每位中建国际投资建设者的血液，发芽结果，激励着每个人不折不扣地践行执行这一精神理念，不断锤炼蓝色力量，夯实基础，发展壮大，坚持以美好生活为向往，坚持不懈的努力，实现企业价值最大化，肩负起社会的责任，弘扬蓝色力量，奉献蓝色能量。

蓝色力量打造宏伟建筑

三、坚持绿色发展，智造美丽新城

在中国特色社会主义进入新时代的背景下，中国建筑顺应时代潮流，把企业发展融入国家战略布局，投身于国家新型城镇化、区域经济发展、基础设施建设等重大战略落实中，创新机制、整合资源、提高效率、突出重点。

2017 年 7 月 1 日，习近平主席见证了香港特别行政区政府、澳门特别行政区政府和内地共同签署《深化粤港澳合作　推进大湾区建设框架协议》，致力于打造国际一流湾区和世界级城市群。粤港澳大湾区作为我国首个国家层面确认的"湾区"，由广州、深圳、佛山、东莞、惠州、中山、珠海、江门、肇庆 9 市和香港、澳门两个特别行政区组成，是与美国纽约湾区、旧金山湾区和日本东京湾区并肩的世界四大湾区之一，是国家建设世界级城市群和参与全球竞争的重要空间载体。

潭洲湾国际创新带核心区依托水道和轨道的区位优势，空间结构呈现"一心两道三核"及"城产人文"四位一体融合发展态势。"会展 + 智能科技 – 产业核"集中打造产业发展引擎，瞄准"产"；同时融入弘扬顺德传统岭南水乡文化以及现代新兴产业文化，进而构建起"城产人文"四位一体空间结构。广东（潭洲）国际会展中心选址于佛山顺德北滘上僚片区，位于中德工业服务区内，是广佛都市圈的核心区域，也是潭洲湾国际创新带发展战略的核心所在。

作为行业领先者，中建国际投资引领未来，立足于投资运营，深度融入国家战略方针，政企合作，联手助力潭洲湾国际创新带战略发展，以转型升级推动绿色发展，将前沿科技和绿色环保理念完美注入会展中心建筑的每个细节，让人们的生活变得更加美好，这不仅是践行党的十九大精神的具体落点，也是中建国际投资从未停止过的目标和追求。贯彻落实创新、协调、蓝色、开放、共享五大发展理念，坚定走生产发展、生活富裕、生态良好的文明发展道路，加快建设资源节约型、环境友好型社会，形成人与自然和谐发展现代化建设新格局。

绿色发展场地清洁整齐

　　传承共产党员的红色血脉，凝聚中国建筑的蓝色力量，推进科学环保的绿色发展，中建国际投资助力中国建筑迈向新时代的新气象和新作为，实现公司"1211"宏伟目标，为金色的党徽增光添彩，为建设美丽新中国贡献智慧与力量！

发挥企业红色原动力
描绘"一带一路"中建蓝

中建一局建设发展公司　廖钢林

2017 年，习近平主席在达沃斯经济论坛开幕式上发表演讲时指出："中国经济要发展，就要敢于到世界市场的汪洋大海中去游泳，如果永远不敢到大海中去经风雨、见世面，总有一天会在大海中溺水而亡"。在党的十九大报告中习总书记强调，要以"一带一路"建设为重点，坚持"引进来"和"走出去"并重，遵循共商共建共享原则，加强创新能力开放合作，形成陆海内外联动、东西双向互济的开放格局。对于建筑业而言，在国家"走出去""一带一路"倡议下，国内建筑企业竞相出海已成为了新常态。

股份公司在 2017 年海外业务推进会上，明确将"海外优先"确立为指导思想，从处理业务的基本原则上升至统领企业运营的价值理念，这是股份公司从战术到战略的巨大提升，作为中国建筑旗下最优秀的三级子企业之一，中建一局集团建设发展有限公司紧跟时代潮流，推进转型升级，是中国建筑海外战略的最早践行者之一，铸造了俄罗斯联邦大厦、巴哈马海岛度假村等众多璀璨工程。2017 年 8 月，一局发展承建的莫斯科中国贸易中心项目荣获莫斯科市建筑行业质量最高奖——"莫斯科市优质工程奖"第一名，这是中国企业首次获得该奖项。作为勇担责任的央企，一局发展以"红色"基因打造中建"蓝色"力量，实现中国品质问鼎莫斯科的创举，在"一带一路"展现中国力量。

莫斯科中国贸易中心项目

一、"红色基因"引领"一带一路"扬帆起航

中建一局集团建设发展有限公司成立于 1953 年，血液里烙印着人民军队的"红色基因"，被誉为"工业建筑的先锋，南征北战的铁军"。新时期，一局发展人秉承"专业、可信赖"的企业品格，砥砺奋进，勇立潮头，兴建了一大批世界级精品工程，同时，勇担责任，回报社会，书写了"小汤山非典会战""汶川西南援建""毛主席纪念堂志愿服务"等动人篇章，传承"红色基因"，汇聚成以拳拳之心助力国家进步和发展的"红色力量"。

在国家"走出去"倡议号召下，一局发展勇于担当，率先走向海外，先后在俄罗斯、巴哈马等国家和地区承接超高层、高级酒店等建筑，特别是拥有孕育"红色基因"土壤的俄罗斯，一局发展按照中央全面从严治党要求，严格落实中建集团党组境外单位党建工作指导要求，深入践行中建一局党委"大党建格局"部署，将"两学一做"常态化、制度化延伸至海外，"红色基因"更加深入人心，"红色力量"在异国他乡生根壮大，拓展海外脚步更加坚定，在"一带一路"飘扬"拓展幸福空间"的中建蓝，为国家倡议的推进竭尽全力。

二、"三驾制度马车"带动冬施速度震惊俄罗斯

公司将政治优势转化为企业的发展优势，把"红色基因"转化为企业的"蓝色力量"，推进市场化发展、差异化竞争、一体化拓展、科学化管理。在此过程中，基层党组织成为企业发展的战斗堡垒。

莫斯科中国贸易中心项目党支部以"标准化制度"规范基层支部党务工作管理。项目党支部按照建设发展公司党委要求，推行《党群标准化工作手册》，规范党内生活，增强资料保存的完整度，确保"活动有记录""资料有总结""成果有分析"。

此外，项目党支部一直以来将政治素养作为境外项目领导任用第一考察标准，将学习教育与"讲党课"结合起来，将"谈心谈话"与海外员工思想建设结合起来，将"三重一大"决策与员工监督、班子考核测评结合起来，形成境外项目领导班子的"融管理"，确保成为监督有力、民主讨论、科学决策的基层党支部。

2016 年的莫斯科遭遇了 125 年来最冷的冬季，气温最低达-36℃，严寒和大雪成为项目的巨大阻碍。在面对困难时，项目领导班子的作用凸显出来，项目领导班子通过召开多个会议，实行民主决策，策划利用苫布、保温被等搭建暖棚，用暖风机为暖棚加热，有效解决了钢筋绑扎后的积雪清理难题。另外，此种方案可以养护混凝土，减少混凝土内外的温差，避免混凝土产生裂缝，在整个施工过程中，效果显著。

在如此寒冷的境遇下，解决党内生活弱化问题，提高项目员工的责任心、自豪感迫在眉睫，项目党支部在进行"三会一课"、党费收缴、党日活动等常态化活动基础上，结合"一带一路"倡议部署、工程生产与中建文化，开展"丝绸之路欧亚合作"讨论组、"施工百日誓师""党员争先创优"等活动，发挥党支部和党员在施工生产"急、难、险、重"节点的堡垒和先锋作用，提高整个团队的战斗力。

"建证40年·中国建筑奇迹之旅"走进中建一局莫斯科中国贸易中心项目

三、"四维一体"党支部建设助力打造中建品牌

股份公司在海外业务推进会上，明确将"海外优先"确立为指导思想，从处理业务的基本原则上升至统领企业运营的价值理念，集团公司在海外业务座谈会上要求集团上下统一思想，通过"四精""四保"做大做强一局海外业务。海外业务已经成为公司未来发展重要方向和抓手，而如何充分发挥基层党支部在海外业务中的引领作用，在海外打造中建品牌成为当前亟待解决的重要课题。

公司要求项目党支部建设要秉承"坚定一个政治方向、打造一支军队、建成一所学校、组成一个家庭"的"四维一体"要求，全面提升项目管理核心竞争力。

坚定"一个政治方向"不是作为政治要求，而是作为一种政治信仰，融入到项目的日常生活、工作，当遇到困难、艰险时，项目员工能够勇往直前。

项目建设之初，遇到的最大问题就是标准。莫斯科国家建筑监督局要求每道工序都要按照俄罗斯标准，在国内备受欢迎的施工工艺，在莫斯科却成了暗膪空梁。项目党员充分发挥先锋作用，项目党员带领员工加班加点筑造模板，开会研究模板质量问题，用实践证明了整体浇筑的科学性，原本俄罗斯工艺中 14 天一层的速度被项目改写成 7 天一层，在莫斯科树立了中建品牌。

党支部充分发挥战斗堡垒作用，提倡不说"给我冲"，而说"跟我来"，带领员工克服海外市场施工标准、政策差异、文化区别等多种困难，成为火车头和顶梁柱。此外，项目建立"书香"图书角和俄语角，与俄罗斯文化机构、中资企业进行交流参观活动，丰富项目员工业务技能和文化适应力。以"五软一硬"为标准建设海外职工之家，保证员工用餐、住宿便利舒适，开展集体生日会、海外文体协会，落实海外家属探亲制，贴心解决项目员工实际困难。

莫斯科中国贸易中心项目以"四维一体"为基点，坚持创造性转化、创新性发展，走出一条听党指挥、勇当先锋、引领行业、走向世界的特色发展之路。

莫斯科中国贸易中心项目封顶仪式暨莫斯科优质样板工程奖第一名颁奖仪式

四、"三项文化建设"编织"一带一路"传播纽带

党的十九大关于《中国共产党章程（修正案）》的决议明确提出，将推进"一带一路"建设等内容写入党章，充分体现了在中国共产党领导下，中国高度重视"一带一路"建设、坚定推进"一带一路"国际合作的决心和信心。莫斯科中国贸易中心项目作为公司实践海外的重要基地，在推动我国"一带一路"倡议有效落地方面扮演着重要的角色。

项目党支部秉承立足海外、拼搏奋斗的"拓荒者"文化，坚持拼搏奋斗的"拓荒者"精神，带领员工海外筑梦七年，从巴哈马转战莫斯科，通过积极动员、业务培训、品质生产、后勤保障等工作，确保员工适应国别差异及文化转换，成为一支成熟的中建海外工程先锋队。

此外，项目党支部将驻外中籍员工、俄籍当地员工、优秀海外留学生拧成了一个"中国结"。依托中国传统节假日，中俄员工一起包饺子、吃粽子、看春晚，中餐食堂全部向俄籍员工开放，各类培训双语全覆盖，培养了一批专业能力优、国际化程度高、中国文化认同感强的"俄籍"中建人，打造融入海外、凝心聚力的"中国结"文化。

随着项目开工，项目党支部将工程建设定位为区位发展的"辐射源"，立志建成深耕海外、推进发展的"辐射源"文化。如今，项目附近住宅开始大量建设，出现华人华侨、各国侨民聚集的趋势，以工程建设撬动经济圈建设，拓展海外幸福空间，为当地城市发展和经济复苏起到了促进作用。

近日，项目党支部积极学习宣传贯彻党的十九大精神，响应"一带一路"倡议，努力与俄罗斯人民实现民心相通，组织了"中俄友好、温暖童心、关爱孤儿、献爱莫斯科"圣索菲亚残疾人孤儿院募捐活动，共筹集现金140224.10 卢布和价值约 10 万卢布的药品、生活用品、玩具及书籍等，践行了央企责任，促进了两国的文化融合。

"汉唐丝路今何在，中建华铭谱新章。"莫斯科中国贸易中心项目荣获中建一局"一带一路"先锋党员突击队称号，并作为唯一一家被莫斯科国家建筑监督委员会推荐的中国项目，在 200 多家单位的 1000 多个项目中脱颖而出，荣获"2017 年莫斯科市优质工程奖"第一名。砥砺奋进七余载，而今迈

步从头越，项目党支部将继往开来，发挥党在海外项目的领导核心和政治核心作用，积累党建路径经验，形成具有"海外战斗堡垒，中建党员旗帜"鲜明特色的重要支撑力量，推动公司扬帆海外，在"一带一路"道路上飘动中建蓝。

传承红色基因　坚定理想信念

中建一局总承包公司　张　浩

习近平总书记曾指出："要把红色资源利用好、把红色传统发扬好、把红色基因传承好。"红色基因历久弥新，血脉相传，对于新时期党员干部坚定理想信念仍然具有重要的时代价值。

而党群工作在国有企业中有着特殊地位，党群工作的扎实有效开展关系到国有企业政治属性的强化，关系到青年员工的成长成才，关系到企业凝聚力和向心力的形成。中建一局党委在集团第四次党代会上提出构建大党建格局，要形成"五个转化""五项职能""五位一体"和"五个价值创造点"的"四个五"目标。在此背景下，如何干好党群工作成为更加重要而紧迫的任务。总承包公司党委根据几年工作实践，认为干好党群工作，关键是要学会"补气"。

一、新时期党员干部在站位上要有底气

习总书记在 2017 年的国有企业党建工作会上对国有企业的历史和政治地位进行了阐述，明确了国有企业是中国特色社会主义重要的物质基础和政治基础，是党执政兴国的重要支撑和根本保障，这是从中央层面对国有企业历史作用再次做出的明确。那么国有企业的党组织处在什么样的地位呢？这次会议对国有企业党组织的地位同样进行了明确，国有企业的党组织是国有企业的政治核心和领导核心。

从具体要求看，无论是上市的国有企业，还是非上市的国有企业；无论

是大型国有企业，还是中小型国有企业，所有国有企业的重大决策在上董事会之前必须经过党委会讨论决定，无论是人事上的安排，还是重大行政工作的部署等，必须先上党委会通过以后，董事会才能进行后续程序。这是一个制度上的要求，同时也是对企业党组织地位的明确。现实工作中，由上到下，越到基层，党组织作用的发挥越容易呈现弱化、边缘化、淡化。但这种现象在近几年已经有了明显的变化，党群工作绝不再像原来那样可有可无，看个人喜好，现在已经成为非常严肃的、统一的政治要求。子企业、分公司、项目部行政领导讲党政一肩挑、一岗同责、一岗双责，如果行政领导对这个问题认识不到位的话，严肃地讲，他作为这个核心领导是不合格的。

国有企业是政治属性在前，经济属性在后。所有的国企公司章程也将必须嵌入党组织的内容，也就是从法律层面要解决党在经济组织中政治核心和领导核心地位的实现。所以，所有的党员干部一定要有底气。

二、新时期党员干部学习上要有静气

在企业中，会面临许多复杂的局面。但局面越是复杂，党员干部越要有静气。唯有心静，才能把一些复杂的事情看透；唯有心静，才能促进领导班子的团结，促进整个团队的团结；也唯有心静，才能真正静下心来学习。首先要了解制度，才能在学习的基础上去做好工作。如果心不静，很多东西就无法入脑入心。这仅仅是制度治党，还有习近平总书记系列重要讲话精神，以及包括以习近平同志为核心的党中央治国理政的新理念、新思想、新战略等，涵盖制度层面、顶层设计层面、法治层面等。如果不学习，党员干部如何跟员工谈，如何跟平级同事谈，如何跟上级领导谈，这都是问题。所以，学习上一定要有静气。

三、新时期党员干部工作上要有朝气

现在面对的员工结构，从大中建的统计数据看，五年以内工作经历的占中建自有员工的74%。可见，如果新时期党员干部本身在工作上缺乏朝气，那这些工作对象，面对的青年员工主体，他们能够接受吗？企业中，党员干部是以党工团的书记或主席的身份去工作，但在工作角色当中不仅代表个人，党员干部一言一行要因工作主体的结构做出必然的选择。同时，党员干部的工作性质，也绝不是督战，要更多地从五个价值创造点去考虑，这些都不是冰冷生硬的，要真正有情感投入，对员工要有感情。对青年员工，只把他当作工作对象，把他们当成自己的兄弟、亲人、朋友，那将是完全不同的两种工作方式。但如果工作缺乏朝气，缺乏激情，党员干部就会想着多一事不如少一事，即使有员工辞职离开，也会觉得无所谓，不会去深入思考员工离职的原因。所以，工作上要有朝气，也可以理解为是工作的主动性的问题。

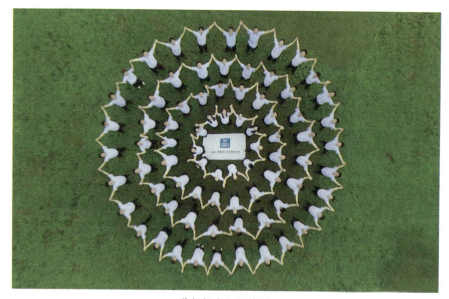

举行新生入职培训

四、新时期党员干部方式上要有人气

在工作方式上要针对这些年轻人的特性，选择大家所喜闻乐见的方式，要有代入感。同时，也要因时代变化，比如公司的党群区域联建，要线上线下相配合，不能只是参加区域联建的百十号人自娱自乐，要让更多的员工能够在非工作时间与我们同步互动，即使做不到同步，在休闲时间也要能欣赏到大家在舞台上、讲台上、球场上的丰富多彩的展现，不能让联建成为少数人的快乐，那就失去了区域联建的意义。党群活动应实现最大程度上的覆盖，活动内容也应不断创新，一旦活动内容固化，参加的群体相对也就固化，"新陈代谢"将非常缓慢，受众面自然也非常狭窄。古语有云：大事必做于细，难事必做于易。所以，目标的确立可以很宏大，但在公司、分公司、项目部层面，所有工作要从细微处入手。比如我们要讲自己的故事，要讲身边同事的故事，哪怕再小，哪怕再短暂，这些人的作为对我们内心的影响也会很大。所以说，在方式上要讲人气，要喜闻乐见，要润物细无声。

开展"喜迎十九大 党旗工地飘"建筑工地党工共建活动

五、新时期党员干部的团队要有正气

团队有正气，看的是谁？看的是团队的核心、一把手，要全面从严治党。

首先，党委是主体责任人，纪委是监督责任人，党组织的书记是本单位党风廉政建设的第一责任人。所以说，主体责任核心在一把手。

其次，正气的树立，纪委要履行好监督责任，即监督执纪问责。监督有"四种形态"，纪检委员究竟要做到什么地步，一是通过学习掌握政策；二是善于借力。纪检监察工作，必须要切实履行好监督四种形态，少用第四种，多用第一、第二种，要咬耳扯袖、红脸出汗。听到一些事，要及时私下提醒，小范围、个人对个人提醒。发现一些问题，要善意地提醒，有些事不能做，大丈夫要有为有所不为。这是从纪委的角度而言的。

　　最后，从普通党员的角度，普通的共产党员要坚守哪些东西？中央说要坚持理想信念，那么理想信念是什么？按照党章的表述，党员都是优秀代表，那么在做人做事上，都应该是一面旗帜。起到旗帜的作用，先做好自己，再去影响他人，影响普通员工和非党人士。所以，从党委、纪委到普通党员，从组织到个人，如果能够真正领会中央的精神和要求，组织做好，个人做好，那么一个团队的正气自然就会显现出来。党的十八届六中全会是全面从严治党的再动员、再部署、再出发，它的一个重大意义在于以党风带政风、以党风带民风、以党风带社风，党内做好了，整个政治生态、社会风气都会改善。因此，团队一定要有正气。

　　"行程万里，不忘初心。"广大党员干部一定要坚定执着追理想、实事求是闯新路、艰苦奋斗攻难关、依靠群众求胜利，让党的红色基因在传承和实现理想信念的世纪征程中放射出新的时代光芒。

中建一局总承包公司双流医院项目党员在书香活动室开展学习活动

党建与经营双轮驱动　打造行业领先公司

中建一局市政公司　包慧迪

2013 年 9 月，中建市政从零起步，新签合同额 24.9 亿元。

2014 年，新签合同额 51.8 亿元，基础设施合同额突破 50 亿元。

2015 年，新签合同额 121 亿元，同比增长 133.7%，基础设施合同额破百亿元。

2016 年，新签合同额 136.2 亿元。

组建 4 年，中建市政工程有限公司大步向前，一年一跨越。

成绩来之不易。这其中的关键因素就是，公司党委坚持党建工作与生产经营"一条心"——党建兴则事业兴，坚持党建工作和生产经营"双轮驱动"，把党的组织和政治优势不断转化为企业发展优势，变"创业压力"为"发展动力"，实现党的建设与企业发展双赢格局，树起"中建市政"金字招牌。

一、完善党建机制，红色引擎推动企业生产力

3 年来，中建市政党委牢牢把握国有企业的"根"和"魂"，坚持把党的领导融入公司治理的各个环节，将党的建设作为把握企业发展方向、推进企业战略目标实现的有力抓手，以"红色引擎"助推企业发展。

首先，自身要硬起来。公司党委充分发挥党组织在现代企业制度中的政治核心作用，把政治纪律、政治规矩摆在从严治企最前面，通过加强党委中

心组学习，定期召开民主生活会，开展党风廉政与反腐败工作，不断提升班子的政治素质和水平。

其次，责任要明起来。公司党委书记、董事长袁立刚牢记从严治党"第一责任人"的责任，将企业重大事项与党建工作同步部署、同考核，严格落实"三重一大"制度，科学民主决策；班子成员执行"一岗双责"，做到管工作就要管党建、管廉政、管稳定，党委和行政不"唱独角戏"，而是"大合唱"，共同为公司这艘大船掌好舵，扬好帆。

衡阳二环东路项目党支部七一活动

面对复杂多变的经济环境，如何坚定推进集团"1135"战略体系落地，实现经营规模与经营品质同步增长，是对公司党委掌舵能力的一大考验。党委班子一刻不敢懈怠，凝心聚力、多方联动，终于交出令人满意的第一份答卷。

针对基础设施项目体量大、投资主体多元、业主高端、竞争对手相对集中的特点，公司一手抓住地方的发展需求，与政府高层有效沟通对接；一手抓住一批高端金融机构，形成企业、政府、金融机构合作的"铁三角"。再建立一批高端金融系统合作伙伴——中航信托、五矿信托、建信信托等信托证券机构，平安银行、浦发银行、兴业银行等银行，同时与多地政府和城投公司达成合作意向，先后与贵州、湖南、江西等地签订合作框架协议。

一招胜出，满盘皆活。市场布局稳定后，公司建立"以指标为核心"的压力传导机制，坚持"结果导向、过程监督"的管理理念，要求项管、财务、市场、商务四个业务系统以及各项目经理在季度、半年和时间节点，就公司年度指标的各节点完成情况、措施存在的问题需要支持等方面形成定期汇报机制，极大地提高了各业务系统对公司重点指标的关注，推进了年度目标任务的顺利完成。截至目前，公司累计合同额已达 300 多亿元。

二、拓展幸福空间，蓝色标识激发员工向心力

企业的活力，源于人才的活力。"让员工看到蓝色'CSCEC'，就像看到家乡的火车站牌一样。"这是公司党委书记、董事长袁立刚对广大员工的承诺。

随着公司的快速发展，吸引了大批来自行业优势企业的基础设施人才，同时，还有 600 余名新学员的加入。如何把来自五湖四海具有不同背景、个性差异的人拧成"一股绳"，成为摆在公司发展面前的一道难题。

公司党委给出了答案，一个支部就是一个堡垒，一名党员就是一面旗帜。

党委坚持以"发挥党组织示范带动作用和党员先锋模范作用"为切入点，以"推动企业成长、共享发展成果"为主题，以浑厚的先锋文化为支撑，以"党建带工建""党建带团建"为抓手，强化组织覆盖，发挥触角功能，坚持做到生产经营工作延伸到哪里，党组织就建设到哪里，通过"培养员工""荣誉员工""温暖员工"，提高员工的幸福指数，增强企业的向心力。

在 2017 年的"市政先锋杯"BIM 大赛上，衡阳二环东路项目于艺林创新工作室凭借 BIM 技术应用点多与 BIM 技术成果丰富，切实为工程带来一定的效益，获得了团队第一名的好成绩；在个人建模能力比拼中，于艺林创新工作室成员王澜从 26 名选手中脱颖而出，获得个人优秀 BIM 建模能力一等奖。于艺林创新工作室是中建市政首个以一线技术骨干个人命名的创新工作室。工作室成立之初，成员大都是刚毕业的学生，经验匮乏。对此，公司党委开展了"大手拉小手·党建带工建"活动，通过专家上课、外出学习等，工作室创新研发工作逐步走入正轨，荣获 2016 年湖南省工人先锋号。

三年来，公司共获得专利 25 项，其中发明专利 2 项，成果鉴定 2 项，1 项国际先进，1 项国内领先。这正是公司党委传承红色基因，把党建政治优势

转化为推动队伍成长强大动力的一个生动缩影。目前，公司已经由最初的 2 个项目团队，裂变至 21 个团队。

刘浩是内蒙古国道 307 项目的一名普通党员，在项目赶工的时候，收到祖母病重的消息。让他没想到的是，项目党支部书记不仅给了他一周假期，还给他拿了 1000 元，让司机专门送他到几百公里外的银川机场。事后，他坦言，在阿拉善盟茫茫大漠中修路，缺水缺电，日夜温差近 40 度，一直让他坚持下去的是党组织的温暖，只要大漠中飘扬着中建的蓝色旗帜，那里就是家。

公司党委通过党员"带头、带领、带动"作用，不断提升服务意识，先后通过"党员先锋岗""党员技术攻关""党员佩戴身份标志"等活动载体，凝聚了广大员工，目前公司共有员工 1200 余人。

先锋杯篮球赛

三、聚焦转型升级，绿色发展增强核心竞争力

"石子、水泥、钢筋，没有水黏合不到一起，只有用水才能把它们变成坚固的建筑。党建在企业里就像水，是生产力，有凝聚力，更是竞争力。"对于党建和企业经营的关系，公司党委有深刻的理解和认识。

在经济下行压力加大的情况下，面对外部市场严峻形势，公司党委着力提升公司在基础设施业务方面的硬实力，包括基础设施业务拓展、履约、技术、新业务模式开发等经验的输出及引领作用发挥，使更多的基础设施品牌项目亮剑。

公司党委坚持绿色发展，积极贯彻落实集团"转型升级、提质增效"的战略部署，通过坚定执行市场营销战略，激活发展潜力；通过加强业务系统体建设，增强发展动力；通过做强基础设施专业平台，厚植发展优势，上下一心、锐意进取，顺利实现了"十三五"的良好开局。2016年，注册资本增加至6亿元，进一步扩大公司在基础设施领域的拓展范围，"中建市政"品牌价值与作用凸显。由公司负责施工的中国建筑首条穿江隧道——衡阳湘江隧道盾构成功并顺利贯通。公司还参与了中国工程建设标准化协会《城市综合管廊施及验收规》的研编作，参编《城市轨道交通工程现场标准化实施指南》等多项施工标准。获得省部级立项科研课题2项、地市级立项科研课题5项，获得立项科技示范工程6项，1项科技成果通过北京住建委鉴定为"国内领先"，多项QC成果获国家级、省部级荣誉。

目前，公司业务已涵盖公路、市政道路、轨道交通、隧道、桥梁、管廊、水务治理等多项基础设施领域。

党风正则民心齐，民心齐则干劲足，干劲足则发展兴。短短3年，公司党员从20人发展到200余人，党员群体已成为企业的核心竞争力，有力地促进了企业各项生产经营工作。

未来，公司党委将紧紧围绕"行业领先的基础设施专业公司"目标，以严实精神全面加强党的建设，积极抢抓基础设施行业建设战略机遇期，继续强化市场营销体系建设，深入推进"项目管理三大建设"与基础施行业的高度结合，深化专业人才的孵化能力，加强PDCAS循环机制在各项管理工作中的运用，不断提升运营、履约创效的整体公司化建设能力，形成公司的核心竞争力，推进"十三五"目标完美实现。

中国建筑第一条穿江隧道—湘江隧道贯通

论如何进一步提升企业海外党支部的组织力

中建一局国际工程公司　李俊远

党的十九大明确指出，要以提升组织力为重点，突出政治功能，把企业、农村、机关、学校、科研院所、街道社区、社会组织等基层党组织建设成为宣传党的主张、贯彻党的决定、领导基层治理、团结动员群众、推动改革发展的坚强战斗堡垒。企业海外党支部作为落实国家"走出去"倡议和"一带一路"倡议的"桥头堡"，是拓展海外业务过程中体现战斗力的重要基础。为此，进一步提升海外党支部组织力，是坚决落实十九大关于新时代党的建设总要求，贯彻集团"155"大党建工作格局，全面履行"五项职能"，充分发挥"五个价值创造点"，着力打造"四维一体"战斗集体的具体举措，是适应公司国际发展新形势、新任务，是打通党对企业绝对领导的"最后一公里"的根本保证。

一、提高政治思想领导能力，建设从政治上思想上牢牢掌控企业的坚强堡垒

中国特色社会主义进入新时代，企业海外党支部的政治意义越来越强。海外党员单独从事业务工作的机会越来越多，接受各种思想文化影响的渠道越来越广，对海外党支部政治思想领导的能力要求越来越高。

一是强化首位意识，提高抓政治建设的能力。党的政治建设是党的根本性建设，决定党的建设方向和效果。海外党支部掀起学习贯彻十九大精神的

高潮，牢固确立习近平新时代中国特色社会主义思想在海外党支部建设中的指导地位，以此为基本依据，筹划和部署海外业务的政治、思想和人才建设等工作。注重从政治上观察处理问题，坚决抵制西方思想和错误思想的影响，牢固树立"四个意识"和"四个自信"，坚决反对政治上的自由主义。把抓好海外业务的安全稳定当事业干、当日子过，对敏感时期、重点国家、重点部位、重点人员的工作紧抓不放，对安全保密工作常抓不懈。

项目党支部召开组织生活会现场

二是强化根基意识，提高抓思想建设的能力。思想建设是党的基础性建设。大力弘扬马克思主义学风，认真学习党的创新理论，推进"两学一做"学习教育常态化制度化，注重在抓海外党支部思想建设实践中积累工作经验。在学习贯彻党的十九大精神中，引导海外党员员工深入理解习近平新时代中国特色社会主义思想的丰富内涵，准确把握其继承性、创新性、人民性、科学性，自觉把习近平新时代中国特色社会主义思想作为改造主观世界，树立正确的世界观、人生观、价值观的思想武器，转化为坚定的政治信仰、强大的精神支柱和基本的行为准则，转化为海外党员员工攻坚克难、使命必达的作风优势；在"不忘初心，牢记使命"主题教育中，通过讲党课、读原著、学党史、温誓词、讲先锋故事、唱革命歌曲、看红色电影等活动，引导海外党员员工重拾入党初心、牢记企业使命、弘扬先锋文化、传播企业品牌，固化党对国有企业的绝对领导。

三是强化制度意识，提高管党治党的能力。落实管党治党责任是加强基层党建的前提。注重通过制度管住管好支部书记，督促支部书记强化"第一身份是党的书记、第一职责是管党治党、第一政绩是抓好党建"的意识，做到党建责任常思在心、党建工作常抓在手，细化责任分工，真正做到压力层层传导，责任层层到位，工作层层落实。注重通过制度管住管好党员员工，强化支部凝聚作用，以"三会一课"制度和"两学一做"学习教育为载体，以创新动作为关键，采取"互联网+"、微信公众号、参观见学等形式，坚持不懈地用党的基本理论统一党员员工的思想，用党的创新理论武装党员员工头脑，切实解决发展中遇到的问题，形成"靶向式""清单式"学习机制，防止政治上、思想上、组织上失控失管，有效提升学习实效，增强支部堡垒作用。坚持党员大会、支委会和民主生活会等制度，通过定期向全体党员、支部成员报告工作，支部成员之间经常开展批评与自我批评，使会议既发挥贯彻上级指示精神、研究部署工作的作用，又对党支部、书记履职尽责、廉洁自律等情况进行经常性的民主监督。坚持民主评议、思想汇报制度，结合海外党支部建设实际，从思想状况、管理能力、作风建设等方面，制定具体评议标准，把自我总结、群众测评、支部点评结合起来，使民主评议真正起到教育警示、监督管理的作用；严格落实党员汇报思想和工作制度，对长期分散驻海外的党员，要求以电子邮件、视频等方式定期、全面、系统地汇报和参加各种会议，确保不落一人。

二、提高领导项目建设的能力，建设执着坚守、眼界宽阔的创新班子

海外项目部作为"海外优先"指导思想的坚定执行者，面临着在新时代中，如何有效落实公司拓展海外业务战略方针的任务。着力提高海外党支部领导项目建设的能力，是贯彻十九大精神，使海外党支部全面建设持续、快速、健康发展的根本保证，是加强其组织力的当务之急。

一是做勤奋学习的模范，提高理论思维和战略思维能力。在企业转型升级过程中，企业理念与企业战略战术之间的联系更加紧密，企业理念、战略

决定着企业转型升级后的发展方向。海外党支部必须努力学习，把"俯而读、仰而思"的钻劲和"起而做、躬而行"的干劲有机统一起来，不断提高理论思维和战略思维的能力层次，善于在普遍联系中把握海外项目部发展的全局，在不断变化中掌握项目建设的内在规律，善于运用宽广的全局眼光和深远的历史眼光，密切关注世界经济动态，推进中国特色社会主义、"一带一路"、构建人类命运共同体等对建筑行业的战略要求，观察审视项目建设中遇到的问题，更加主动、更加自觉地把方向、谋创新、求发展。

赤几项目党支部党员学习十九大报告

二是坚持民主集中制原则，提高集体把控项目管理的能力。把项目管理方向问题，以及设点布局、项目履约、人才培养、经费投向投量等一系列问题，列为支委会的主要议事日程。在集体研究时，善于正确处理面向企业转型升级与面向市场开拓前沿的关系，密切关注世界经济发展的新变化，跟踪、了解企业战略发展的新动向，紧紧把握谋划市场开拓的理论依据和现实依据，确保谋划市场开拓方向的前瞻性、针对性和高起点；善于正确处理政治效益和经济效益的关系，善于正确处理长远建设和基础建设的关系，紧紧盯住人才建设、品牌建设等短期效益不明显的基础建设，积攒公司和项目部可持续健康发展的后劲。

三是抓住海外业务各个环节，提高组织力量协同攻关的能力。把生产经营的重难点问题作为党建工作的重要内容，结合生产和项目实际，开展"党员先锋工程""党员先锋岗""党员身边无事故"等主题实践活动，充分发挥党员的先锋模范作用，确保项目顺利实施，树立企业良好的国际品牌形象。设点布局阶段，保持战略定力，充分认识到海外市场必须步步为营、久久为功，带领员工执着坚守，树立强大的战略自信和道路自信，付出坚守成本，最终实现绳锯木断、水滴石穿。

在营销阶段，要善于引导员工认清营销对未来市场产生影响的现实意义，落实国企成为"六种力量"的长远价值，激发员工的荣誉感、使命感和责任感。帮助所属党员员工理解海外营销是一个长期艰苦的过程，需要耐得住寂寞、顶得住诱惑、扛得住压力，要有"十年磨一剑、二十年如一日、三十年不回头"的毅力，要发扬钉钉子精神，实干苦干，夯实基础，稳扎稳打。

在投标阶段，要科学筹划团队力量、资源的分配和使用，深入细致做好投标环节中的思想工作，不放过任何一次中标机会，鼓起员工团结一心战胜各种困难的勇气和信心。

在履约阶段，支部成员要坚守在项目一线，"铆"在关键环节，充分调动一切积极因素，激发员工的创新热情，为取得突破性进展做出贡献。

在总结讲评阶段，客观评价每名员工所做出的贡献，大力弘扬团结协作、集体攻关的团队精神。

三、提高培育人才的能力，建设充满关爱、以人为本的人文集体

人才是赢得国际竞争主动的战略资源。企业的竞争归根结底是人才的竞争，人才队伍建设的好坏，直接关乎企业的发展动力和未来。新形势下，行业、企业之间的人才竞争日趋激烈、更加直接，由"远距离"变为"零距离"。面对严峻的人才竞争形势，培养、稳定、盘活现有人才资源显得尤为重要。要本着对公司、员工的前途高度负责的态度，把培育造就人才的能力作为一项基本功，充分关照员工的物质、精神、知识以及生存、发展需要，不断优化员工健康快速成长成才的小环境。

一是提高综合激励能力，搭设海外员工的创业舞台。当前，投身海外的

员工普遍具有较高的价值追求目标，对美好生活的向往更为迫切。党支部要始终着眼员工的价值实现，采取多种激励形式，确保实现想干事的有舞台、能干事的有机会、干成事的有奖励。善用目标激励，把人才培养计划纳入到海外项目部建设发展规划，纳入到"书香项目"建设中，做到干中学、学中干，加速青年员工成长成才。使每名员工都有一个适合自身特点、优长、兴趣的专业努力方向。善用事业激励，为青年员工实现人生出彩搭建舞台，敢于把他们放到大体量、有影响力的工程项目建设中摔打磨炼，对优秀青年人才要早发现、早扶持，尽可能地拓展员工创新能力的发挥空间。善用精神激励，大力弘扬先锋精神，把先锋精神带到海外并发扬光大，全方位、全时空宣传先锋事迹，进一步营造争当先锋、勇当先锋、能当先锋的文化氛围，进一步引导党员员工以先锋的姿态，想在前面、做在前面、冲在前面，带领广大员工一起勇往直前、攻坚克难、直至胜利。善用物质激励，对设点布局、前期营销、工程投标、项目履约中做出突出贡献的优秀员工，优先推荐到更高更大的工作平台、优先晋职晋级、优先解决个人问题、优先创造继续教育机会、优先参加高级别的项目管理工作。

二是提高人文教育能力，构筑海外员工的精神家园。海外党支部要善于运用心理学、管理学、社会学以及经济、法律、文学、艺术等知识，提高人文教育的能力，使员工接受人文教育的熏陶，丰富精神世界，引导员工讲好中国故事、传播好中国声音，丰富精神世界。创新教育方法，做到既重视思想政治层面的培养，又重视人格层面和道德层面的培育，引导员工把实现自我价值和落实央企责任担当以及公司未来发展结合起来；改变一味地约束个人的利益和欲望的做法，增强竞争、创新和自主意识，充分发挥自身的创造能力；打造"职工之家"，定期开展送温暖、送关怀活动，为员工解决实际困难和问题，发挥党组织的群众工作优势，使党支部真正成为员工在海外的精神家园。

三是提高交流沟通能力，优化海外员工的人际环境。海外员工专业性强，善于与客观技术打交道，不善于处理人际关系。党支部必须提高交流沟通的能力，利用国内和驻地的节假日时机，经常组织集体性娱乐活动，创造交流沟通和拴心留人的良好环境与心境。坚持思想分析制度，针对性地做好思想政治工作，及时掌握员工的需求和忧虑，积极协调解决好员工在薪酬、福利、家庭、医疗等切身利益问题，在解决实际困难中营造充满人文关爱的氛围，建设团结和谐的战斗堡垒。

党员装扮成圣诞老人，给属地员工送去节日礼物

是"纽带" 也是"引擎"

中建二局北京分公司 陈雅君

2017年11月6日，中建二局北京分公司信息工程大学综合实验演训楼工程喜获中国建设工程鲁班奖，这一消息在分公司迅速传开，"这不仅是分公司质量系统的荣誉，更是总部第二党支部充分发挥辐射引领作用结出的硕果"，在北京分公司总部第二党支部微信群中，大家纷纷激动地说。鲁班奖变成了党建成果？事情的起因要从一年前说起。

一、关键时刻站出来

申报鲁班奖的工程，必须满足竣工满一年的首要条件，项目竣工后，员工早已根据工作需要分派至各个项目有了新的工作任务，许多资料的准备和完善都面临"真空"局面。

北京分公司总部第二党支部包括了分公司科技、质量保证、安全生产监督、基础设施等8个业务部门的30名党员。鲁班奖申报的主抓部门正是划分在总部第二党支部所辖的质量保证部。

面对这一情况，总部第二党支部组织委员李传彪迅速排查信息工程大学综合实验演训楼工程项目的党员花名册，确认项目党员目前工作地点，并联系所在单位党支部书记，协调工作时间，将信息工程大学综合实验演训楼工程鲁班奖申报工作放在重要位置。

新机场项目开展"党员先锋赛出来"活动

同时，成立了以总部第二党支部党员、时任分公司质量总监安凤杰为领导的安凤杰党员攻关小组，党员小组由安凤杰、李传彪及原信息工程大学项目党员组成。从 2017 年 3 月开始准备材料，到 7 月正式申报，过程中，涉及文字材料、PPT、视频等各类型材料，还要经过各级领导专家的层层评审，修订稿更新了一版又一版。

期间，党员攻关小组的成员常常往返于单位和信息工程大学项目所在的郑州，几个月下来，大家的火车票加起来居然比新华字典还要厚。李传彪的妻子总嗔怪丈夫："在家的时间还不到去郑州出差的一半。"每次同事们看到安凤杰来总部上班，也不忘调侃一下："难得没出差啊。"而党员攻关小组中的每一名成员，都有着原本就十分饱满的本职工作，但关键时刻站出来，发挥党员先锋作用，这正是支撑他们坚持下去的原动力。

二、先锋擂台赛出来

快速准确的行动离不开平日的培养和锻炼，事实上，在总部第二党支部，像安凤杰党员攻关小组这样的组织还有很多。

党支部针对党员多分配在分公司生产经营核心岗位的实际情况，为全体党员划分党员先锋责任区，根据党员工作岗位的不同，安排对应板块相对薄弱的项目接受监督指导，并开设党员先锋擂台赛，让党员带领联系的责任区同台比拼打擂。

擂台上的党员来自于不同工作板块，为了准确考评，党支部书记张静涛联合支委会委员，提出党建责任区评分标准：争创国家级奖项加 10 分，拓展新的市场领域或区域板块加 15 分，自主开展党员活动加 5 分，参加党支部组织生活一次加 1 分……每年年终，总部第二党支部还将考核结果，作为分公司优秀管理项目和优秀共产党员的重要推荐依据，过程中涌现出的先锋党员和先进员工还将纳入后备干部（人才）培养计划，切实将党建工作和企业发展紧密联系起来。

在这一制度的引领下，总部第二党支部党员动起来了，总部党员带领的党员先锋责任区亮起来了，"老大难"项目实现了华丽转身，总部党支部对基层的示范引领作用切实发挥出来了，北京分公司也由此接连收获着创先争优的硕果。

仅 2017 年，分公司就先后获得鲁班奖、国家优质工程等多个国家荣誉，共集成科技创新成果 80 项，其中 21 项获得国家专利，郑州地铁 3 号线、青岛地铁 8 号线两项轨道交通工程相继落地，首开中建二局地铁施工总承包工程的先河……

三、智汇党建秀出来

聚是一团火，散作满天星，这句话正是对北京分公司总部第二党支部的形象诠释。如果将党员先锋责任区比作漫天繁星，党支部每月召开的党建创客秀就是支部全体党员的智慧加油站。

原来，为加强党员之间的相互沟通和经验分享，总部第二党支部以党建创客秀的形式开展党员学习教育，定期安排党员和课题组成员进行工作成果展示。

党建创客秀打破传统"一言堂"的培训模式，大家通过微电影、PPT、H5 等多种形式，秀出学习计划和工作成果，多样的形式让学习

党员参观"砥砺奋进的五年"大型成就展

教育更加生动活泼、内容丰富。

而十九大会议召开前后，总部第二党支部在各个系统板块针对"砥砺奋进的五年""未来五年由我'建'证"等主题，征集各系统工作成果和十九大召开后，党员们的工作承诺和未来计划。同时，党支部还利用每天午休时间，集体在党建创客空间开展十九大会议精神和新党章的"联机学习"，一起读报告，分享学习心得，碰撞智慧火花。大家从"党建""绿色发展""雄安新区建设"等不同层面，结合自身工作，多角度学习、解读报告内容，相关活动也在中工网等多个主流媒体上刊登。

为保证学习效果，党支部还为全体党员发放了献礼十九大微教材和党支部微党课视频，并将相关学习材料和现场视频通过QQ、微信、网络平台等多媒体形式进行共享，让支部成员能随时随地下载学习，留言互动，让全体党员和积极分子参与其中，形成头脑风暴。

不忘初心，牢记使命。不知不觉间，总部第二党支部已经成为总部联动基层的红色纽带和激活基层党建细胞的动力引擎。"总部业务部门尤其要重视党建工作，将党建工作与业务工作相结合。其实，也正是在党旗的引领下，我们创新、创效、创优的创先争优工作才能更有信心、有思路、有成效、有底气。"在十九大学习心得中，总部第二党支部书记、分公司副总工程师张静涛这样写道。

开展"走红色圣地，温红色经典"七一主题活动

当建筑达人遇到资本高手　中建二局起飞了

中建二局党委工作部　钟尔轩

2017 年 6 月 7 日，由中建二局总承包的中国西部国际博览城项目迎来第一个大型会展。这个位于四川成都的大型博览中心落成，让我国西部有了推动"一带一路"建设最大的会议会展平台。不过对于中建二局来说，它还有一个特殊的意义——由于插上了资本的翅膀，传统建筑企业的步伐正变得轻快起来。

一、全链条的起始端：以融投资带动总承包

从 2015 年上半年开始，在我国房地产市场去库存压力巨大和开发投资增速连续下滑的双重压力下，房屋新开工面积和建筑业新签合同额均出现近 10 年来的首次负增长，整个建筑市场进入寒冬期。"建筑市场的结构也发生了明显变化，更多投资开始转向基础设施以及养老、文化、旅游、医疗等民生工程。"中建二局西南公司党委副书记王维民感受到了现实经营中的"风向"变化，"现在还用传

承建的西博城项目

统泥瓦匠的思维做市场，已经难以为继"。

正在此时，体量巨大的西博城项目出现了。西博城总投资约 120 亿元，其中仅建筑安装工程投资就占了资金的"半壁江山"。面对如此巨大的资金投入，无论是地方政府还是各路资本都捉襟见肘。为了拿下这个"巨无霸"，中国建筑和合作伙伴中信集团组建了联合体参与投标并中标，"联合体"中除了两大"中"字号巨头，还包括其他金融机构、运营主体，参与各方共同投资、各显其能。在工程建设上，中建二局西南分公司自筹部分资金，加上从银行融资，最终以融投资形式带动了总承包。目前，由于该项目建设大幅提高了周边土地价值，这些土地出让金专项用于偿还项目建设，正通过中信集团陆续支付给总承包单位中建二局。

以融投资带动总承包的作用是显著的。不仅是西南分公司，目前，这一模式已在中建二局遍地开花，旗下各公司均有斩获。2016 年，中建二局项目总投资额 1257 亿元，其中权益投资额 43.56 亿元，带动局施工合同额达 720 亿元。

"以融投资带动总承包是目前大型建筑企业的通行做法，也是企业转型的重要手段。但是，总体来看，融投资只能算是整个链条的一半"。中建二局投资部总经理张涛告诉记者，"工程投资、建造、运营一体化的道路才是企业发展的必然方向，只有把运营顺利做好，才算完成了整个链条"。

二、全链条的目标端："投建营"一体化延伸

业内人士通常将投资、建造、运营一体化简称为"投建营"一体化。这种商业模式，一方面可以解决业主的资金困扰和项目建成后运营维护的难题，另一方面也能使建筑企业的产业链条向上下游延伸，降低企业对业务规模的依赖，增加企业的话语权。更重要的是，通过"投建营"一体化，建筑企业可以由建设者转型为投资者和运营商，对海外工程项目的拓展也大有裨益。

在中建二局的众多实践中，贵州六盘水地下综合管廊项目的"投建营"一体化进程可圈可点。项目中，政府与企业共同组建六盘水城市管廊建设开发投资有限责任公司，负责项目投资、建设、运营、管理工作，代表政府和社会投资人的共同利益。

六盘水城市管廊建设开发投资有限责任公司总经理苗战中告诉记者："公司通过向入廊企业收取廊位租赁费、管廊物业管理费以及获得政府可行性缺口补贴等方式取得收入，以补偿经营成本、还本付息、回收投资、应缴税金，并获取合理投资回报。"按照合同约定，双方特许经营合作期为30年，运营期满后将把综合管廊无偿移交给政府。可以说，政府和社会资本的合作不仅传达出政府和企业谋求双赢的清晰意向，也为中建二局在未来运营阶段提供了有力保障。

承建的六盘水地下综合管廊项目

深汕特别合作区信息技术城项目、玉溪海绵城市项目、六盘水大董公路项目、赤峰中环路快速化改造项目……在一个个大型在建项目中，中建二局都以投资为开端、以建造为依托、以运营为重点，让雄厚的资金实力与建设施工的"老本行"相得益彰，在产业链条上开拓出一个又一个新的利润增长点。

融投资带动总承包的模式在不断创新，新的市场也对中建二局提出了新的要求。2016年4月22日，中建二局成功获得昆明长江三峡基地项目公司100%股权，也将这个占地427亩的项目开发权收入囊中。"这是我们第一次采用股权收购方式获得的房地产项目。"北京中建地产公司副总经理、云南长坤水电公司总经理朱峰说，"昆明长江三峡基地项目总建筑面积90万平方米。

这个项目的实施，将为我们今后的股权收购等投资手段积累宝贵经验。"

三、全链条的纵贯线：以 PPP 进军基础设施

向上参与投资，向下参与运营，PPP 模式正是贯穿链条前后端的一条重要桥梁。

PPP 模式在基础设施建设领域有着独特的优势。一方面，由于我国区域发展还不够平衡，许多地方基础设施建设上的"短板"亟待补足，一些财力不足的地方政府需要有实力的国企加入，并吸引更多社会资本参与；另一方面，PPP 模式已成为诸多国际知名大承包商业务常年保持稳定增长的关键，更是企业后期参与项目运营的重要条件。一时间，在基础设施建设领域，PPP 模式遍地开花。

"在 PPP 模式中，建筑企业作为社会资本方要全程参与项目规划设计、融投资、项目建设和运营管理等项目全生命周期管理，不再扮演单一的施工承包商角色。"王维民告诉记者，在这方面，聚焦我国西部地区基建"短板"的中建二局西南分公司已经尝到了甜头。

但也要看到，PPP 模式中可以掘金，也蕴藏风险。由于融资压力和运营

承建的大型基础设施项目

风险较大，有的建筑企业提供的产品或服务不符合政府的要求，导致血本无归。为此，中国建筑的投资平台设立了严格的"红线"，与当地财政预算收入一年超过 60 亿元的政府才谈基础设施项目，项目投资额小于 10 亿元的不再采用 PPP 模式。

在这个思路下，中建二局深度调研、审慎把控，对拟参与的 PPP 项目"有保有弃"。2017 年，中建二局拓展投资项目 20 个，总投资额近 718 亿元，基础设施新签合同额 666 亿元，基础设施营业收入首次突破 200 亿元。企业营销重点由以房建为主，逐步转向国家重点投资的大型基础设施、公共建筑等领域。2017 年，中建二局实现基础设施业务新签合同额 718 亿元，创历史新高。

"'大基建+PPP'是未来 3~5 年建筑行业最大的机遇，我们必须牢牢抓住。"中建二局总经理、党委副书记石雨表示，"今年的中心任务是在进一步巩固房建优势的基础上，创新机制、深耕区域、聚焦领域，推进转型升级稳健前行，应对稳增长、调结构、促转型的挑战。"

学深悟通　实干筑梦

中建三局一公司　吴红涛

党的十九大是在全面建成小康社会决胜阶段、中国特色社会主义进入新时代的关键时期召开的一次十分重要的大会，具有深远的政治意义、历史意义、理论意义和实践意义。十九大最突出的贡献，是把习近平新时代中国特色社会主义思想这面旗帜高高举起来，确立了它在全党的指导地位，并进一步确立了习近平总书记在全党的领导核心地位。作为国企管理者，我们要坚决维护以习近平总书记为核心的党中央权威和集中统一领导，自觉在政治上、思想上、行动上与以习近平总书记为核心的党中央保持高度一致，切实站在推进中国特色社会主义伟大事业的大背景、大格局下去思考和谋划企业发展，进一步筑牢党旗引领的政治优势，进一步凝聚争先奋进的磅礴合力，将企业发展的梦想追求融入实现"中国梦"的历史大潮中。

一、围绕"学懂"，确保学深学透

深入学习宣传贯彻十九大精神，是党中央向全党发出的政治号令，是每位党员和党坚强领导下的国企全体员工义不容辞的政治责任。作为领导干部，我们更要闻令而动，既在第一时间迅速掀起学习贯彻的热潮，也在内容深度上始终保证学习宣贯的实效。

一是层层动员学。党委中心组要学在前、走在前，做好样板引路。各系统、各部门、各单位要高度重视，层层推进学习宣贯，做到各级党组织、党

中建三局一公司黄陂北部旅游公路项目党支部副书记带领工友学习十九大精神

员干部、所有员工的三个100%全覆盖、无死角，并将其努力延伸至劳务班组和广大工友。各级领导干部要以上率下，积极主动深入基层一线、前往联系点进行精神传达。

二是深入细致学。做好两个结合：一方面，将原汁原味学与触类旁通学结合起来，既要熟读研习十九大报告、新党章原文，也要与"两学一做"学习教育和党中央即将开展的"不忘初心、牢记使命"主题教育联动着学；另一方面，将专题会议学与常态长期学结合起来，既要召开党委中心组等专门的学习宣贯会，也要充分利用党支部"三会一课"、系统会、业务培训班、部门例会等进行持续学习、多次学习。

三是创新方式学。指导各系统、各单位要结合自身实际做好特色动作，着力从学习地点、宣讲人员、宣贯载体、内容呈现、参与人员等多方面进行创新，包括但不限于工地讲堂、请党的十九大代表授课、知识竞赛、快板评书、书法绘画、"给新时代的一封信"征文、与企地共建单位或项目周边社区村组联合学习宣贯等形式。总之，要使宣贯活泼多样、员工喜闻乐见。要大力营造浓厚氛围，在微信、网站、杂志等内部媒体开辟专栏，做好十九大精神的宣传解读，持续推送内、外部单位学习宣贯十九大精神的好经验、好做法、好典型，供大家参考借鉴，同时主动服务基层，为其出谋划策。

二、围绕"弄通"，确保定心定神

企业强则国家强，中国特色社会主义伟大梦想需要一流企业支撑。我们必须将十九大精神和企业发展融会贯通起来，做到信念坚定、目标明确、动力十足。

一是对标新要求。将企业的持续健康发展放到"五位一体"总体布局、"四个全面"战略布局中去定位、去思考、去谋划，深入推进"两商"战略，以精益建造、模式创新等助力行业供给侧结构性改革，以技术研发、"两化融合"等实现从建造到智造的升级，以建筑工业化、绿色施工等保护好绿水青山。在此基础上，要按照十九大提出的新目标、新任务、新战略、新举措，适时调整完善发展思路，推动企业各项工作再上台阶。

积极开展党建活动

二是承担新使命。在十九大报告中，习总书记发出了"培育具有全球竞争力的世界一流企业"的动员令。我们要做深现有海外市场、进军更多国别市场，在国际工程总承包、属地化团队建设等方面探索和总结出更多更好的经验，成为中国建筑打造"最具国际竞争力的投资建设集团"的坚强支柱，成为国家实施"走出去"战略、推动"一带一路"建设的可靠先锋，致力于成为在全球市场具有品牌知名度的企业。

三是展现新风貌。发展好不好，重点在领导；发展顺不顺，执行在团队。要遵照十九大报告所强调的，"旗帜鲜明地为那些敢于担当、踏实做事、不谋私利的干部撑腰鼓劲""努力形成人人渴望成才、人人努力成才、人人皆可成才、人人尽展其才的良好局面。"同时要格局更大、眼界更宽，不能只守成于已有的"一亩三分地"，还必须跳出"舒适圈"、开拓新蓝海。同时，带领广大员工瞄准职业化团队建设要求，充实知识储备，锻炼综合素质，弘扬工匠精神，为企业发展担当更大重任。

三、围绕"做实"，确保见行见效

联系实际、抓好落实，是学习贯彻十九大精神的最终落脚点。用十九大精神武装头脑、指导发展，落实到我们的当前现实，就是确保企业转型升级的战略任务更好更快实现。

一是强企业党建。坚持党对一切工作的领导和全面从严治党的根本导向，不遗余力地强化和改进公司党的建设，坚决坚定地推进"一肩挑"全覆盖。一方面，将压力传导开去，从年终党群工作考核开始，压实对各级党组织尤其是基层党组织党建工作、党风廉政建设的全面督导、量化考核，压实书记是抓本单位党建第一责任人、分管副书记是直接责任人、各系统主要负责人是抓本系统党建第一责任人的述职评议、严格奖惩；另一方面，将实效激发出来，持续深化"两化三型"党组建设，大力加强农民工党建，不断提升党建融入生产经营、带动工建团建的能力水平，特别是新兴业务和海外项目，更要拓展企业政治优势，充实转型升级动能。

二是强规划落实。要对照"十三五"规划，以客观的心态、冷静的头脑审视公司存在的不足。一方面，着力解决区域发展情况仍呈现出不均衡、相关转型指标还没有完全就位、新兴业务拓展迫切需要打造新的品牌等问题；另一方面，在内控上追求更高标准，继续埋头苦干，加快推进管理升级。

三是强年底冲刺。要把学习宣贯十九大的热情转化为攻坚克难的激情，争取都提前、超额完成年度经营业绩目标，为公司不断开创新局面、迈上新台阶提供坚实助力；同时，要时刻保持如履薄冰、如临深渊的心态，抓好安全生产和稳定工作。已经提前完成的部分指标，也要不自满、不停步，要以更大的突破，展现出学习贯彻十九大精神的更新作为。比如，最近中国建筑联合体中标了雄安市民服务中心项目，中建三局一公司有幸参与其中建设，其将以高度的政治责任感，确保工程优质高效履约。

总之，学习宣传贯彻党的十九大精神，"学懂"是"弄通"的前提，"弄通"是"做实"的基础，"做实"是"学懂""弄通"的根本目的，三者层层递进、密不可分，是认识论、方法论和实践论的完美统一。笔者的团队将企业发展融入党带领中华民族实现伟大复兴的"中国梦"征程，以学深悟通指导真抓实干，以全新面貌发力转型升级，以亮丽业绩诠释争先担当。

坚守初心　铸魂三色基因

中建四局科研院　李清平

六十三年过去，弹指一挥间。

六十三载往昔，峥嵘岁月稠。

过去的六十三年里，岁月在这里沉淀了太多的故事，给这里的人留下了太多的回忆。

中建四局科研院，从1954年的建筑工程部中南工程管理局材料试验所开始，历经63年的发展和变迁，始终不渝地坚持党的领导，用实际行动响应党的号召，为贵州的建筑科研事业发展做出了积极的贡献。

一、传承"红色基因"，做国家需要的"一块砖"，哪里需要哪里搬

中建四局科研院在发展过程中，不断淬炼先进本质、思想路线、光荣传统和优良作风，从中国建筑的"红色基因"中汲取营养，把企业打造成了听党指挥、敢于担当的勇敢之师。

20世纪60年代，贵州还是一个"天无三日晴，地无三尺平"的地区，是落后的代表。1965年8月，为响应国家三线建设需要，中南科研所迁往贵州，开始扎根在大山深处，为建设和改变贵州流下了辛勤的汗水。

1958 年原中南所课题组下放合影

当时，由于贵州特殊的地质条件，严重缺乏工程建设需要的河砂，建设初期，贵州地区河砂需从省外运入，加之地区交通不便，因而建设成本大大提高且建设速度受到严重制约。为解决这一生产实践和社会需要提出的难题，科研院人主动扛起大旗，开展了针对山砂替代河砂作为混凝土细集料进行全面系统的研究，开创了我国山砂在土木工程中应用的先例。山砂"粉末非泥"理论，彻底解决了山砂替代河砂作为混凝土细集料的难题。山砂技术的推广应用，让山砂取代河砂，使贵州因地制宜，走出了一条符合省情的道路，为贵州地区经济建设的腾飞做出了巨大贡献。

进入 21 世纪以来，中建四局科研院把"红色基因"融入血液，秉承经济效益与社会责任并行的企业理念，发扬国企担当精神，积极担负社会责任。

抗震救灾危房鉴定队顶着余震危险顽强坚守

2008 年在"汶川地震"中勇敢担负绵阳"东汽"的抢险检测和灾后重建，再到 2011 年贵州福泉爆炸现场、2015 年贵阳市海马冲泥石流灾害、贵州省中小学校舍安全鉴定工程、2016 年深圳滑坡灾害鉴定等，中建四局科研院始终勇敢冲在危险第一线，利用专业技术所长，在危险现场开展安全技术检测，为社会各界参与现场抢险救灾提供安全保障。

面对自然灾害汹涌来袭，面对生命危险，科研院人继承和发扬了"红色基因"精神，没有退缩，勇往直前。在党和政府的号召下，在人民群众需要的时候，他们毫不动摇、毫不懈怠，用勇敢和智慧、用信仰和坚持，在危险的地方留下了身影。

二、坚持用"蓝色力量"助推企业向前发展

2007 年企业转制以来，科研院人坚持"立足地方、服务四局"发展理念，积极融入中建四局发展需要，把多年沉积下来的专业技术转化为推动企业前进的"蓝色力量"。坚持"检测造福地方、科研铸立标杆、产业推动集团、发展幸福员工"宗旨，积极探索经营管理新模式，促进了科研和生产相结合，实现了经营指标逐年增长，逐渐形成了产、学、研一体化的发展模式。

在科研上，以"技术支持、课题研发、BIM技术服务"为指导，围绕施工开展科研攻关，协同中建四局组织开展重大课题的研究。近年来，获授权专利56项，科研立项57项。其中，国家支撑计划2项，省部级以上科技奖励27项。核心刊物以上发表论文121篇，完成编制国家、行业及地方标准30部。"十二五"期间国家科技支撑计划《夏热冬冷地区建筑节能关键技术研究与示范》与《经济型空调冷热源与自然能源利用技术集成与示范》课题顺利通过专家验收；《建筑工程绿色施工与运营智能监测技术的研究与示范》科技成果鉴定为国际先进水平；在四局花果园双子塔项目上，为C90高性能山砂混凝土331米超高泵送提供了技术保障，解决了四局在黔项目施工过程中遇到的技术难题，坚守了"科研工作不忘初心"的科研本色。

科研院研发山砂砼C100取得重大突破

检测上，坚持"优质检测、品质检测"的检测方针不动摇，积极争创品牌，为地方发展服务，多次参与社会突发性检测、校安检测、危房检测等，为政府排忧解难，为百姓安居保驾护航，树立了良好的品牌形象。开发和引进无线监测平台被贵阳市住建局指定为贵州省老旧危房管理大数据平台提供监测数据的试点监测单位；所编写的《建筑结构主体检测》，已作为贵州省建设工程质量检测人员岗位培训教材。

在产业上，围绕核心业务，积极探索产业服务主业的新模式，围绕四局花果园、未来方舟等重大项目成立搅拌站、成立贵州科技建材有限公司生产建材模板，收购贵州正和加气混凝土有限公司股份等，四局在黔项目服务得到保障，生产经营范围得到扩展，生产规模稳步提升，实现了企业的转型升级，整体经济效益明显。

三、坚持"绿色发展"理念，融入国家战略布局

2015 年 6 月，习近平总书记在视察贵州工作时提出，贵州要"守住发展和生态两条底线，培植后发优势，奋力后发赶超，走出一条有别于东部、不同于西部其他省份的发展新路"。

围绕总书记指示，科研院发挥专业技术优势，积极申报绿色建筑相关业务资质，并于 2015 年 9 月成功获得贵州省住建厅"贵州省绿色建筑与科技发展中心"挂牌，获准开展贵州省一二星级绿色建筑评价标识的申报、评审和标识管理工作；开展绿色建筑、可再生能源建筑应用等相关技术咨询；协助政府部门完善全省建筑节能与绿色建筑管理体制，编制了《贵州省"十三五"建筑节能与绿色建筑规划》等绿色建筑评价制度；结合贵州区域特征，因地制宜，完善建筑节能与绿色建筑标准体系建设，逐步健全了贵州省地方标准体系。

2015 年，贵州省绿色建筑领域首个"绿色建造院士工作站"落户科研院，大力提升了我院绿色策划、绿色设计、绿色施工及建筑产业现代化等方面的实力，全面推进了以投资驱动的绿色建造模式，解决了在绿色建筑及相关领域的重大技术难题，培育了企业自主知识产权和自主品牌，推广了绿色建造、绿色建筑理念与技术，带动了贵州省建筑行业的发展。

四、新时代新作为，牢记使命勇往直前

使命呼唤担当，使命引领未来。十九大定位了我国发展新的历史方位。中国特色社会主义进入到新时代，踏上了新征程。作为国有基层企业，科研

院要弘扬中国建筑"红色基因、蓝色力量、绿色发展"精神，把握企业发展的"根"和"魂"。

要牢记使命、敢于担当。"打铁还需自身硬"。科研院要坚持把加强理想信念教育作为重大政治责任，重视思想建党，始终保持理想追求上的政治定力，切实把牢思想和行动的"总开关"。要深入学习贯彻习近平总书记系列重要讲话精神，迅速掀起学习宣传贯彻落实党的十九大精神热潮，切实把广大党员干部群众的思想统一到党的十九大精神上来，把力量凝聚到党的十九大确定的目标任务上来，锐意进取，埋头苦干，不断构筑中国建筑的精神价值。

要牢记使命、履职作为。科研院要全面贯彻落实国有企业党的建设工作会议精神，执行好加强企业党建工作的相关措施，认真履行党委的主体责任、书记的第一责任、班子成员的"一岗双责"，加强党建工作制度化、规范化、标准化、常态化建设。要坚持正确选人用人导向，牢牢把握选人用人正确方向。坚持党管干部原则，坚持德才兼备、以德为先，用好干部的标准选用、培养和使用，严把政治关、品行关、作风关、廉洁关，努力营造有利于干部干事创业的宽松环境和浓厚氛围。

回首六十余年的发展历程，科研院在中国建设发展过程中秉持中国建筑自身优势，传承了"红色"历史，在投资、建设领域"蓝色"全产业链竞争优势，以"五大发展理念"统领企业未来发展方向，以改革奋进激发企业活力，为中国经济发展贡献了积极的力量。

科研院坚信始终坚持中国共产党的领导，坚定不移地沿着中国特色社会主义道路前进，坚持把自身建设好、建设强，就一定能够引领承载着中国人民伟大梦想的航船破浪前进，胜利驶向"中华民族伟大复兴"的彼岸！

2008 年 5 月 17 日科研院组织抗震救灾危房鉴定队出征汶川支援

不忘初心　践行绿色发展
牢记使命　呵护绿水青山

中建五局三公司　唐德文

近年来，中央企业、地方国企经营业绩持续飘红。国有企业能不能搞好，已在实践中得到了验证；国有企业为什么能搞好，则成为了当前研究的热点。

各界普遍认为，国有企业之所以能够不断发展壮大，根本原因是其所传承的"红色基因"——长期坚持党的领导，同时有力发挥"蓝色力量"，破解了"经营务实、党建务虚"的"两张皮"，以党建工作引领了企业的科学、绿色发展。

2015年10月，党的十八届五中全会提出"创新、协调、绿色、开放、共享"五大发展理念，成为国家"十三五"期间破解发展难题、厚植发展优势、全面建成小康社会的强大思想武器。在党的十九大报告中，习近平总书记再次强调，必须坚定不移贯彻五大发展理念，"树立和践行绿水青山就是金山银山的理念""坚定走生产发展、生活富裕、生态良好的文明发展道路，建设美丽中国，为人民创造良好生产生活环境，为全球生态安全做出贡献""建立健全绿色低碳循环发展的经济体系"。

中建五局三公司以央企高度的政治责任感和历史使命感，积极响应国家号召，将五大发展理念写入企业"十三五"规划的工作主题，使其成为了企业"十三五"期间转型发展的主旋律。在公司党委的坚强领导下，企业"十三五"规划顺利实施，在践行五大发展理念方面，踏石留印、成效颇丰。

以五大发展理念为引领，公司培育出了更为强劲的发展动力，实现了在高平台上的再提速。2016年，公司合同额、营业额、利润总额分别达到492.81亿元、210.23亿元、5.21亿元，稳居中建公司前列。2017年，公司上述三大指标分别达到613.48亿元、235.13亿元和6.05亿元，同比分别增长24.48%、30.13%、15.24%。

五大发展理念中，公司在践行绿色发展方面开展的工作和取得的成绩尤为显著。

作为"共和国长子"，公司在高能耗、高污染的传统建筑行业，率先推广节能、节水、节地、节材和环保工艺，努力推动传统行业、传统技术的转型升级，维护了国家生态安全、造就了一片又一片绿水青山。

位于宁乡经开区的中建科技湖南有限公司全景照

一、积极参与海绵城市建设

2013年，习近平总书记在中央城镇化工作会议的讲话中强调："提升城市排水系统时要优先考虑把有限的雨水留下来，优先考虑更多利用自然力量排水，建设自然存积、自然渗透、自然净化的海绵城市。"由此，我国掀起了海绵城市建设的热潮。到2020年，全国城市建成区20%将实现"海绵化"；到2030年，这一比例将达到80%。作为建筑央企，中建五局三公司充分发挥资金、技术等方面的优势，以 PPP、EPC 等多种模式参与到海绵城市建设中，承建了长沙地下综合管廊、西安地下综合管廊、海东地下综合管廊等 7 条全国首批地下综合管廊，总里程达 100 余千米，为涵养水资源、增强城市防涝能力、提高新型城镇化质量贡献了力量。

长沙市地下综合管廊项目

二、积极参与水环境治理

为有效应对严峻的水环境保护形势，国务院于 2015 年正式颁布《水污染防治行动计划》（即"水十条"），使得各地水环境治理成为重要课题，各地相继开始"洁净水行动"。中建五局三公司以高度的政治敏感性，联动相关水务、金融企业、地方政府，积极参与到从污水管网、污水处理厂建设到河道整治、岸线景观再造的水环境综合治理中。近年来，中建五局三公司在贵州南明河、河北遵化沙河以及四川广安、山东淄博、湖南茶陵等地，承建了 9 个水环境综合治理及污水处理类项目，进行了水环境综合治理的成功实践。

三、积极参与城市地下空间开发

由于城市交通承载能力有限、耕地红线不可逾越等原因，人们越来越多地把目光转移到地下，使得地下空间开发这一节约土地、降低能耗的绿色发展方式备受注目。为此，中建五局三公司着力加强了相关研究，积极参与城市地铁、隧道、人防工程、地下停车场等地下空间开发利用。近年来，中建五局三公司已参与了长沙地铁、重庆地铁等多条地铁的建设工作，持续拓展了城市的幸福空间。

四、积极参与废弃土地再利用

近年来，随着国民经济的迅速发展，因采矿、污染、垃圾处理等原因造成的城市废弃土地越来越多，如能充分利用这些土地，将极大限度地改善环境、节约用地。在长沙湘江新区，中建五局三公司正在进行着这样的尝试。公司正在参与建设的湘江欢乐城项目，力图通过因地制宜的设计规划，将当地的废弃矿坑改造成为湖南首个世界级特大创新型综合旅游产业项目，不仅改变了当地的环境面貌，更拉动了地方经济发展，功在当代、利在千秋。

五、积极发展装配式建筑

与传统建筑相比，装配式建筑具有标准化程度高、建造速度快、建筑垃圾少、单位能耗低、可重复利用等特点，有利于节能减排、推进供给侧改革。根据住建部的有关要求，到 2020 年，全国装配式建筑占新建建筑的比例要达到 15%以上。为此，中建五局三公司牵头成立了中建科技湖南有限公司，并立志将其打造成为国内领先、湖南一流的装配式建筑工程总承包企业。目前，该公司地铁管片、预制管廊、PC 三大业务板块已正式投入运营。除为长沙地铁 4 号线、5 号线源源不断提供地铁管片外，该公司还承建了长沙中建科技产业园综合楼和美的梧桐庄园两个装配式项目。其中，中建科技产业园综合楼项目，是中南地区首座被动式超低能耗装配式建筑，引领了未来绿色建筑的潮流。

在践行绿色发展等五大发展理念的努力中，中建五局三公司不仅实现了自身的又好又快发展，也为国家富强美丽、社会和谐进步和人民生活改善贡献了力量。

　　未来，中建五局三公司将始终坚持拥护党的领导、不忘初心、砥砺前行，继续深度践行五大发展理念，牢记作为央企的使命担当，为实现人民对美好生活的向往而矢志奋斗。

　　在中国，像中建五局三公司这样的基层央企还有很多。相信这些企业只要能认真领会十九大精神的科学内涵，并将其真正运用到企业生产经营的各项实践中，那么千千万万的涓滴之水，必将汇成国家"十三五"科学发展、全面建成小康社会的巨大洪流，中华民族伟大复兴"中国梦"就一定能由蓝图变为现实！

用好红色竞争力 引领企业做强做优做大

中建五局东北公司 聂海波

党的十九大报告提出，党政军民学，东南西北中，党领导一切。笔者认为，党的建设不仅是中国建筑的红色基因，更是我们的红色竞争力。我们要用好红色竞争力，引领企业做强做优做大。

一、用好红色竞争力，就是要增强看齐意识，自觉在思想上政治上行动上同党中央保持高度一致

要向党中央权威看齐。全面从严治党永远在路上，作为党委书记，要把党的政治建设作为根本性建设，以党委中心组等载体抓好班子建设，要求分管领导履行分管领域的从严治党责任，坚定执行党的政治路线，增强看齐意识，同以习近平同志为核心的党中央保持高度一致。同时，更要要求全公司员工向党中央看齐，做到不妄议中央、不传播给党抹黑的虚假言论，用实际行动向党中央看齐。

要向中央的决策部署看齐。作为国有企业党政负责人，要带头担当承责，带领好公司全体员工，用实际行动落实党中央在政治、经济、社会和文化等各领域的决策部署。比如，十九大报告中提出深化改革加快东北等老工业基地振兴，就要和全公司员工一起继续深耕东北市场，多接好项目，多建好工程。十九大报告提出要建设美丽中国，推进绿色发展，就要把握好企业的发展方向，不断推进绿色施工、绿色建造，要求项目落实好"四节一环保"要

常态化开展廉洁教育

求，应用好新技术、新材料、新工艺，不能因为施工生产给城市环境带来危害。

二、用好红色竞争力，就是要建好建强基层党组织，进一步发挥"两个作用"

选好组织书记。十九大的召开，对基层党组织书记提出了更高的要求。作为党委书记，也是一名基层党组织书记，不仅要自己学习提高，也要建设好公司的书记队伍。笔者认为建设公司书记队伍，重点是把最优秀的党员选拔到支部书记岗位，让书记岗位成为培养选拔领导人员的重要台阶。要落实好上级关于党群组织和人员配置的有关要求，不断优化书记的职业通道和任职标准，加强职业生涯设计，做好对党组织书记的培训教育，建设好公司的书记队伍，让书记们都能学会用党群的方法处理生产经营和团队建设中的问题。

建好基层组织。基层组织是党在社会基层组织中的战斗堡垒，是党的全部工作和战斗力的基础。作为党委书记，要持续落实《党章》要求和中建集团"112"制度体系要求，要求基层组织开展好"三会一课"、组织生活会等党内组织生活，让党的基层组织设置和活动方式创新，让基层组织真正发挥凝心聚力、引领发展的作用，真正成为团结群众的核心、教育党员的学校、攻坚克难的堡垒。

培育基层党员。一个党员就是一面旗帜，作为一名近 20 年党龄的党员，要让自己成为一面旗帜。同时，还要做好教育党员、管理党员和监督党员的工作，引导广大党员发挥先锋模范作用，让公司的党员把先进性体现到市场攻坚、技术创新、商务创效、节能减排、人才队伍建设等各项工作中。要牵头做好公司党员发展工作，把好党员入口关，确保将党员发展成骨干，将骨干发展成党员，为公司党员队伍及时补充新鲜血液。对于不合格党员，要及时做好处置工作，让公司党员队伍永葆先进性。

三、用好红色竞争力，就是要坚持党管干部，打造一批引领企业发展的领军人

加强领导干部队伍建设。笔者曾经阅读过一篇文章，文章说为了酝酿新一届"两委"候选人的酝酿，习总书记亲自担任组长，中央政治局常委先后召开 6 次会议，平均每省谈话 1500 多人次，廉洁问题、能力素质不足、不能同中央保持一致等人员均被一票否决。作为国有企业，在选拔干部时也要向中央酝酿"两委"一样严要求，不折不扣落实好党管干部原则，层层考核，组织好党委会研究，把好拟提拔干部廉洁关，多走下去听取基层党员群众的意见建议，让真正想干事、能干事、能成事的人走上领导干部岗位，让在工作一线摸爬滚打、锻炼成长，在实践中成长起来的良将贤才走上领导干部岗位。

加强中层干部队伍建设。企业中，中层干部的数量占大多数。特别是在建筑施工企业，项目经理等中层干部直接和项目基层员工打交道，他们的品行和能力直接影响到项目的盈亏、效益、品牌、员工的职业成长甚至员工的流失。作为公司党委书记，要带头讲好"三观"，并要求中层干部讲好"三观"，这三观是政治观、价值观和事业观。政治观，就是要具备看齐意识，及时扫除思想上的"灰尘"，撸起袖子加油干，干出业绩，推动企业发展。价值观，就是要为多数人谋利益，做一个公道正派的人，能够严于律己，管好自己，管好亲属、家庭和朋友，保证不发生利益关系。事业观，就是要珍惜现

有的干事创业平台，把根扎得深一点，杜绝思想上的浮躁。

四、用好红色竞争力，就是要加强教育监督，营造风清气正的企业氛围

加强学习教育。国有企业领导人员直接经营管理国有资产，作为党委书记，要按照习近平总书记在全国国有企业党建工作会议上提出的要求，抓好党委中心组等学习载体，加强对班子同志的学习教育，包括党性教育、宗旨教育、警示教育等，通过学习教育严明政治纪律和政治规矩，不断提高班子同志的思想政治素质。除领导人员外，还要分层级、有重点地抓好对其他党员领导干部、关键岗位人员和党员群众的教育，使公司全体员工都能强化纪律意识和规矩意识，干干净净做人，清清白白做事，自觉筑牢廉洁防线，保证国有资产不流失。

加强监督管理。教育和信任不能代替监督，要保证党风廉政建设"两个责任"的落实，支持公司纪委开展工作。要持续开展全方位立体监督，发挥监督的约束作用。监督要有重点，强化对关键岗位、重要人员的监督，特别要注意对"一把手"进行监督管理。要完善"三重一大"决策监督机制，落实好党委会决策前置要求，该上会讨论的决策事项及时上会，集体决策，避免出现决策失误。要开展好"七项权力"监督检查，开展七项权力识别工作。现在巡视、巡察已经逐渐常态化，还要用好巡视、巡察和专项综合监察等手段，牵头落实好上级党纪组织反馈的管理薄弱环节、廉洁风险点等，及时主动抓好整改，防范企业经营风险。

五、用好红色竞争力，就是要全心全意做好群众工作，凝聚群众合力

走好群众路线。十九大报告提出要坚持以人民为中心，践行全心全意为人民服务的宗旨，把党的群众路线贯彻到治国理政全部活动之中。人民，在企业中是指员工。国家的发展离不开人民的辛勤劳动，公司的发展离不开员工的努力和付出。作为党委书记，要带头巩固好党的群众路线教育实践活动成果，走好群众路线，深入开展"学超英·联基层·做表率"活动，多下基层

调查研究，把有没有为基层项目解决为题、为基层项目解决了多少问题作为检验群众路线的成果。要带领班子同志，创造符合员工期待的发展业绩，为员工提供上升空间，让员工热爱工作、快乐生活。

定期组织员工素质拓展、心理疏导等活动

保障群众权益。要抓好党建带工建，不断健全以职工代表大会为基本形式的民主管理制度，推进厂务公开、业务公开，落实职工群众知情权、参与权、表达权、监督权，充分调动职工群众的积极性、主动性、创造性。企业在重大决策上要听取职工意见，涉及职工切身利益的休假、调薪等重大问题，必须经过职代会审议。要保证员工在休假、学习、培训等方面的合法权益，切实提升员工的幸福感。

十九大报告指出，实现伟大梦想，必须建设伟大工程。坚持全面从严治党已经成为坚持和发展中国特色社会主义的基本方略，已经转化为推动中国建筑又好又快发展的红色基因。党建兴企，党建强企，笔者作为基层党组织负责人责无旁贷，唯有把党的建设落到实处，建好党的基本组织、基本队伍和基本制度，用党的建设引领公司做强做优做大，用企业的发展业绩助力中国建筑实现"1211"目标和最具国际竞争力的投资建设集团目标。

不忘初心　牢记使命　引领中国建筑 2.0 时代

中建五局山东公司　孙志超

习总主席在十九大报告中庄严宣布：经过长期努力，中国特色社会主义进入了新时代，这是中国发展新的历史方位，也是中国建筑新的发展时代。中国建筑第五工程局有限公司屹立在时代的潮头浪尖，品质卓众、傲立于世界建筑领域，以独有的文化和品质，披荆斩棘，砥砺前行，如一座座摩天大楼，耸立云端，在党的光辉沐浴下，笑傲苍穹。

一、坚持党的领导，加强党的建设

党建兴则国企兴，党建强则国企强。中建五局认真贯彻落实和正确认识并把握"中国特色社会主义进入新时代"的深刻内涵，深入洞悉中国的基本国情，深刻了解建筑新时代的背景下，我国国情和世情究竟发生了哪些复杂深刻的变化。习近平总书记在报告中明确提出，中国社会主要矛盾已经转化为人民日益增长的美好生活需要和不平衡不充分的发展之间的矛盾。

中建五局在党的领导下，经过改革开放 40 年的快速发展，量变引起质变，中国社会主要矛盾两个方面的内涵和外延都发生了深刻变化。在这个新时代的大背景下，人民群众的需要已经从"物质文化需要"转化到"美好生活需要"，"落后的社会生产"转化到"不平衡不充分的发展"。

中建五局不断加强党的领导，认真贯彻落实十九大习总书记重要指示，并开展对主要矛盾发生转化的重大判断是关系全局的历史性重大判断的学习，加强论证在党的领导下，全国各族人民在社会主义征程的伟大实践中已经解决了人民日益增长的物质文化需要同落后的社会生产之间的矛盾。旧的矛盾解决了，新的矛盾接着出现；新的历史时期，中国建筑第五工程局也将会迎来建筑新时代。中国建筑第五工程局凭借自身的发展历史，在党的领导下，不断地深刻认识和判断社会建筑领域的主要矛盾，团结带领中建五局全员战胜一切困难，不断解决中国建筑发展时期所遇到的主要矛盾，领导中国建筑第五工程局由胜利走向辉煌的历史。

坚持党的领导，加强党的建设，是中建五局的红色基因，也是中国建筑引以为傲的血脉。这个基因，与生俱来，代代相传，底蕴深厚，历久弥新。这个基因，滋养了中建五局这棵参天大树，根繁叶茂，问鼎苍穹。

红色基因——开展廉政建设教育活动

二、创新升级，汲取力量，不断转型升级，打造一流品质

中国建筑第五工程局作为第一批"走出去"的企业，目前已进入"一带一路"沿线 40 多个国家，其业务遍及世界 100 多个国家和地区。

对此，中建五局契合中国建筑党组出台《加强境外单位党建工作的指导意见》，因地制宜，顺应新的历史起点，加快转变升级，灵活运用自身优势，打造自身品牌，让央企形象立起来，品牌"走出去"。让海外职工国家自豪感强起来，打造了既具自身独特的特色、又展大国风采的央企品牌。

中国建筑第五工程局，以蓝色力量为保障，以红色基因为载体支撑，用自身力量和精致化服务顺应民心。可以说，蓝色力量是中国建筑第五工程局最有力的"王牌"。诚然，在十九大的辉映下，中国建筑第五工程局已成为央企党建、大国形象的闪亮"名片"。

三、绿色、文明、协调、可持续发展

中国建筑第五工程局全面贯彻落实习总书记在十九大报告中提出的绿色发展的理论，在十九大报告中指出："走向生态文明新时代，建设美丽中国，是实现中华民族伟大复兴的中国梦的重要内容。"2012 年 11 月召开的党的十八大，把生态文明建设纳入中国特色社会主义事业"五位一体"总体布局，首次把"美丽中国"作为生态文明建设的宏伟目标。十八大审议通过《中国共产党章程（修正案）》，将"中国共产党领导人民建设社会主义生态文明"写入党章，作为行动纲领；十八届三中全会提出加快建立系统完整的生态文明制度体系；十八届四中全会要求用严格的法律制度保护生态环境；十八届五中全会提出"五大发展理念"，将绿色发展作为"十三五"乃至更长时期经济社会发展的一个重要理念，成为党关于生态文明建设、社会主义现代化建设规律性认识的最新成果。

中建五局认真贯彻落实绿色发展，因为绿色发展是树立生态文明理念的坚实保证。一方面，坚持绿色发展会转变人民群众的生活方式，养成低碳生活习惯，形成生态消费的意识，能够让人们选择更加绿色的出行方式，注重消费过程的节约与环保，从而建设环境友好型社会；另一方

青岛海湾大桥

面，坚持绿色发展会提升企业对于循环经济的重视程度，促使企业通过技术创新提高对资源的利用效率，通过协同合作实现企业之间、产业之间的合作，最大限度提高资源利用效率，实现资源的节约。因此，只有坚持绿色发展的理念，才能够不断推进环境友好型、资源节约型社会建设，实现生态文明。

建筑总是与时代紧密相关的。当今时代，科学技术发展日新月异，新材料、新技术、新工艺得到广泛应用，新思想、新理念正在不断改变人们的生活观念和工作方式，这些都为建筑设计提供了全新的视野。同时，随着生态文明建设的推进，设计节能环保、绿色低碳的建筑成为建筑业可持续发展的必然要求。现代建筑设计要适应当今时代的特点和要求，用建筑语言表现当今时代的设计观念、思维方式和科技成果；努力寻求传统建筑文化与现代生活的结合点，设计更多展现时代风貌的现代建筑。

建筑的地域性、文化性、时代性是一个和谐、统一的整体。地域性是建筑赖以生存的根基，文化性体现建筑的内涵和品位，时代性体现建筑的发展趋势。新形势下，中国建筑设计应不断发展、走向世界，需要培养一大批有文化自信和国际视野的建筑设计人才。一方面，认真学习国外先进建筑理念与技术，吸收人类建筑文化的优秀成果；另一方面，加强对中华优秀传统文化的学习，深化对中华传统建筑文化中和谐理念的理解，使我们所设计的建筑体现人与自然的和谐，体现绿色低碳的设计理念。扎根本土又放眼全球、继承传统又锐意创新，充分体现地域性、文化性和时代性，我们就能设计建造更多建筑精品。

未来时代，是一个文化管理的时代，也是一个实力竞技的时代，这点，中国建筑第五工程局已经走在了前列，而它将站在新的历史起点，引领建筑领域的 2.0 时代。

以朴素初心 承红色基因 写发展答卷

中建六局城建公司 尉家鑫

习近平总书记在党的十九大报告中庄严宣告："中国共产党人的初心和使命，就是为中国人民谋幸福，为中华民族谋复兴。"我们党无论走得再远、走向再光辉的未来，也始终没有忘记为什么出发。每一位党员都应当寻找这个初心、牢记这个初心、保持这个初心，这既是政治考卷，也是人生答卷。

一、党建引领公司跨越发展

五年的初心不忘和砥砺奋进缤纷交错，五年的探索和创新点滴积累，五年的担当与奉献考验忠诚。过去五年，中建城建公司党委认真落实中建集团和工程局党委工作部署，研判内外形势、明确发展思路，保持战略定力、坚定道路自信，坚持把党建工作深刻融入到生产经营一线中，实现了跨越式发展。

（1）综合实力全面增强。合同额及营销质量大幅提升，各项关键指标持续快速提升。5年来，合同额、营业收入、利润总额三个关键经济指标复合增长率都达到22%。2017年，城建公司中标额达238亿元，其中包括一批产品升级类项目，例如EPC、PPP、生态环保、综合管廊等项目。

（2）基础设施转型突破。近年来，公司陆续承接了高速公路、市政路桥、隧道等大型传统基础设施项目，实现了基础设施新发展局面，并打造了一支以路桥专家为核心的基础设施专业化人才团队；同时，公司以综合管廊、生态环保作为差异化转型的战略支撑点，一方面，公司与高端设计院联合开拓市场，与清华大学、天津大学等高校展开技术合作，参与国家环保部科技司的技术课题，站在技术的制高点；另一方面，公司积极引进专业环保与管廊设计人才，形成了一支环保管廊咨询服务的技术团队，同时承接了一系列有社会影响力的项目。这些项目的承接和实施为公司保持战略定力、实现差异化转型打下坚实基础。

津湾广场 9 号楼项目

这份成绩的取得，得益于中建集团党组和工程局党委正确部署，得益于在公司党委带领下，各基层党组织充分发挥战斗堡垒作用，充分发扬党员先锋模范作用。

二、党管干部队伍建设完善

在经济转型升级、创新驱动发展的新常态下，人才资源作为第一资源的地位更加凸显，城建公司始终坚持党管干部、党管人才的原则，注重队伍建设、青年人才培养以及搭建专业人才创效平台，为公司不断做大、做强、做优提供人才保障。

（1）线上线下培训相结合。为方便员工及时学习上级有关指示精神，进一步推动党建知识学习，做到教育学习无死角，公司开辟了线上党建专栏，在专业技能学习方面启用了学习地图，以便指引员工体系化、分阶段、循序完成学习任务。同时，公司在线下开展了有公司品牌特色的培训："城建大讲堂。"引入系统内外部资深人士，成功打造城建公司内部学习品牌，为员工创造了一个可共享内外部优质智力资源的平台。

（2）人才培训培养分层次。对于青年员工培育，公司创建了"121"起步走、"城建之星"选拔的青年员工培养体系。为青年员工入职五年的职业生涯规划明晰路径，培养具有城建特色的复合型人才；对于中高层管理人员能力提升，公司引入 PDP 领导特质培训。通过深入了解自己与同事的个性特点与行为风格，加强团队融合度，提高团队绩效；对于成熟人才，公司搭建创效平台。城建公司制定《专家库管理办法》，实现公司专家人才管理工作的科学化和规范化，为提升公司整体项目管理、业务投标等能力夯实人才基础。

三、十九大促进市场开拓创新

公司一直以国家政策作为发展方向。十九大报告中指出，深化供给侧结构性改革，使公司意识到现今的建筑行业市场竞争，也必须从供给侧的角度，颠覆以往的营销理念，将原来"拼刺刀式"的"红海策略"转变成"创造项目"的"蓝海策略"。公司要从向业主、政府要项目，转变为我能给业主、政府带来什么样的服务，做服务型的投资建设公司，这需要公司做好产业导入模式。通过将大交通、大环保、大旅游、大健康、大教育等产业集团与公司一起打包对接业主，使业主获得产业导入，公司获得项目建造，产业集团获得运营利润。同时，还要创新营销模式，包括党建营销、科技营销、产业营销、协同营销。其中，党建营销需要公司合理运用组织关系找到党口与政府洽谈对接，可以消除与政府间甲乙方理念的隔阂，打造政企共建体系，获取营销资源。

十九大报告提出了绿色发展的理念，并指出要"坚持人与自然和谐共生"，因此，公司已经把装配式建筑、综合管廊、生态环保、特色小镇及海绵城市作为公司未来发展的新领域。同时，依托行业骨干科技资源，加大科研投入，掌握行业的核心技术，掌握对接高端市场的主动权，以装配式为抓手，在房建、基础设施领域开展新业务。

三岔河流域（大湾镇段）生态环境综合整治工程

四、强化"红色引领"——深入抓实基层党建

近年来，公司在中建集团和工程局的领导下，认真落实全面从严治党主体责任，深入推进"两学一做"学习教育常态化制度化，规范党建工作制度、业务流程和考核体系，制定党建工作手册、党费使用办法等 15 项规章制度。采用示范观摩方式深化落实"三会一课"制度，采取强弱搭配、远近结合的方式，创新公司领导班子和联片共建，吸纳分包流动农民工党员，把少变多，把小变大，解决小散远条件下党员难管理的问题，逐步形成了"企业的工作重心在哪里，党建工作的服务作用就发挥到哪里"的良好局面，实现了党建工作由"虚"到"实"、由"浅"到"深"、由"被动"到"主动"的根本转变。

公司持续打造"创新增效""创先争优"双创党建工作品牌，津湾广场九号楼项目"津湾精神"、天津体育学院项目特色党建、天津工业大学项目党员服务队、乌力吉口岸项目"梭梭草精神"、阜平中医院项目党支部服务老区等一系列党建品牌成为城建公司精神风貌的代言，并形成经验性高端成果引领公司党建工作。开展"分享我的专业"党建主题活动。围绕生产经营创新工作载体、搭建活动平台，努力做到两手抓、两促进，切实做到基层党建工作与项目施工生产经营的有机融合，把党建工作成效转化为企业发展动力。

五、培育"红色领头羊"——提升党建服务能力

大海航行靠舵手，公司大力加强基层党支部书记队伍建设，通过扩大社招范围，挖掘党建专业人才，抓党建成果明显。设立党务干部兼职津贴，建立考核机制，以待遇鼓舞干劲，以考核提升管理水平。加强党员队伍培训，利用党群例会进行业务培训，组织支部书记参加中建集团培训。公司党委牵头与地方党委政府对接，在国家级贫困县阜平县长林希望小学举办"小小心愿"志愿服务活动。以活动为载体，彰显了央企的社会责任和担当，进一步密切了与当地政府的沟通交流，为项目实施创造了有利的软环境。以各类公益志愿服务活动和捐助活动为载体，更好地展示了公司的担当形象，加深了与外界的联系。积极开展"创新、创优、创先、创效"等党建主题活动，坚持"把党员培养成生产经营中的骨干，把生产经营中的骨干培养成党员"，使党员队伍成为企业的最优秀人力资源，成为各个岗位的"领头羊"。

六、激活"红色凝聚力"——发挥党员模范示范作用

公司各基层党支部积极开展"党员先锋岗""双最评比"等主题活动，以

天津港"8·12"房屋维修工程党员突击队

推动企业发展为核心，有效调动党员服务生产经营、奉献企业、争当表率的积极性和创造性，充分发挥党员示范榜样作用。

艰难困苦，玉汝于成。在津湾项目建设中，津湾人以敢想敢干的精神力量，历时六年跟踪，三年施工，克服了软土地区超深基坑土方开挖、国家级重点文物盐业银行保护、18000 立方米大体积混凝土浇筑、繁华闹市区文物建筑旁爆破拆除混凝土内支撑、重型转换桁架施工等难题，提炼总结"履职不畏苦、攻坚不畏难、担责不畏险"的"津湾精神"，成为公司的精神和向心指标。

挺身而出、迎难而上。在"8.12"天津港事故爆发现场，城建人以铁军风范勇往直前，建立"党员先锋队""党员示范楼"，经过 4 个月的坚持奋战，连夜突击、抢修工程，顺利完成受损房屋的修缮。党员先锋队和党员示范楼的做法得到工程局领导批示并推广，展示了城建公司管理规范、形象文明、勇于担当、拼搏进取、甘于奉献的良好社会形象。

情系梦想、热衷奉献。在内蒙古乌力吉口岸项目，党员先锋陈金勇带领项目党支部，以坚韧、顽强的意志克服项目初建期无水无电无通信等重重困难，他们与戈壁滩上的梭梭草为伴，不畏黄沙漫苍穹，甘为梦想战戈壁。

勇于担当、率先垂范。在国道 G310 改建项目，党支部以十九大精神为引领，充分发挥协调保障职能，以基层党组织的身份与地方政府及相关部门主要领导"广泛接触，重点突破"，深入村庄开展送温暖、献爱心活动，密切联系群众，为工程顺利施工提供最大程度的保障和支持。

在城建，正是有这样一群勇于拼搏、乐于奉献的红色基因的传承和推广者，铁军精神的践行和担当者，形成推动企业持续发展的竞进力量。

上一个五年，城建公司走过了一条艰苦创业、奋斗拼搏之路，一条专注品质、追求卓越之路，一条务实担当、践行使命之路，一条创新求索、做大做强之路。

新的改革，铸就了经济发展新的浪潮，新的机遇，创造了城市崛起新的梦想。

未来五年，城建公司将高举中国特色社会主义伟大旗帜，深入贯彻落实党的十九大精神，牢记来时初心，汇聚红色力量，建设责任城建、活力城建、品质城建，书写无愧于新时代的壮阔答卷。

军魂耀征程

中建七局党建工作部　魏光威　王来青

若有壮志藏在心，岁月从不败英俊。

66 年前，一家企业伴随着新中国冉冉升起的朝阳，在东北黑土地上蹒跚起步，而后，经过"工改兵""兵改工"的嬗变，一路砥砺前行，现已跻身世界 500 强第 23 位，成为全球排名第一的投资建设集团——中国建筑旗下的一支劲旅。这支劲旅，就是总部设在河南省会郑州，拥有"三特三甲"资质的中国建筑第七工程局有限公司。

一、峥嵘岁月　浩歌一曲情未了

像每一棵参天大树一样，中国建筑第七工程局有限公司（简称中建七局）的前身也是一株纤弱的幼苗。

1952 年春，东北第二建筑公司在沈阳成立。伴随着工业重镇如火如荼的建设进程，该公司第五工程处几经演变，成为了由建工部管辖的渤海工程局。

1965 年 7 月，根据风云变幻的国际局势，已远赴重庆的渤海工程局扩编组建为多达 5 万余人的建工部第二工程局，主要从事"大三线"国防工程建设。

1966 年 8 月 1 日，经严格政审，该局 2 万多名"根正苗红"的职工，成了新成立的基本建设工程兵第 21 支队（简称 21 支队）的指战员。

言及当年军旅生涯的艰辛，时任 21 支队 205 团政委的褚青严回忆道："我们刚到重庆，住的是自己用荆条编制，泥巴糊缝，用干草遮顶的工棚。夏天最难熬，热得人彻夜睡不成。"实属难耐，褚青严曾一度睡在宿舍外的水泥地上，结果，湿热的地气让他落下了终生摇头的顽疾。尽管如此，后来从21支队政治部主任岗位休养的褚老，依旧留恋那段苦乐年华。

中建七局第二任局长孔爱福，1967年大学毕业后被分到21支队208团做技术员，一下连队就深切地感受到，军队确实是个接受再教育的大熔炉。他觉得，人民军队官兵一致，"团结、紧张、严肃、活泼"的氛围，军人以服从命令为天职，雷厉风行、不怕牺牲、迎难而上的品性，都值得发扬光大。

"当兵之后，军人的奉献精神对我有强烈感染。"1971年入伍，而今，虽已从中建七局原党委书记任上退休，贾正伟讲起当排长时曾与3名战友抬着600多斤的楼板抢工期的难忘场景，依旧绘声绘色。

支队官兵在唐山抢险救灾

据记载，靠着"一不怕苦，二不怕死，连续作战"的顽强意志，21 支队在组建后的 17 年间，承建了近千项重要的国防和国家重点工程，其中，建筑面积上万平方米的工程就有 80 余项。有 40 多个单位被全国总工会、国家建委、基建工程兵党委等授予各类荣誉称号；有至少 58 名官兵或烈士被授予一等功、二等功、先进生产者、优秀共产党员、全国新长征突击手等各类荣誉。

17 年军歌嘹亮，军功显著。随着国际形势的平稳，1983 年秋，基建工程兵完成了她的历史使命。同年 9 月至 10 月，21 支队各部奉命相继惜别听惯的军号，集体改编为中建七局。彼时，多少官兵留下了五味杂陈的热泪。

二、红海搏击　闯滩破浪八千里

仿佛是"咣当"一声，一列正在既有轨道疾驰的列车被即刻刹住，一条陌生的路途同时横亘在官兵们眼前。

"兵改工"的最初两三年，七局人虽能想通，但处境异常艰难。中建七局首任局长高耀先曾感慨："当兵时不愁没工程干，吃的是'皇粮'，改工后就没人给你工程、工资了，要自谋出路。职工要安家，设备要添置，技术要提升，观念要更新，人脉要建立，真是千头万绪，很难招架。"彼时刚过 50 岁的高耀先，为此彻夜难眠，脱发无数。

尽管困难重重，高耀先和清一色军转干部的局领导班子及 1 万多名"兵改工"战友，还是横下心来，合力开辟生存发展之路。

马不停蹄，全员收集信息；车轮飞驰，四处"找米下锅"。就连局领导在跑市场途中也常常靠泡一包几角钱的方便面充饥。尽管在初入市场时四处碰壁，但带有军人血性的七局人依旧屡败屡战。

1984 年春节前夕，中建七局在福州承接了首个"像样"的项目——福建省外贸中心工程。为确保建好这座 20 层、高 84 米的大楼，局领导班子决定，由曾获"全优工程团"的三公司打头阵。尽管在部队时从没承建过高层建筑，三公司还是喊响"首战必赢"的誓言用心施工。1985 年秋，工程优质快速地圆满交工，由此在当地产生轰动效应。而就在 1984 年，三公司依靠"四面出击，重点突破"的战术，还承接到了福州电力大厦、东郊变电站、东南区水厂等项目，当年完成合同额达 4000 多万元。

承接福州外贸中心酒店

寒来暑往中，兄弟单位也在奋力闯荡中有了收获。

一公司承建了平顶山市建筑面积达 1 万多平方米的中原商场；二公司承接到了楼高 17 层的安徽芜湖市物资金融大厦；五公司拿到了宜昌市大公桥水陆客运站工程；安装公司承接了华北油田 22 万伏电站及输变电线路工程。尤为提振人心的是，四公司还中标了河南省首个招投标项目——包括 41 个子项，建筑面积近 10 万平方米的河南省财经学院工程⋯⋯

一如在商海不懈习泳的健儿，七局人的体能越来越强健、技能也日渐提升。

在随后 30 多年的岁月里，尽管市场竞争日趋激烈，但凭借传承下来的坚定信仰、艰苦奋斗、甘于奉献、团结一致、永不言败、善于学习、勤于创新、乐观向上等"红色基因"，中建七局各部不仅在所在地站稳了脚跟，而且像一棵大树般枝繁叶茂、开花结果。

华夏大地，留下了七局人建造的一座座高楼、一条条道路、一座座桥梁，七局人还办起了房地产公司、高压容器厂、电缆厂、医疗器械厂、筑路机械厂，甚至在埃及、厄立特里亚、新加坡等国，也可见七局人远征的身影。

在市场搏击中，中建七局在中建集团的引领下，通过学习鲁布革经验、范玉茹精神，靠着"质量第一"的责任感，捧回了鲁班奖、国优奖、詹天佑奖等质量大奖。

1997 年，早已不甘于偏居一隅的中建七局，毅然将总部由南阳迁往省会郑州，为跨越发展垫下了一方厚重的基石。

三、转型升级　弄潮儿向涛头立

百万里河东入海，世事如棋局局新。

进入 21 世纪，中建七局的领导班子在谋划新的发展蓝图时，已清醒认识到，单靠在"红海"搏击，主打传统的房建业务，企业已很难做强做大。

花开花谢间，七局人已日渐蓄足了求新图变、勇往直前的内力与激情。

幸运的是，机遇垂青了中建七局这支栉风沐雨、一路跋涉了 40 余载的团队。

2005 年，中建七局被中建集团定为全系统率先实施董事会制度的两家试点企业之一；2007 年 12 月，随着中建股份公司的成立，中建七局随之改制为有限公司。

春潮澎湃，风流人物当击水中流。2008 年初夏，中建七局在以贺海飞、陈颖为首的新一届班子领导下，吹响了转型升级的号角。是年，中建股份公司批复了该局领导班子集思广益、用心血凝成的"十二五"发展规划，确定了该局"发展模式转型升级、经济结构调整升级、内部管理优化升级"的战略路径，以及"房屋建筑立七局、地产开发富七局，科学发展强七局"的战略方针。

征途漫漫，战略思路明晰的七局人，履痕深深。

近 10 年来，中建七局咬定转型升级不放松，坚持推进业务结构转型，实现了从"一房独大"向基础设施、城镇化、投资开发协调发展的转型升级；坚持不断创新商业模式，以 BT、快速 BT、股本 BT、城市综合开发、工程土地联动、PPP 等多种方式进行投资建设，有力地支撑了主营业务的转型发展。

在跨越发展的大道上，该局还完成了由"造楼"到"建城"的华美蝶变，启动了郑州经开区 10.47 平方千米、南阳新区 6.53 平方千米的城市综合开发项目。

城市综合开发项目——滨河国际新城

盛名之下，中建七局"建设专家、城建伙伴、共赢典范"的品牌感召力日益提升。

四、放眼蓝海　九万里风鹏正举

经过66年的不断成长，中建七局由肇始期的几百人，已发展到了18000多名员工。员工中，不乏研究生、博士生，一级注册建造师有1800余人，中、高级职称5000余人。员工综合素养的大幅提升，使得该局具有雄厚的科技创新能力，从而获批设立国家级博士后科研工作站、"国家住宅产业化基地"，成为中原地区建筑业科技创新的领军企业。

兵强马壮，今非昔比。但中建七局近年来更加重视"红色基因"对企业长足发展的滋养力。该局不仅建起了展示奋进历程的展览馆，还对项目经理团队、每年招录的新员工进行军训，新员工到岗后，对七局企业文化的学习成为必修课，而每年的"八一"建军节，该局各单位也必开退伍军人座谈会……通过多种方式，七局人旨在使优良的传统薪火相传。

中建七局党委书记、董事长方胜利告诫员工，要时刻铭记习近平总书记的教海，"一定要不忘初心、继续前进"。

方胜利强调，中建七局作为央企，自当履行"共和国长子"的光荣使命，牢记"央企姓党"，充分发挥党组织的领导核心和政治核心作用，做到"把方向、管大局、保落实"，使红色基因、政治优势充分转化为加速企业发展、确保和谐稳定的强大动力。

"今天的布局，就是明天的结局。"方胜利说道，"一代人有一代人的使命和责任。我们还要着眼长远，为七局的可持续发展多搭几处腾飞的平台。"

正是基于这一本心，中建七局才紧跟国家绿色发展战略，积极响应习近平总书记"一带一路"倡议，投入数亿元建立建筑产业化基地，躬身于建筑工业化实践，着力装配式建筑的研发；抽调精兵强将，远赴巴基斯坦、吉尔吉斯斯坦、阿联酋、新加坡、印度尼西亚等国，拉开了拓展海外市场的大幕。

"建筑工业化及海外业务，目前都处于培植期，显著效益应在多年之后。"方胜利笑言，"但要培植这些具有后发优势的业态，要有功成不必在我的境界，像接力赛一样，一棒一棒接着干下去。"

在中建七局 2018 年工作会上，方胜利慷慨陈词："新的征程迎接新的挑战，让我们以饱满的热情、必胜的信心、求实的作风，同心协力，迎难而上，开创我局全面发展的新篇章，为早日实现千亿目标而不懈奋斗！"

为中建集团跨越发展奉献更大担当

中建八局一公司　董文祥

习总书记在十九大报告中部署新时代中国特色社会主义建设工作时，以"坚持党对一切工作的领导"开门见山、一锤定音。八局一公司自1952年成立以来，始终秉承与生俱来的"红色基因"，始终紧跟党中央的旗帜方向，不断夯实其是"国家队"的责任担当，时刻与党中央保持高度一致，不仅是企业责无旁贷的神圣职责，更是企业生存发展的基本前提。

一、增强政治定力，加码责任担当

承建 2017 年厦门金砖国家领导人会晤主会场

作为国企成员，八局一公司将党的领导作为闯市场、干事业、强管理、抓创新的独特政治优势，把好方向、出好思路。

其一，按照党中央重大决策布署、结合公司发展实际，每年聚焦一个发展主题，陆续提出"以奋斗者为本、为担当者担当""明势·融合·笃行""守心拓路·敦行竞进"的年度主题词，引领带动各级党组织认清责任、率先担当，以党组织带动党员、以党员带动全员，推动企业健康持续快速地发展。

其二，紧跟宏观形势导向，动态掌握行业趋势，谋划了"扩规模、狠管理、提品质"的指导思想，聚焦市场规模扩大、业务结构优化、管理能力升级、商业模式创新，从发展战略上与国家引领同频共振。

其三，健全有力的组织建设，是阔步向前的发展基础。我们树立风清气正的生态氛围，坚持党管干部，坚持支部建在项目上，做到党员流动到哪里，党组织就建到哪里，112 个党支部、1361 名党员冲锋在前，为公司发展提供最坚强的力量支撑。

二、理清攻坚思路，加速提质增效

近年来，八局一公司紧跟中建集团、八局战略部署，坚守战略定力、保持战略韧性，布局"沿海沿江两条线、京豫连城片"国内市场，抢占"2+2+2"海外市场，2016 年至今先后开拓了福州、厦门、南京、成都、武汉、滨州、汕头等新市场，在韩国、印度尼西亚、毛里求斯、加蓬等国别市场拥有 6 个在建项目，其中 2017 年中标的韩国济州颐和项目合同额超过 80 亿元；2017 年中标投融资项目 9 个，中标额超过 200 亿元，紧跟高科技洁净厂房市场兴起之势，成立高科技厂房事业部，中标 6 个该类项目；在基础设施领域，通过三年多的打拼，承接项目囊括高铁、地铁、高速公路、隧道、综合管廊、

四川仁寿信利第 5 代 TFT-LCD 高端显示器项目

海绵城市、站房等各类产品。

三、创新驱动发展，致力绿色建造

科技引领未来，创新驱动发展。在高质量发展新时代，建筑科技和绿色施工的探索更待提速加码，八局一公司依托国家级企业技术中心，加快推进绿色建造，并在中建集团及局支持下成立了中国建筑绿色产业园（济南），以"绿色建筑产品研发"为主要方向，2016年8月开始筹划建设，现一期规划建设初具规模，作为"当年签约、当年开工、当年投运"的招商引资项目典范，列入2018年济南市政府工作报告。

中国建筑绿色产业园（济南）

"两个一百年"目标宏伟，催人奋进，然而习总书记也提醒我们，"行百里者半九十。中华民族伟大复兴，绝不是轻轻松松、敲锣打鼓就能实现的"。中建集团"成为最具国际竞争力的投资建设集团"同样需要全体中建人持续的奋斗和努力，在中建这艘扬帆远航的巨轮上，我们都应牢记使命责任，特别是各级管理人员，都应做以下三种担当者：一是干事雷厉风行的担当者。既要快干，"今天再晚也是早，明天再早也是晚"，对确定的事情，就要有一刻不耽误的劲头也要实干，就是有"钉钉子"的精气神，说一件定一件、定一件干一件、干一件成一件。二是秉承长征精神的担当者。要学习红军长征"革命理想高于天"的乐观主义精神，时刻保持"正能量"的心态，激情昂扬的状态；学习红军长征勇于战斗、无坚不摧的英雄主义精神，无论前进路上有多少阻力，也要百折不挠、自强不息；学习红军长征善于团结、顾全大局的集体主义精神，把企业利益、团队利益放在前面，牢记"独行快，众行远"。三是勇于管理较真的担当者。各个层级的管理人员，特别是领导干部，既要在工作作风上"较真"，有高度的责任意识，坚持实事求是、务实高效的"硬"作风，也要在能力上"较真"，尽快提高自身本领，跟上转型升级的步伐，防止低水平勤奋。此外，还要尽可能多地深入项目、了解项目、服务项目，真正让管理服务于经营。

"历史车轮滚滚向前，时代潮流浩浩荡荡。历史只会眷顾坚定者、奋进者、搏击者，而不会等待犹豫者、懈怠者、畏难者。"未来，在中建"成为最具国际竞争力的投资建设集团"、八局"成为国内著名、国际知名的投资建设集团"愿景下，我们将继续提升工程总承包核心竞争优势，坚定执着践行铁军精神，向着光辉未来不断奋进，勇敢果毅搏击一切困难，致力于成为最具竞争力的工程总承包服务商！

党建引领 砥砺奋进

中建八局二公司 王 涛

中建八局二公司于 1983 年由部队集体改编至企业，改编之初，仅仅是年产值百万元、军转民的建筑小企业。30 多年的发展，见证了几代人艰苦创业，从小到大、由弱变强的发展历程。30 多年来，中建八局二公司人以听党指挥、忠于人民铁的信念，百折不挠、顽强拼搏铁的意志，精诚合作、全力以赴铁的团结，令行禁止、使命必达铁的纪律，谱写了"南征北战、重点建设"的激情乐章。

纵观企业的奋斗历程，和其他建筑施工企业相比，并没有过人之处，之所以在激烈残酷的建筑市场竞争中，一路由小到大、由弱到强，不断发展壮大，逐步向最具国际竞争力的投资建设集团大踏步迈进，靠的正是企业所具有的人民军队的优良传统、敢打必胜的意志信念、令行禁止的纪律作风和勇于奉献的敬业精神，这一独特的政治优势正是企业的核心竞争力。多年的发展实践证明：办好企业的事情，必须传承好红色基因，将政治优势转化为企业独特的发展优势，进而引领企业转型升级，跨越新生。

一、不忘初心，坚持党的领导

坚持党对国有企业的政治领导，确立党组织在企业中的重要地位，才能保证企业方向明确、健康运行。近年来，公司党委坚持谋全局、议大事、把方向，充分发挥政治核心作用，保证党的路线方针政策在企业的贯彻落实，引领企业发展。2017年，是公司"十三五"规划的关键一年，也是公司"转型升级在行动"验收成果的关键一年。公司始终把握"一条主线"即融入中心、服务保障，坚持"四个战略"，即从严治党治企战略、人才强企战略、文化兴企战略、品牌荣企战略，实现党群系统全面转型升级，进一步发挥党群组织的政治核心和战斗堡垒作用，助推公司集团化进程。

公司党委坚持把方向、管大局、保落实

公司紧密结合企业发展战略，制定出每个年度具体的工作思路、工作重点、具体措施。这些目标、战略、措施，描绘出公司发展的一幅幅美好蓝图，明确了各阶段的工作方向和着力点，极大地鼓舞激励了全体员工的斗志，引领企业在激烈残酷的市场竞争中，开拓奋进，战胜重重困难，不断发展壮大，从胜利走向胜利。

二、凝心聚力，坚持班子建设

近年来，公司领导班子对照"四好班子"的标准和要求，以对党和国家、对广大职工高度负责的精神，不辱使命、干事创业、拼搏奋进、有所作为。企业抓学习，讲政治，建设干事创业的班子；企业抓经营，强管理，建设开拓创新的班子；企业抓制度，重沟通，建设团结协作的班子；企业抓作风、树形象，建设廉洁自律的班子；企业抓稳定、促和谐，建设真心实意为职工服务的班子。企业实行党政领导双向进入、交叉任职，加快了复合型干部的培养步伐。坚持党管干部原则，按照"四化"方针和德才兼备原则，每年对基层领导班子进行一次全面考核、及时调整充实、重点跟踪帮助。进一步优化了基层单位班子结构。深入开展了"四好班子""五好项目"创建活动，细化创建标准、制订考核办法，年终考核评比，基层领导班子、项目团队的战斗力明显增强，成为主攻一方市场，坚守一方阵地，管理不断提升，支撑公司发展的一个个坚强堡垒。

三、改革创新，坚持进入核心

坚持进入中心，以改革创新的精神，加强思想政治工作，才能充分调动广大员工的积极性、创造性，凝聚发展合力。坚强有力的思想政治工作是推动企业科学发展的必要保证。公司各级党组织和思想政治工作者，紧紧围绕企业中心，坚持以发展目标鼓舞人、以优秀理念引导人、以主题活动鞭策人、以先进典型激励人，较好地发挥了思想政治工作"知情、明理、释疑、顺气、鼓劲"的作用。企业建立了以专职政工干部为主体，以各级行政业务干部为骨干，以党、工、团组织为网络的专兼职，老、中、青三结合的政工干部队伍，形成了党政工团齐抓共管的大政工格局。每年根据公司发展的新形势、新任务，开展形势任务教育，编写教育提纲，通过职工大会、党员大会、报告会、演讲赛等形式，深入学习宣传动员，把广大干部职工的思想和力量凝聚到实现公司发展目标和落实各项工作任务上来。每年根据企业生产经营中的难点、重点和职工队伍建设中的实际问题，开展有针对性的主题活动，收到了明显的教育效果。不断改进思想政治工作的内容、方法、形式，利用一报一刊一网，视频系统、各种比赛、拓展训练、参观交流等，寓教于乐、寓教于景、寓教于情，提高了思想政治工作的针对性、生动性和实效性，增强了思想政治工作的感染力、引导力和凝聚力。

以主题活动鞭策人

四、攻坚克难，坚持铁军精神

坚持传承铁军精神，弘扬优秀企业文化，打造企业核心竞争力，才能使企业不断攻坚克难，发展壮大，立于不败之地。企业高度重视弘扬培育优秀企业文化，不断丰富完善《中建信条·铁军文化》内涵，形成了一大批企业文化优秀成果，将企业理念内化于心、外化于形、固化于制、显化于视，逐渐转化为全体员工的价值取向和行动指南。组织开展了"企业文化建设年""廉洁文化建设年""铁军文化传承年"等一系列主题活动，进一步营造了氛围、提高了认识、丰富了载体、深化了内容。企业不断发展创新，首创了思想素质军事化培养、行为习惯军事化养成、日常工作军事化考核的项目准军事化管理模式，进一步提升了项目员工的精神理念，转变了工作生活作风，促进了项目管理的规范化、标准化，活动经验在全局范围内推广，成为领先于全局和中建系统乃至全行业的一大亮点。以铁军精神为主要内容的企业文化已经上升为企业的核心竞争力，成为公司攻坚克难、夺取胜利的强大精神武器。

准军事化管理模式

　　坚持党组织的领导，发挥党组织的优势，让红色基因引领企业发展，是中建八局二公司从一个胜利走向下一个胜利的根本保证。打造百年企业，要靠企业各级党组织充分发挥政治核心和战斗堡垒作用，各级党员干部发挥先锋模范作用，带领全体员工共同努力、共同奋斗！

踏上新征程　迎接新挑战

中建八局浙江公司　周克军

党的十九大报告，是中国特色社会主义进入新时代的"宣言书"。时至今日，习总书记铿锵有力、自信十足的讲话仍萦绕耳旁。

从对一个中国梦，两个一百年的进一步描绘和阐述，到对社会主要矛盾发生转变，中国进入社会主义新时代的历史性判断，习总书记审时度势，运筹帷幄，高瞻远瞩，为全世界贡献了中国智慧、中国方案。面对过去五年取得的丰硕成果，习总书记没有沾沾自喜，而是告诫全党：不忘初心，牢记使命。

在全面进入社会主义新时代的机遇期，中建八局浙江公司将如何应对，党的十九大报告已经为公司指明了方向。

一、传承红色基因

(一) 浙江公司的发展，离不开党的坚强领导

浙江公司在局党委的领导下，坚持民主集中制，认真贯彻落实"三重一大"决策制度，实行重大决策党委会前置程序，确保党的绝对核心领导地位。同时，注重加强对党员领导干部的严格要求，组织党员领导干部到浙江省革命烈士纪念馆、党史纪念馆、嘉兴革命纪念馆、浙江省廉政教育基地参观学习，增强宗旨意识，加强党性修养，传承红色基因，积聚发展力量。

赴嘉兴南湖学习"红船精神"

（二）浙江公司的发展，离不开政府的大力支持

浙江公司成立以来，一直注重加强与地方政府的深度融合，先后与钱江世纪城管委会、73022 部队签订联建共创协议，建立良好的互动关系。主动融入地方群团组织，积极发挥作用。公司获得萧山区文明单位、杭州市党建双强示范点、杭州市先进职工之家、杭州市五四红旗团委等多项荣誉称号，扩大企业的知名度和影响力。1 人当选浙江省青企协理事，1 人当选杭州市青企协常务理事，1 人当选杭州市青联委员，1 人当选钱江世纪城管委会工会委员会委员。

浙江公司传承红色基因方面开展的各项工作，得到了各级领导的一致认可。团中央社会联络部副部长王婷认为下沙项目的共青团工作扎实有效。中国海员建设工会副主席曹宏伟对浙江公司的工会工作表示赞扬。杭州市建委对浙江公司的红色温馨小屋建设予以肯定。

（三）浙江公司的发展，离不开强大的文化支撑

中建八局是享誉国内外的建筑铁军，令行禁止，使命必达，讲究执行力。准军事化管理和标准化管理是八局文化建设的两大法宝。

公司以开展准军事化训练为契机，打造团队执行力。在建项目全部开展准军事化管理，把新学员送入军营接受部队的洗礼，总部员工到桐庐民兵训练基地，开展"准军事化管理峰会训练营"。通过开展准军事化训练，打造铁军团队，锤炼铁军作风。

公司以开展标准化管理为契机，全面提升企业管理水平。在借鉴局和兄弟单位标准化手册的基础上，编制浙江公司标准化手册，开展培训、宣讲、测试、评估。通过开展标准化管理，消除分歧，化解矛盾，达成共识，实现管理理念和管理思路的有机统一。

二、积蓄蓝色力量

（一）浙江公司的发展，离不开恢宏的战略指引

浙江公司"十三五"战略规划目标是：确保实现合同额 200 亿元，营业收入 100 亿元，净利润 3 亿~5 亿元。进而实现"成为八局开拓浙江市场的主力军、中建在浙单位的排头兵、八局创新发展的践行者、浙江同行企业的引领者"的发展目标。

一年多来，浙江公司先后将杭州市建筑业"优秀企业"、杭州市工程建设质量管理"优秀企业"，中国钢结构金奖，中国建筑防水工程金禹奖揽入囊中。1 项目被评为第五批全国绿色施工示范工程，多个项目被评为上海市文明工地，上海市建设施工安全生产先进集体，AA 级安全文明标准工地，杭州市建设工程安全生产文明施工标准化样板工地。

（二）浙江公司的发展，离不开精准的目标驱动

围绕"十三五"战略发展规划目标和公司长远发展目标，逐年进行任务分解。每年确定一个主题词，引领企业战略发展目标落地。

2016 年是公司整合成立之年，年度主题词为"发展、规范、稳定"，侧重于稳定。稳定是企业基业长青的根本，公司成立后，本着"就高不就低""不因整合损害员工利益"的原则，制定了浙江公司的薪酬、福利、员工休假制度。领导班子深入基层讲党课、搞调研、开展座谈，倾听员工的心声，力所能及地帮助员工解决实际困难，保持了公司的稳定。

2017 年是公司正式运行的第一年，年度主题词为"发展、规范、提升"，侧重于提升。提升是企业发展的不竭动力。公司深入开展了"总承包管理提

升年""大商务管理策划年"活动,各业务部门开展各类竞赛、培训活动,提升两级机关服务、引领、监督能力和员工个人能力。积极宣传正能量,树立浙江公司发展的典型和榜样。关心员工生活,切实落实与员工发展、利益相关的配套设施和管理办法,形成家的文化和氛围,企业凝聚力得到全面提升。

2018 年是实现"十三五"规划目标的关键之年,年度主题词为"创新、提升、奋进",侧重于奋进。历经近两年的积淀,浙江公司从人员、市场、规模等方面,取得了突飞猛进的发展。规范管理,标准化运营方面卓有成效。提升了市场开拓、维护能力和履约服务能力。伴随着党的十九大的胜利召开,浙江公司开启了新时代的征程,新时代需要公司用创新的思维、奋进的状态,推动企业持续发展和战略目标早日实现。

(三)浙江公司的发展,离不开强劲的人才助推

引进是人才兴企战略的源头活水。公司刚刚成立时,员工不足 200 人,一年多时间里,浙江公司通过外部成熟人才引进和校园招聘,员工队伍壮大到 668 人,其中党员 141 人,一级建造师 62 名,注册安全工程师 10 名。人才的引进,极大地缓解了施工现场的用人压力,为企业的发展增添了动力。

"启航"培训班

培养是人才兴企战略的制胜高地。为了能够把人才吸引来、留下去，浙江公司除了调整薪酬体系外，针对青年员工占比高的特点，扎实开展"导师带徒""结对子""轮岗"等活动，量身制作了"启航""领航""远航"培养计划，出台后备干部管理办法，搭建公司、分公司、项目部三级后备管理培养体系。

使用是人才兴企战略的关键所在。随着浙江公司规模的不断扩大，对于人才的需求日益紧迫。只有将最适合的人，放到最合适的岗位上，才能让有限的人力资源，发挥出最显著的效果。既要大胆使用年轻干部，给他们平台，又要加强对青年干部的考察，严格岗位任职条件，确保让优秀的人才得以重用。

三、推动绿色发展

(一) 浙江公司的发展，离不开可持续发展的环保理念

习总书记指出"绿水青山就是金山银山"，浙江公司深刻领悟，积极践行中央的环保理念，建立了绿色施工管理体系和管理制度，实施目标管理。

注重节能环保。按照"四节一环保"要求，积极采用符合绿色施工要求的新材料、新技术、新工艺、新机具进行施工。

注重科技创新。浙江公司被评为 2017 年上海市工程建设 QC 小组活动优秀企业，荣获省部级 QC 成果 10 项，省级新技术应用示范工程 3 项，国家核心期刊发表论文 15 篇，专利授权 12 项。

注重绿色施工。获评全国绿色示范工程 1 项，上海市建设工程绿色施工达标工程 2 项，申报全国绿色科技示范工程 2 项。

(二) 浙江公司的发展，离不开细致入微的人文关怀

关注员工切身利益。在员工购房、落户、子女读书等方面，积极创造便利条件。截至目前，已有 118 人完成社保转移，331 人完成在杭州参保，78 人落户，56 人购房安家，12 名员工子女在杭州读书。

关心工人安全教育。建筑行业是一个高危行业，为把事故率降至最低，浙江公司相继推出了"安全微电影""安全早班会""行为安全之星"和"安全讲师大赛"等举措，从提高人的安全意识入手，改变过去工人被动接受教育

的局面，鼓励他们积极参与进来，将冰冷的制度变成暖暖的人文关怀。

关爱工友身体健康。采用"互联网+工会"的形式，做好"四送"品牌活动，开展"扫码送清凉，工友'竞'有奖"的送清凉活动。17 个项目，2625名工友扫描二维码，关注公司微信公众号，在线作答安全知识题目，领取总价值近 30 万元的清凉物资。

浙江公司荣获浙江省志愿服务项目铜奖

（三）浙江公司的发展，离不开面向社会的责任担当

志愿活动彰显央企形象。浙江公司按局"树中建央企品牌，育浙江本土情怀"的要求，积极开展志愿、公益活动，主动融入地方。杭州 G20 峰会期间，浙江公司组建一支 10 人的中建"小青荷"，开展志愿服务工作，受到好评。开展"中建蓝·五四红"大型公益活动，彰显企业的社会责任感。举办"喜迎十九大 国博遇见 Ta"青年联谊活动，解决大龄青年婚恋问题。组织员工参加"迎亚运·乐善人生"——2017 杭州青春毅行活动，为迎接亚运会营造氛围，烘托气氛。

建立服务社会长效机制。为保证志愿服务长效、健康发展，浙江公司不断完善志愿者招募、培训等机制，积极开展构建志愿者工作体系的探索，建立了一支强有力的志愿者服务队伍。目前，浙江公司登记志愿者达 100 余人，并于 2017 年加入杭州市志愿者协会。浙江公司被评为 2017 年浙江省志愿服务项目"铜奖"。

公益事业铸就责任担当。2018 年 3 月，浙江公司作为发起单位之一，协助杭州团市委，成立杭州青荷公益基金会。并成功推出"陪伴是最长情告白""帮帮盲"等 6 个帮扶项目。融入地方，扎根浙江，浙江公司把社会责任记在心里，扛在肩上。

前路再远莫忘记，一点初心为谁来。无论何时，浙江公司都将不忘肩头重任，传承红色基因，坚持党的领导，弘扬八局铁军精神。无论何时，浙江公司都将不忘历史使命，积蓄蓝色力量，深耕浙江市场，彰显八局品牌形象。无论何时，浙江公司都将不忘勇于担当，推动绿色发展，注重人文关怀，引领建筑行业新风尚。

实干践行十九大　奋斗成就中国梦

中建八局青岛公司　于杰英

党的十九大是在全面建成小康社会决胜阶段、中国特色社会主义进入新时代的关键时期召开的一次十分重要的大会。习近平总书记所做的十九大报告，高屋建瓴、催人奋进，是党进入新时代、踏上新征程、书写新篇章的政治宣言和行动纲领。新思想、新使命给企业的改革与发展提出了新课题、新要求。

十九大报告指出"不忘初心，牢记使命，高举中国特色社会主义伟大旗帜，决胜全面建成小康社会，夺取新时代中国特色社会主义伟大胜利，为实

积极组织开展"十九大精神"知识竞赛活动

现中华民族伟大复兴的中国梦不懈奋斗。"学习十九大精神，一种深深的民族自豪感油然而生。中国改革开放以来取得的巨大成就是广大干部群众实干出来的；中国智慧、中国经验、中国方案是广大干部群众在不断实践中创造出来的；党和国家发展进程中的曲折和错误是在实践中一步步探索修正出来的。没有任何一个国家能随随便便成功，没有任何一个梦想能轻轻松松实现。"中华民族伟大复兴，绝不是轻轻松松、敲锣打鼓就能实现的。全党必须准备付出更为艰巨、更为艰苦的努力。"十九大报告上的铮铮宣言，言犹在耳，给人以鲜明的昭示：实干践行十九大，奋斗成就中国梦。

党建兴则国企兴，党建强则国企强。坚持党的领导，加强党的建设，是国有企业的"根"和"魂"。带着深深部队烙印加入"中国建筑"的八局人，被誉为南征北战的"铁军"。传承着"红色基因"的八局铁军，用一个个精品工程、一次次市场挑战、一项项社会担当，锻造出一支听党指挥、勇当先锋、引领行业、走向世界的嗷嗷叫、铮铮响的铁军团队，也在全面展示着我们国企的风采。

实行准军事化管理

作为一名党员，身为八局铁军的一员，要有"实干当头，撸起袖子加油干"的劲头，为国家"一带一路"建设和企业转型发展提质增效，为实现中华民族伟大复兴的"中国梦"贡献力量。"全党同志一定要以永不懈怠的精神状态和一往无前的奋斗姿态，继续朝着实现中华民族伟大复兴的宏伟目标前进"，习总书记的呼吁，就是我们冲锋的号角。每一位党员干部不论职位高低、能力大小，都要有"从我做起"的自觉，有"向我看齐"的气魄，有"看我担当"的勇气，为实现"中国梦"贡献自己的力量。要始终保持"我是谁"的清醒，扬乘风破浪之帆，就要始终清楚"为了谁"的目标，握披荆斩棘之剑；就要始终知道"依靠谁"的力量，立决战决胜之志。关键时刻站出来，困难时候冲上去。有问题敢面对，有责任不推脱，有矛盾敢于触及，有挑战敢于迎接，有风险敢于承担，有难题敢于破解，每一位党员干部都要以"功成不必在我，建功必有我"的情怀，扛起实现"中国梦"的个人担当。

有着铁军传承的八局人，要有"苦干"的实际行动。伟大的时代需要伟大的行动，伟大的行动成就伟大的事业。站在新时代的征程上，要一如既往地传承和发扬愚公移山精神、长征精神、工匠精神，让苦干、敢干的行动在新时代焕发出更加璀璨的光芒，凝聚起实现中国梦的强大正能量。做新时代的"愚公"，立下愚公志，打好攻坚战。新时代的征程上，每一名党员干部都

承建马尔代夫3200套社会住房项目

要学习愚公之"愚",就是把别人不敢想、不愿做的事情扛到自己肩上,明知千难万险却义无反顾,历经千辛万苦仍不改初衷。当前,面对改革发展稳定的艰巨任务,愚公之"愚"显得尤为可贵,唯具有愚公"逢山开路""遇河架桥"的勇毅与笃行,才能战胜工作中碰到的一切艰难险阻。还要学习愚公之"不愚",做一名开放合作的干事者。愚公移山的目的是"指通豫南、达于汉阴",与外界实现互联互通。当今时代,实现内外联动、协同发展是区域发展的必由之路,构建人类命运共同体是我们的追求,"一带一路"建设是在新的时代条件下实现互联互通的生动探索。无论是个人还是国家,闭目塞听、孤立隔绝只能被时代所抛弃,唯有开放合作、互联互通,才能从中寻求机遇、集聚优势、实现共赢。

贯彻落实国家绿色发展,实现企业发展目标,要有"巧干"的思维智慧。巧干是一种智慧,只有巧干才能事半功倍,方能出特色。在具体工作中,要把心思用在思考工作方法方式上,用巧干的思维与智慧干出工作成绩,助推事业的发展。每一名党员干部都要善于发现、把握、利用规律,用规律去办事。要有未雨绸缪的前瞻性思维模式,学会运筹帷幄;要用发展的眼光和发展的观点分析、思考问题,用改革发展的精神和科学的态度研究解决问题;要理清工作思路,分清轻重缓急,善用统筹方法开展工作;要不断学习新知识,掌握新手段,应用新设备、新载体,创造新颖、有效、吸引人的新方法、新载体,创造出工作的新效果、新途径、新局面。巧而不准,是做无用功;准而不巧,要多费功;又巧又准,事半功倍。当前,实现"中国梦"的目标,时间紧、任务重,要把"精准"的思维融入到谋事、干事中,要善于找准"受力点",做到"四两拨千斤";要善于找准"关键处",做到"牵一发而动全身";要善于找准"受病处",直击痛点,化解疼痛。

一个时代有一个时代的主题,一代人有一代人的使命。走进新时代,实现伟大复兴的中国梦,我们每一个中国人都是主角,都有一份责任。让我们大力弘扬实干精神,坚持在中国和世界进步的历史潮流中,坚定不移将伟大斗争、伟大工程、伟大事业进行到底,直达梦想成真的彼岸。

不忘初心　牢记使命

中建八局上海公司　王和军

在整个中国广袤的建筑市场上，中建八局一直都在扮演着举足轻重的角色。从一个基建工程兵部队，到一个拥有几万员工的大型企业，八局一直发扬着"令行禁止、使命必达"的铁军作风，以积极的姿态肩负着"拓展幸福空间"的使命，在追寻中国梦的道路上勇往直前。

在发展的途中，八局一如既往地秉承着融入血液中的红色基因，承载着辉煌的历史，在全国乃至全世界展现着中建蓝的实力，谱写新的篇章，并在新时代的背景下，推动绿色发展，投身于中国特色社会主义现代化建设中，在为国建设为民服务的过程中实现企业的自身价值。

一、回首过去：传承红色基因

作为一支铁军团队，红色基因一直渗透在八局的血液中。党的领导，党的建设是国有企业的"根"和"魂"。正是这一坚定的理想信念，如盏明灯，一直引领着八局在过去60多年里走在正确的道路上。

从作为基建工程兵部队活跃在建筑市场开始，八局便践行着"令行禁止、使命必达"的铁军精神砥砺前行。即使经历了多次工改兵、兵改工的历史变迁后，亦能够不忘初心，勇往直前。党的领导一直是八局工作的一个重点，正是这一骨子里的红色基因，八局才能够发扬不畏艰苦，吃苦耐劳的精神，无论在冰天雪地的新疆，还是在酷暑难耐的海南，都能打造出一座座精品工程，承担起一项项社会担当，为社会服务，为人民服务。

不忘初心，牢记使命

八局在响应中央的号召，深入落实从严治党的过程中，亦能够将企业的特点严密结合起来，在深入开展党群工作的同时，结合自身，形成八局特色的党建文化。求真务实的工作态度，真抓实干的工作作风，开拓进取的工作态度是对局党群工作的最好诠释。"两学一做"活动的深入开展，"忠诚、责任、担当"等话题的学习讨论，各类技能比赛的比拼，无一不让所有八局人感受到八局特色党群文化的魅力，也让八局的"红色基因"深深注入到了所有八局人的心中。在党建的引领下，中建八局先后荣获全国文明单位、全国五一劳动奖章、全国"四好"领导班子先进集体、全国企业文化建设先进单位、中央企业先进基层党组织等多项殊荣；五一劳动奖章、劳动模范、先进集体等殊荣更是数不胜数。这是八局的荣耀，也是党建工作的成果。

二、着眼当下：展现蓝色力量

中建八局一直以承建"高、大、新、特、重"工程而闻名于世，被誉为"南征北战的铁军、重点建设的先锋"。"过程精品、质量重于泰山"，八局始终坚持着质量为先、精品引领战略的战略方针，创造了一个又一个质量精品工程，向中国，向世界展现了中建蓝的力量。天津周大福金融中心、大连国际会议中心、南京青奥中心、重庆机场，八局以特有的八局速度，打造了一个又一个享誉世界的精品工程。百余项鲁班奖，近80项国家优质工程奖、10项詹天佑土木工程，这一系列的荣誉，是八局向世人展示的成绩单，也是八局对于整个社会的回馈。

张家港文化中心项目

中建八局还在持续响应国家对于建设"一带一路"的号召，坚持"走出去"的策略方针，让世界也感受到中建蓝的力量。"铸造精品、美誉全球"是八局的不懈追求。总高452.37米的马来西亚吉隆坡标志塔、建筑高度303米的印度尼西亚雅加达双子塔、东非第一高楼——埃塞俄比亚商业银行新总部大楼、巴林ERA高层公寓，无数海外标志性的建筑在八局人的建设下拔地而起，为国际友人的美好生活贡献一分力量。

孔夫子曾说："达则兼济天下。"中建八局不仅在建筑市场上披荆斩棘，而且也承担起了应当承担的社会责任。2011年2月，利比亚政治局势急剧变化，大规模冲突斗争一触即发，在这万分危难时刻，中建八局当机立断，立即组织全局的力量，编制了紧急撤离方案，采取措施将所有利比亚的八局人在短时间内撤离利比亚。短短 3~4 天内，全部利比亚八局员工一个不少地从利比亚撤到埃及。

此外，八局也率先主动承担起并圆满完成了汶川、玉树抗震救灾以及灾后重建等艰巨任务。八局以实际行动告诉所有八局人，无论你身处何地，无论你处境多么危急，八局永远都会第一时间出手援助，八局永远都是你安全的港湾。

三、展望未来：推动绿色发展

中建八局牢记"为人类建设美好的生活空间"的神圣使命，牢固坚持"品质保障、价值创造"的核心价值观，从不守着以前的功劳簿，积极探索新型建筑模式，将科技兴企、企业转型等重大战略置于企业发展的高度。

近年来，中建八局建立起了博士后科研工作站和省级技术中心，截至 2012 年底，共获国家科技进步奖 6 项，省部级科技进步奖 254 项；拥有专利 357 项（发明专利 57 项）；编制国家级工法 30 项、省部级工法 357 项。中建八局现有员工 2 万多人，其中拥有享受国务院特殊津贴专家、教授级高工、鲁班传人、高级职称等专家人才 1700 多名；英国皇家特许建造师、国际杰出项目经理、国家注册壹级建造师、注册结构工程师、注册建筑师、全国优秀项目经理等高端人才 1600 多名；局领导班子荣获"全国国有企业创建四好领导班子先进集体"。正是这么强大科技实力和人才储备，才让中建八局在科技研发、企业转型发展的道路上一路畅通。

如今，八局的业务已经不仅仅局限于房屋建筑，已越来越向基础设施、工业安装、房地产开发以及海外业务等方向发展。管理模式也已经由过去的粗放式管理模式转型为精细化管理，把控整个项目的进展情况。建筑业绿色发展如今在实现我国节能减排的过程中，起到越来越重要的作用。而八局作为行业的排头兵，在绿色建筑，设计、施工、材料等各方面都引领着行业的发展，为推进建筑业生产方式的现代化变革做出贡献。

苏州中心广场项目

　　从 1952 年诞生以来，中建八局经历了 60 多年的风风雨雨，在党和国家的引领下卓越发展，攻坚克难，建立起了无数质量精品，在行业内带头前行，赢得了业界人士的一致好评。八局也会向着实现"成为最具国际竞争力的投资建设集团"的企业目标而进发，脚踏实地，蓬勃发展。

传承红色基因　积蓄蓝色力量
推动绿色发展　成就金色梦想

一、传承红色基因　培植铁军精神

南征北战、西拓东进，铁军的历史，每一位八局人都如数家珍……

人民解放军、华东野战军，这一陌生却又熟悉的记忆，其下某部正是中建八局的光荣前身。1952年4月，一线强军响应民族号召，转型从事国家工程建设；1955年3月，兵改工成为建工部直属施工企业；1966年8月，奉中央军委和国务院命令整编为基建工程兵部队；1983年9月，再次兵改工整体改编为企业；1998年9月，响应国家发展浦东战略，总部南迁申城；2007年12月，配合央企改制，加快企业现代化发展步伐……名称的每一次变更，忠于人民的初心从未改变；身份的每一次转换，服务国家的使命从未削减；体制的每一次变革，奉献民族的本色从未褪变。为忠诚使命而生，为担当责任而活，特别能吃苦、特别能战斗、特别能奉献，在共和国工业奠基中，在支持系列党政国策实施中，在为人类拓展幸福空间的企业使命中，中建八局人精雕细琢，匠心谱写传奇，铁军本色使然！红色基因使然也！！

不信，您看……

参建921-520酒泉卫星发射中心项目中，八局人坚持科技为先、铸造精品，"大漠精神"由此诞生；援建西藏日喀则教学项目时，八局人克服高原不适，艰苦奋斗、拼搏奉献，"高原精神"由此始然；承建哈尔滨先锋路立交桥工程，八局人精耕细作、勇夺第一，"先锋精神"源此开启；科学管理、超越自我，快速优质完成天津海河外滩公园项目中创建的"海河精神"；勇挑重担、不辱使命，汶川、玉树灾后重建中创造的"抗震救灾"精神；团结互助、不畏艰险、科学组织、有序部署的"利比亚万人大撤离精神"……

65 载薪火相传，35 年砥砺奋进，20 年如一日执着拼搏，10 年磨一剑，砺得美名传……

壮哉，铁军八局！

酒泉卫星发射中心项目

二、积蓄蓝色力量　铸就精品工程

曾几何时，为或不为，如何作为？犹如雾里看花、水中望月，八局人模糊说得清，却又道不明。知是行之始，行是知之成，为了明确认知，统一行径，中国建筑开启了精神之路探索与找寻。

2012 年 6 月，正值中国建筑组建三十周年庆典之际，中国建筑择机发布《中建信条》，以"为人类拓展幸福空间"为使命，以"品质保障、价值创造"为核心价值观，以"诚信、创新、超越、共赢"为企业精神，中建企业文化体系由此确立，从此 20 万中建人有了共同的信仰与追求，建筑界航母——中国建筑有了健康持续发展的精神航标。知易行难，坚定的理想信念和文化理念必须付诸行动。2014 年 8 月 15 日，中国建筑发布行为规范——《十典九章》，从此中建人践行《中建信条》有了明确的行动指南。如果说《中建信条》《十章九典》是中建人共同的精神力量，那么令行禁止、使命必达，则是铁军八局独一无二的力量之源，令起则行，令禁则止，一声令下，成果斐然。

尊重平等

尊重平等是我们与外界交往的核心原则。

尊重平等的含义是尊重自己，尊重他人，平等相处，一视同仁。要求我们既热情友好，又不卑不亢。

我们应当尊重世界各地的习俗与禁忌。

《十典九章》宣传

于是，您瞧……

1987 年 10 月，在获得国家计委等五部委的批准下，中建八局率先试点学习"鲁布革"经验，并成功应用于大连九州饭店建设管理中，"杀鸡用牛刀"集中精力攻坚克难，激发内部潜力，调动外部活力，创造 4 天一层楼奇迹，"是样子，也是镜子"，《大连日报》如是赞誉。

1994 年 10 月，八局承接酒泉 921–520 航天工程，在大漠戈壁"天上无飞鸟、地上不长草、风吹沙石跑"的极端恶劣条件下，八局人锐意进取，高效、优质、提前完成该工程，被中宣部、建设部树为典型，并授予"行业楷模"等荣誉，山西太原、海南文昌，高、大、精、尖领域锤炼"铁军"风范，航天科技工程功勋簿上也有八局人的一半。

海口美兰机场、西安咸阳机场、南京禄口机场、济南遥墙机场、北京新机场……精品机场工程纷至承接，经典"国门"形象逐一树立，国内 80% 以上的经典机场航站楼均出自八局匠人之手。随着快速、优质、环保建设机场效应的积极推广，立足国内，走向海外，八局机场建设蜚声海内外。

圆梦奥运、服务世博，敦煌文博会主场馆、杭州 G20 峰会会场、厦门金砖国家会议中心等系列场馆工程，时间紧、任务重、政治敏感度高，八局人不畏艰辛、不惧挑战，出色呈现杰作，赢得习总书记点赞。

"天空蓝、海洋蓝，都比不上我心中的中建蓝。沿海发达城市、西部边陲小镇、边疆沙漠戈壁、海外异国他乡，见到熟悉的中建蓝，看到亲切的中建八局项目工地，莫名的感动与自豪就涌上心头……"一名八局人在日记中如是感慨。感发于声，更践于行，美哉，我八局铁军！

三、推动绿色发展，永葆八局基业

时光荏苒，弹指一挥间，砥砺奋进 35 载的铁军八局收获累累。清醒的意识告诉每个八局人"绝不能躺在过去的功劳簿上沾沾自喜"，立足基业长青，必须谋划未来。

经济发展新常态下，《中共中央"十三五"规划建议》提出创新、协调、绿色、开放、共享的发展理念。中建八局应势而为，积极调整结构、大力转型升级，不断推动绿色发展。

近年来，中建八局紧跟国家战略导向，积极谋篇布局，逐步实现了由生产经营向生产经营与资本经营相结合的转型升级。大力倡导"四商八局"、积极调整"532"经营结构目标，房建业务由"建房"向"建城"拓展；经济结构从"一房独大"向基础设施、城镇化、投资开发协调发展转型。特别是近几年，随着国家基础设施投资建设快速发展，"京津冀协同发展""长江经济带""一带一路"的强力引领，中建八局基础设施事业得到了跨越式发展，业务覆盖高速铁路、轨道交通、高速公路、隧道桥梁、机场站房、市政管网等几乎全部基础建设领域。

科技兴则企业兴，科技强则企业强。中建八局历来重视科技创新，绿色建造、智慧建造、建筑工业化等取得突破性进展。敦煌丝路文博会主场馆项目，采用 BIM 技术，应用"装配式建造+EPC"方式，最大限度利用八局数字化平台，仅用 8 个月时间就完成了常规需要 4 年才能建成的项目，创造了举世罕见的"敦煌奇迹"。

四、成就金色梦想　再续铁军华章

志在远方，怎惧风雨兼程！以梦为马，奋蹄何须扬鞭！

不忘初心，牢记使命，中建八局人将持续传承红色基因，不断积蓄蓝色力量，大力推动绿色发展，在矢志成就金色梦想的道路上，勠力同心，再续铁军华章！

站在历史的新起点勇于担当、锐意进取

中建八局天津公司　鄢智博

一、传承红色基因

红色基因，这红，是东山上冉冉升起的旭日上的红，是能凝聚力量的光明；这红，是天安门前迎风飘扬的国旗上的红，是能指引方向的信念；这红，是战场上烈士们为祖国抛洒的热血上的红，是能激励前进的意志。

在中国共产党 96 年的光辉历程中，红色基因与我们党与生俱来、相伴相随，不断丰富发展。它诞生于南湖船头，以为人民利益不懈奋斗为己任；它形成于艰苦卓绝的革命战争年代，培育了伟大的井冈山精神、长征精神、延安精神、西柏坡精神；它发展于激情燃烧的建设改革时期，孕育了"两弹一星"精神、雷锋精神、焦裕禄精神、抗震救灾精神、载人航天精神等。这些熠熠闪光的基因片段，饱含着中共党员们坚定不移的信仰、为民服务的宗旨、顽强拼搏的意志、艰苦奋斗的作风，是我们党内在特质的真实写照。

中建八局天津公司，始终坚持党的领导不动摇，坚持健全国有企业基层党组织不放松，以党建新成效引领、推动企业新发展，积极传承红色基因。

传承红色基因，靠的是与时俱进的学习教育。天津公司党委积极响应党中央，积极开展"两学一做"学习教育，坚持以"两学一做"学习教育为契机，重温红色经典、继承红色传统，以学促做、学做合一，引导公司的全体党员在传承红色基因中做一名合格的共产党员。同时，天津公司在基层党组织和全体党员中创新性开展"夺旗摘星"评比竞赛活动，将党建工作与生产经营工作有机结合，深入落实"两学一做"学习教育，持续推进创先争优活动的深入开展，进一步掀起"比业绩，比奉献，学先进，做先进"的热潮。引导干部群众从身边典型、日常点滴中传承红色基因，让红色基因成为党员干部的思想之魂、精神之魂。在新的历史条件下，不忘初心，继续前进，让红色基因融入血脉、代代相传。

北京新机场党员学党章

二、积蓄蓝色力量

蓝色力量，这蓝，是浩荡天空中的一抹蓝，是能开拓世界的力量；这蓝，是每个中建工程飘扬着的中建旗上的一抹蓝，是能团结力量的信念；这蓝，是中建人为国人开拓幸福空间被汗水浸湿的衣领上的蓝，是能激励奋进的号角。

中建人，从革命传统中感悟崇高，从红色基因中汲取力量，形成了中国建筑独特的蓝色力量。这蓝色力量，来自建设时期的铁军精神，来自变革时期的争先文化，来自发展时期的大漠精神，来自跨越时期的砥砺前行。中国建筑披荆斩棘 65 载，拼凑了中国建筑的光辉岁月，凝聚了那一抹中建蓝，成就了一个最具国际竞争力的投资建设集团。

中建八局天津公司不停积蓄着蓝色力量，积极落实到真抓实干、干事创业上。坚持创新驱动发展，贯彻落实新发展理念。坚持转型升级和创新驱动两条发展主线。不断加大转型升级力度，基础设施业务快速推进，积极涉足管廊、公路、隧道等项目，加快结构调整。同时，加快海外市场升级，抓住国家"一带一路"倡仪，以"国家经援项目促品牌、建渠道，国际承包项目创规模、增效益"的主导思想，选择政治和法律相对公正透明，经济潜力巨大的国家为市场，不断提升属地化、国家化程度，逐步形成以片区为重点，自主经营发展。持续开拓"一带一路"投资基础设施和 EPC 项目，推进产品结构多元化。十九大之际，新时期、新挑战、新机遇，中建八局天津公司将充分积蓄这蓝色力量，不忘初心，砥砺前行。

援非盟会议中心项目

三、推动绿色发展

绿色发展，这绿，是神州大地上青草绿树上的一抹绿，是能带来生机的希望；这绿，是山间流淌的溪水中的一抹绿，是能增强活力的力量；这绿，是小朋友们眼里倒映的这绿色世界的一抹绿，是能传递力量的信仰。

改革开放以来，我国经济取得了举世瞩目的巨大成就，对以绿色发展为核心的经济发展方式转变，显得尤为迫切。加快经济发展方式转变，是提高国际竞争力的必然要求。大力发展绿色经济，可以推动产业结构优化升级，形成新的经济增长点，在国际经济技术竞争中赢得主动。

中建八局天津公司绿色施工机构健全，管理成效显著，积极推广远程综合管理平台，集成式消防泵房，集成式门禁系统，集成式标养室，免打孔支模技术等绿色施工做法。其中，周大福金融中心项目，采用的物联网管理系统，EBIM 平台，现场喷雾降尘系统，微生物厕所等措施也为绿色施工提供了新的尝试。同时，加强创新驱动发展，积极推进工程总承包管理水平；在采购管理中采用不同融资方式付款，节约资金成本；在科技管理中，以重大项目为载体，开展技术研发工作，以科技示范为引领，促进科技成果的转化落地；积极推广 BIM 技术，培养 BIM 人才。

天津周大福塔冠荣耀加冕

在中国特色社会主义建设进入新的阶段，贯彻落实创新、协调、绿色、开放、共享五大发展理念，以崭新的姿态助力中国特色社会主义建设。

党的十九大刚刚闭幕，中国发展站在了新的历史起点上，中国特色社会主义进入了新的发展阶段。同时，中建八局天津公司也站在了创新转型，科学发展的新起点。传承红色基因，积蓄蓝色力量，促进绿色发展。以夙兴夜寐的责任感，时不我待的紧迫感，勇于担当，锐意进取，开拓创新，拼搏风险，为全面推进实施公司"十三五"发展规划，为中国特色社会主义建设而奋斗！

风帆劲起正当时　中流击水勇者进

中建路桥　刘吉诚

历经风雨，为党中央铺就赶考路；投身基建，为经济发展铺就快速路；远渡重洋，为祖国和人民铺就友谊路。这就是开拓进取的中建路桥人。以"拓展幸福空间"为使命，不忘初心，继续前行，一代代中建路桥人筚路蓝缕、栉风沐雨。

中建路桥（雄安）总部挂牌

一、传承红色基因　扬复兴之帆

中建路桥前身为河北路桥集团有限公司，成立于 1950 年，是国家首批、河北省唯一的公路工程施工总承包特级资质企业。企业的历史可以追溯到解放战争中后期。1947 年 3 月，全国战场形势发生了根本变化，为迎接党中央进驻西柏坡和成立新中国，晋察冀边区交通部门组织军民进行了大规模的道路整修。中建路桥的许多老前辈就参加了当年多条道路的修建，其中最为重要的有三条，即阜平通往陕北的道路、阜平通往西柏坡的道路和中央机关从西柏坡向北平搬迁的道路。其中，中央机关从西柏坡向北平搬迁的道路后来被称为"进京赶考路"。三条红色道路的修建，为中共中央实行伟大战略转移和迎接中华人民共和国成立做出了重要贡献，成为中建路桥人最引以为豪的历史业绩和精神支持。

中建路桥人深入挖掘近 70 年，发展历程积淀形成的厚重历史文化，孕育形成了以"善道致远　道行天下"为核心价值理念的善道文化，体现了中建路桥人最深层的精神追求，代表了中建路桥人最独特的精神标识。今天，面对历史，面向未来，面临挑战，中建路桥人传承红色基因，不忘初心、继续前进，让红色文化落地生根，入脑入心，成为凝聚人心的黏合剂，成为提振士气的催化剂，成为干事创业的能量剂。铭记历史才能开创未来。历史总是要前进的，从不等待一切犹豫者、观望者、懈怠者、软弱者。尊重历史，坚守初心，践行"红船精神"，敢于发扬开天辟地、敢为人先的首创精神，坚持发扬坚定理想、百折不挠的奋斗精神，认真学习立党为公、忠诚为民的奉献精神，既为中建人把舵导航、指路明向，又为中建人提振精神、凝聚力量，这正是中建人与历史同步伐、与时代共命运的重要法宝。

二、汇聚蓝色力量　掌转型之舵

2015 年，在国务院国资委与河北省人民政府"百家央企进河北"的合作背景下，中国建筑与河北省人民政府合作对原河北路桥集团实施战略重组，设立中建路桥集团。重组以来，面对复杂多变的市场形势和增速放缓的经济环境，中建路桥人牢固树立"四个意识"，充分发挥党建在生产经营和企业管理方面的引领作用，上下一心、团结一致、奋力拼搏，克服各种困难，坚持重组方案规划的发展方向，坚持"一个融合、三个转型、三个转变"的指导思想，对内积极做好与中建管理体系和企业文化的融合，对外依托河北省内的公共资源和老牌特级企业在全国市场的良好信誉，以党建为引领，以市场为导向，推动区域、行业及经营模式转型，及时制定了"深耕京津冀、站稳东南、进军西南、拓展海外"的新时期发展战略，通过加大政策研究，实施机构改革，增强市场拓展力度，健全项目管理体制，提高管理执行能力，实现了各项工作稳中有进，主要经营业绩指标快速增长，项目履约品质大幅提升，系统管理能力显著增强。

"唯其艰难，才更显勇毅；唯其笃行，才弥足珍贵"。面对转型升级的压力和跨越发展的挑战，中建路桥不踩大油门、不搞强刺激，而是以强大的魄力和定力推行内部改革。尽力而为是气魄，量力而行是科学。不搞不符合客观规律的"大跃进"，也不搞不切合实际的"浮夸风"，而是始终坚持脚踏实地，循序渐进，发扬钉钉子精神，选准方向，持续发力，实现突破，先做到在中建企业内部发展中不掉队，把后程优势发挥出来，再实现迎头赶上，由"跟跑"到"并跑"甚至"领跑"。

新时代开启新征程，新征程呼唤新作为。公司要把思想统一到十九大精神上来，把力量凝聚到完成十九大确定的各项任务和中建集团的总体规划上，激发同新时代相匹配、同新征程相呼应的责任担当，更加紧密团结在以习近平同志为核心的党中央周围，以中建集团党组的安排部署为引领，不断推动全面从严治党向纵深发展，把党的领导融入公司治理各环节，把企业党组织内嵌到公司治理结构之中，推动党建工作和生产经营深度融合，将党组织的政治优势转化为推动企业做强做优做大的竞争优势。

三、坚持绿色发展　走奋进之路

绿色发展是资源节约、环境友好型的发展方式，旨在让经济发展与污染排放减少、资源节约及环境改善之间形成相互促进关系。绿色发展是在传统发展基础上的一种模式创新，是建立在生态环境容量和资源承载力的约束条件下，将环境保护作为实现可持续发展重要支柱的一种新型发展模式。坚持绿色发展是破解我国资源环境约束的必然要求，是加快经济发展方式转变、提高国际竞争力的必然要求，是应对气候变化的必然要求。

发展绿色经济既是一场攻坚战，也是一场持久战。中建路桥把坚持绿色发展作为调整经济结构、转变发展方式的重要抓手，坚持建绿色公路、环保公路、人文公路，加大对环保技术方面的研发和资金投入，一大批新型环保施工技术应用于施工一线，减少施工扬尘，降低噪声污染，保护当地环境与资源，实现自然环境与人的和谐共生，为当地生态环境保护做出了突出贡献。破解发展难题，厚植发展优势，树立并贯彻绿色发展理念，这是关系企业发展全局的一场深刻变革。绿色发展是企业的一种科学经济发展方式，意味着从生产方式到消费方式的全面革新，发展理念更趋理性，高污染、高排放的粗放型经济向集约型经济转变。中建路桥始终坚持绿色发展方式，倡导环保施工，促进生态和谐，建绿色工程、生态工程，致力于打造绿色路桥。

西阜保定段二分部胭脂河大桥施工现场

潮平两岸阔，风正一帆悬。在中建路桥跨越发展处于滚石上山、爬坡过坎的关键时期，"一带一路""京津冀协同发展""建设雄安新区"等国家重大机遇给中建路桥跨越发展提供了施展身手的舞台，同时，党的十九大也给中建路桥进一步指明了发展方向。"百舸争流，奋楫者先；中流击水，勇进者胜"。中建路桥坚持党建驱动、核心引领，根植河北区域固本培基，巧借国家重大战略机遇东风，乘势而上、顺势而为，致力于实现企业愿景目标，共同推动中国建筑这艘巨轮在市场经济大潮中行稳致远、破浪前进，驶向更加光辉的彼岸。

红色血液　蓝色骨骼　绿色思维

中建西部建设　向卫平

　　红色、蓝色、绿色是自然界最普通的三种颜色，但它们汇聚在一起，却组成了五光十色的大千世界。这三种颜色也是中国建筑最重要的三种要素，它们汇聚在一起，构筑了中建的血肉和灵魂。作为中国建筑大家庭里的一分子，中建西部建设西南有限公司将这三种颜色深深融入到了自己的血液、骨髓和思想中。

　　那一抹红色是根，鲜红的党旗始终飘扬在西南公司的上空，照亮着前方的路，提醒着作为中建人应有的担当，鼓舞着公司上下激流勇进。传承的革命红，引领着整个公司不忘初心、砥砺前行。

　　那一抹蓝色是魂，中建蓝照耀着世界的每一个角落，承载着建设的希望，昭示着国家的富强，孕育着人民的梦想。厚重的中建蓝，是这个蓝色的大家庭们共同用汗水和智慧守护的中国梦。

　　那一抹绿色是气，绿色发展的转型思维，为这份百年基业注入了新的活力，创造了新的可能，带来了新的经济增长点。活力的环保绿，为中国经济新常态画下了转型升级、绿色发展的注解。

　　过去的 5 年，是中国飞速发展的 5 年，西南公司依托于中国建筑、中建西部建设，取得了令人瞩目的成绩，为社会的大发展做出了应有的贡献。党的十九大为行业提出了新的任务，指明了前进的方向。这也要求西南公司继往开来，传承红色基因，积蓄蓝色力量，推动绿色发展，以这三种颜色为支撑，为创造一个属于中国建筑业，也属于整个社会的更为辉煌的五年做出应有的贡献。

一、红色血液

中国建筑流淌着红色的血液。在中华人民共和国成立之初，百废待兴之时，中国建筑的开拓者们，就以"艰苦奋斗、英勇顽强、不怕牺牲"的铁军精神，在党和国家的统一指挥和调遣下，参与到了国家建设中，这为中国建筑种下了"为国家担当、为人民奉献、为民族争光"的红色基因。

中建西部建设西南有限公司，虽然成立不过短短十年时间，但身上仍继承了最纯真的红色基因。根植于中国建筑在历史长河中百炼成金的"中建信条"，依托于中建西部建设股份有限公司的优良传统，西南公司在自身砥砺前行的发展历程中，也衍生出了具有自身特色的企业精神与文化，并浓缩了了"激情 奉献 超越"六个字中。

激情是超越的态度、奉献是超越的保障。站在企业的高度，西南公司用昂扬的激情唤醒了自身的责任感和使命感，用奉献的态度去践行作为央企的担当，以超越为目标打造了一个具有社会影响力和美誉度的品牌。

西南公司自成立以来，积极履行社会责任，持续开展社会公益活动，提高企业社会形象。在内部职工帮扶机制成熟的情况下，逐步建立面向公司全体员工以及社会弱势群体的困难帮扶基金会。2015 年，公司开展的"春蕾图书室"助学项目在云南省楚雄州武定县德德卡小学正式揭牌；2016 年，公司工会联合成都市直机关工委成立以西南公司命名的"筑梦"助学基金，持续帮扶四川省崇州市百丽中学贫困中学学生；2017 年，向四川省发展慈善基金会捐赠资金，用于开展四川省深度贫困县脱贫攻坚工作。

奉献也体现在西南公司基层员工身上，汶川地震、九寨沟地震时，西南公司的基层员工们在第一时间奔赴救灾现场，开着铲车，用他们最熟悉的方式参与到一线的救援中。抗震救灾先进单位的背后，是一支听党指挥、能打硬仗的具有高度社会责任感的队伍。

坚持党的领导，加强党的建设，使企业永远记牢自己的根，才能更好地扎根在社会，从社会汲取养分，并反过来服务社会、奉献社会。红色的基因将始终蕴藏在西南公司的血液中，为西南公司的快速发展蓄积力量。

二、蓝色骨骼

有一种厚重的蓝色叫"中建蓝"，沐浴在中建蓝色的阳光下，依托于这个品牌，中建西部建设西南有限公司走出了一条属于自己的康庄大道，在蓉城一隅慢慢走向西南，走向世界，开始不断书写着关于自己的蓝色神话。

2007年10月，为响应西部大开发的号召，西南公司的开拓者们，以敢为人先的精神来到成都，在一片陌生的环境中，走出了扎实的第一步，拉开了西南公司蓝色神话的序幕。从白手起家，到2010年形成了"6厂环城"的布局。实现成都主城业务全覆盖的同时，践行蓝色力量中"走出去"的发展理念，2011年进军重庆，2013年挺进云南，2014年入驻广西，2017年成功走出国门，在印度尼西亚建起了预拌厂。

在印度尼西亚建起预拌厂

西南公司的蓝色版图逐渐扩大，在优结构、强开拓、精管理的大方针下，西南公司不断积累经验，推陈出新，厚积薄发，既大胆实施"走出去"，也强调扎扎实实，踩好每一个发展的步点。

科技是第一生产力。技术上的创新，为公司的发展壮大提供了源源不断的能量。进入成都伊始，西南公司便先后填补了当地自密实混凝土、白色清水混凝土批量生产的技术空白。西南公司现有1家省级研发机构；公司2项成果达到国际领先水平，1项成果达国内先进水平，4项成果获科技技术奖，6项成果获科技进步奖，2项成果获技术革新奖；拥有32项成果获国家专利授权，19项成果获国家专利受理，主、参编各类标准10项，在各种核心期刊、学术会议上发表论文100余篇。

西南公司目前已成为西南区域"三最企业"——经营规模最大、经济效益最好、社会品牌最响的混凝土生产企业。蓝色的力量一直是推动西南公司不断前进的有力支撑。

三、绿色思维

中国建筑用绿色的思维规划着未来前行的方向。结构调整、转型升级、绿色发展是应大势所趋，是时代的要求和历史的抉择。中国建筑是一支有着深厚历史底蕴的队伍，更是一支开拓创新、善于总结提高的队伍。整个行业都迎来了历史转折点，西南公司坚持绿色思维，以此为企业的未来发展指明方向。在这种绿色思维的引领下，西南公司针对预拌混凝土生产过程"选材—设计—生产—供应—产品"五大环节进行系统研究与改造，集成已有研究的相关技术，补充实施相关研究内容，最终形成体系性的治理预拌混凝土行业环境影响的技术解决方案。

西南公司在绿色发展上采取了一系列的举措，力争走在时代前沿。在"绿色选材"方面，综合利用工业废渣、工业废弃物为原材料，研制绿色高性能聚羧酸碱水剂，提升混凝土品质；在"绿色设计"方面，提出以"耐久性"为核心指标的配合比"绿色设计"理念，由此形成了高性能混凝土、超高强混凝土、清水混凝土、自密实混凝土、自养护混凝土、重晶石防辐射混凝土等一系列混凝土产品的绿色设计技术；在"绿色生产"方面，建设环境友好型预拌混凝土管理体系，实现混凝土生产过程中对废水、废料等废弃物的综合回收利用，同时有效降低噪声、粉尘等排放，最大程度地减少对环境的影响；在"绿色供应"方面，建立了预拌混凝土运输管理体系与预拌混凝土泵送管理体系，研制出了润管剂替代润管砂浆，降低了混凝土行业对环境的污染；在"绿色产品"方面，建立了预拌混凝土耐久性能评估管理体系及预拌混凝土环境标志产品管理体系，对混凝土成品进行评估。

"花园式"厂站——郫县厂

砥砺十年，西南公司取得了不俗的成绩，但这些都已成为过往。志在远方，需要公司立足当下，朝着新的目标继续前行。西南公司必须沸腾红色的血液，强健蓝色的骨骼，贯彻绿色的思维，贡献出公司力量，引领起发展潮流，承担起历史使命！

信守政治承诺　打造绿色名片

中建西部建设中建商砼　骆艳琴

2016 年 10 月 10~11 日，全国国有企业党的建设工作会议在北京召开。习近平在全国国有企业党的建设工作会上强调，国企必须具备"六种力量"：成为党和国家最可信赖的依靠力量；成为坚决贯彻执行党中央决策部署的重要力量；成为贯彻新发展理念、全面深化改革的重要力量；成为实施"走出去""一带一路"建设等重大倡议的重要力量；成为壮大综合国力、促进经济社会发展、保障和改善民生的重要力量；成为我党赢得具有许多新的历史特点的伟大斗争胜利的重要力量。

作为中央企业的中国建筑，传承"红色基因"、做强"蓝色力量"的政治承诺，成为党和国家信赖的依靠力量。中国建筑坚持把党的领导内嵌入企业治理各环节，创新党建载体和形式，推动党建工作与生产经营深度融合，奏响转型发展的时代高歌，快速崛起为丝路沿线经济带最重要的投资建设集团，为"一带一路"倡议展现中建品质、共享中建经验、做出中建贡献发挥了积极作用。

中建西部建设旗下的中建商砼属于中国建筑这个大家庭中的一员，在股份公司的带领和党的十九大精神的指引下，紧跟中国建筑的脚步，在宏观经济下行、经济结构调整、行业竞争白热化、市场压力空前的 2017 年，积极推进精细化管理及各项改革工作的深入落地，在增进效益和转型升级方面大胆创新，落实了"项目组建设""技术服务责任制""单项目核算""绿色清洁生产"

"绩效考核"等一系列重大措施，全司员工直面市场、团结拼搏、激情打拼，持续保持公司稳健发展，产量规模取得了较大幅度增长，且在区域开拓、海外发展、电商平台等重点工作方面也取得较为显著的成绩，再次验证了传承"红色基因"、做强"蓝色力量"的政治承诺。作为基层党支部，在改革发展的过程中，如何发挥党组织的政治核心作用、党支部的战斗堡垒作用、党员的先锋模范作用，值得每一个党支部认真思考。

商砼微平台

武汉南厂作为公司推进精细化改革的试点单位，在三厂合并和人员变动较大的情况下，围绕公司改革目标和厂站中心工作，积极夯实基础，强化"两个责任"，全员抢抓机遇、迎接挑战，以市场服务为导向，持续推进降本增效和精细化管理工作，巩固推进"从严治党"和"两学一做"学习教育成果，稳步推动三厂中心工作向年度目标迈进。

一、传承红色基因，深植改革举措

（一）落实责任，加强干部队伍建设

武汉南厂党支部自成立以来，把党的领导决策、中央制定的路线方针以及公司的改革部署作为统一思想、统一意志、统一行动的根本依据，严格落实三会一课和中心组学习制度，组织全体党员和管理骨干按期开展形势任务教育，有针对性地围绕国内外形势、公司改革举措、十九大精神、行业面临的机遇挑战开展务实研讨，助力中心工作；认真执行厂站"三重一大"议事

规则，定期召开班子会，重大事项和科室议案在班子会上集体决策；三厂合并后，加强作风建设，制定新的领导班子值班制度，每晚由班子成员带班值班；每周开展文明办公检查，不定期进行考勤检查，检查结果在周例会上通报。

（二）思想引领，解决厂站员工后顾之忧

充分发挥党支部政治核心和思想引领作用，认真落实职工谈话制度，通过与职工一对一的交流谈心了解职工所思所想，发现和解决问题。三厂合并期间，职工思想极不稳定，对个人的去留、岗位以及薪酬待遇产生了较大的疑虑，对合并后新的班子团队能否将三厂扭亏为盈持怀疑态度。为了打消员工顾虑，支部委员轮流在三个站点对科室负责人和普通员工进行谈话及思想交流，答疑解惑，解决实际问题，稳定员工队伍。同时，积极支援外区开拓，加快培养后备干部，合并以来向新成立外区单位及其他厂站输送了一大批青年优秀人才。

二、积蓄蓝色力量，推动改革落地

（一）加强学习型团队建设

武汉南厂认真落实公司各项精细化改革举措，每周分别召开结算会、收款会、项目组专题会以及生产办公例会，会上以解决实际问题为根本突破口，重点以公司推行的项目组建设、单项目核算、精准营销以及结算和应收账款的督办为重点进行汇报。为了让各科室人员能更好地了解项目组和单项目核算工作，公司多次邀请公司运管部分管项目组和单项目核算的领导为三厂人员授课，同时邀请在这方面做得比较好的江岸厂、汉阳厂代表来武汉南厂作经验交流。

（二）健全项目组服务体系

为了更好地服务客户，武汉南厂针对不同的客户需求组建了以技术服务为核心的项目组，以最具经验的团队，开展生产服务、技术服务和结算收款服务，实行组长负责制。截至 2017 年 10 月中旬，三厂已组建项目组 19 个，项目技术服务责任制达到 100%覆盖。武汉南厂依托项目组，通过电话回访、短信交底、微信、工作日志等方式，形成了特有的服务方式，提高了技术人员的整体服务水平，实现了与项目管理层建立常规交流、无缝对接的新模式。同时，制定专项技术服务方案、风险管控方案、单项目成本策划方案，落实定期回访以及重点工程由站班子亲自带队回访等，让客户体验到一对一的优质服务。并在厂站层面发布技术服务工程师绩效考核管理办法，填补了站点技术服务工作的制度空白。

（三）多种举措助力扭亏

厂站以项目组为单位着重识别各项目的风险点、亏损点以及盈利策划点，如抽磅策划、车泵长度控制、超高层、特殊砼、冬季施工或其他特殊要求的策划等，通过策划发现各项目的盈利点。通过对比分析单项目成本核算数据，找出亏损原因，对重点亏损项目制定成本控制方案，在坚持质量底线的原则下，加大替代材料（机制砂、江砂）的使用。针对结算量差较大的情况，积极与项目沟通，采取测混凝土容重、抽磅、测量标高、图纸测算等措施，对比分析数据减少量差。同时，对材料的进场验收进行分级管理，材料科与技术科联动，对进场原材料进行分级验收，健全质量验收体系。

三、加强环境整治，提升绿色发展

武汉南厂搅拌楼封装

（一）外对接内治理，保障中心工作

武汉南厂以环境整治为抓手，积极与当地环保部门联系，通过业务对接江夏混凝土砂浆企业 QQ 群，关注江夏节能办微信号等手段，第一时间掌握所在区域环境整治、扬尘治理、文明施工的动态信息，贯彻当地政府绿色发展理念，实行绿色生产监督，保障厂站有序生产。同时，结合三厂实际，制定完善了《武汉南厂文明施工管理办法》。分管领导组织管理骨干定期召开绿色、清洁生产的专题会议，明确各科室工作职责，划分文明卫生责任区，实施门前责任制管理，科室长为责任区第一责任人，亮身份，明职责。

（二）注重细节管控，打造绿色名片

武汉南厂阳光厂自建站以来，从规划到设计均按"一类一级"的"现代工厂化混凝土生产站点"建造，通过引进和采用多项先进技术及设备，以标准化管理、信息化手段，实现了资源回收循环利用，真正达到了零排放、低污染的绿色生产。作为武汉市力推的环保标杆搅拌站，多次接受全国交通部、省交通厅、省交投、中建集团的参观交流考察，党支部成立以南四环线"绿色交通"工程为载体的"绿色宣传先锋队"，助力厂区绿化及 CI 改造、废水废渣专项管理、编制规范的参观接待流程，将厂站绿色生产的亮丽名片展示给前来参观、调研的各级省市领导及中建系统领导，树立了良好的商砼绿色生产品牌形象。

发挥蓝色力量　见证企业发展

中建筑港党建工作部　盖泉梅

　　档案是历史的记忆，是企业发展的经验总结、是一份昂贵的无形资产，作为企业发展的见证，中建筑港档案工作发挥蓝色力量，在认真学习有关政策和法律法规的基础上，统一思想、提高认识，夯实基础、规范管理，优化服务、发挥优势，在服务企业发展中具有举足轻重的作用。

一、红色基因引领中建筑港奋斗不止

（一）创建"红帆工程"党建品牌

　　2017 年 6 月 30 日，中建筑港举行"扬帆喜迎十九大，不忘初心跟党走"庆祝建党 96 周年暨"红帆工程"党建品牌启动仪式，通过开展"红帆工程"党建品牌创建活动，推进全面从严治党任务常态化、具体化，提升基层党建工作水平，充分激活基层党组织战斗活力，为企业做强、做优、做大提供坚强组织保证，以学习教育的新成效迎接党的十九大胜利召开！

　　"红帆工程"党建品牌主题为"诚信筑港、敢为人先、红帆竞发、破浪远航"。"红"代表着承继红色革命传统、继承革命前辈坚定的革命理想信念和高昂的战斗精神；"帆"取意在"中国建筑"大旗下，筑港海军坚守水工主业，引领创新发展，开辟蓝色海上事业，也体现出作为中国建筑唯一驻鲁二级单位在青岛"帆船之都"的特色。

　　通过打造"红帆工程"，筑牢"红帆精神"根基，将其延伸为勇于开拓、敢为人先的创新精神，坚定信念、劈波斩浪的奋斗精神和廉洁奉公、忠诚为企的服务精神，以优秀党建工作发展成果，激发企业蓬勃活力。同时，象征着党建工作在企业发展中把方向、管大局、保落实的地位和作用。

（二）学习十九大，健全"红帆微课堂"

为加强学习党的十九大提出的宏伟蓝图和奋斗目标，中建筑港将学习党的十九大精神与"两学一做"学习教育结合起来，健全"红帆微课堂"长效学习机制，夯实党员干部理论知识基础，党群工作部每月中旬定期推送党的理论知识自测题。

二、蓝色力量助推档案价值有效转化

随着社会信息化和科技化的发展，档案管理逐步从以前单一的"安全、保管、保密"的收藏功能模式转变为档案的开发利用、创造价值为主的利用模式。为充分发挥档案价值，加强档案的"用"而不是单独的"藏"，在严格遵照《档案法》规定基础上，中建筑港不断拓宽档案利用范围，努力展现档案管理开发的多样性和可视性。

中建筑港坚持"科技强企"战略，不断将科技成果转化成推动企业高速发展的"第一生产力"，以档案材料为基础，积极提供信用档案、工程档案等相关支撑材料，为公司成功申报国家"高新技术企业""青岛市副省级企业技术中心"，成功申报 30 余项国家专利，20 余项国家及省部级工法，荣获中国港口科学技术三等奖，多项工程荣获"詹天佑土木工程大奖""泰山杯""扬子杯"，多个科研项目荣获国家科委、交通部、省交通厅科技成果大奖，加快了档案价值的有效转化，进一步提升企业科技竞争实力。

（一）企业展览馆依托互联网与高新软件冲浪于电子档案管理的前沿

2015 年 2 月 10 日，中建筑港企业展览馆正式开馆，展馆以"瀚师蔚业"为主题，记录了筑港 60 余年的光辉历程，保存了几代筑港人投身国家水工建设事业所取得的丰硕成果，昭示着中建筑港这支浩瀚之师，拥抱蔚蓝大海，大展宏图伟业！

展览馆主要包括"领导关怀"展区、发展历程展区、蓝色事业展区、集团荣誉展区等几个重要展区，展览馆布局上将图片、文字等利用震撼的视频及音频等先进的数字科技手段以人们容易接受的方式将良好的企业信息有效传达出来。建设企业文化展览馆，既是弘扬民族精神和时代精神的需要，又是凝聚力量、激励斗志、继往开来、再创新辉煌的需要，这是中建筑港优秀企业文化建设的又一重大举措。企业文化展览馆作为企业精神的载体，有力地提升了企业形象，彰显了企业实力，诠释了企业文化的核心内容。

中建筑港企业展览馆

自开馆以来，企业展览馆共接待上级领导及大业主 100 余次，通过展览馆的档案展出，将企业的档案变活，发挥了档案利用的独特优势和重要价值，使企业展览馆真正"有史可考，有料可查"，使前来参观的领导对中建筑港的历史发展有更深入、更全面的了解，得到了较好的综合评价。

在展览馆建设及布馆过程中，档案室为其提供近千件档案资料，择优选用了 300 余件档案进行展览，其中包括历史文献、大事记、机构设置、人事任免、珍贵照片、奖状奖杯等多种类档案，档案资料的妥善保管为企业的历史传承、稳步发展奠定了基础，档案资料与企业文化的完美结合体现了软实力对企业发展的助推作用，体现了档案工作服务发展大局的中心作用，为展现企业发展历程搭建良好宣传平台。

中建筑港集团有限公司 志

（二）史为志用，蓝色力量见证企业发展

《中建筑港集团有限公司志》记录从 1952 年 9 月交通部青岛区第一工程大队成立到 2015 年 12 月 31 日中建筑港集团有限公司重组成立 6 周年共 63 个年份的历史，翔实记录了筑港人自力更生、艰苦奋斗的创业历程，改革奋进、继往开来的兴业历程和开拓进取、争创一流的创新历程。

中建筑港集团有限公司司志编纂过程中，通过梳理、查阅档案室库存的全部档案，系统回顾中建筑港及其前身成立以来的改革进程和发展经验，为公司在"十三五"发展机遇期更好地推进改革，实现大踏步、不间断的科学发展提供了文化引领和精神依托。

编纂期间各部门借查阅档案累计 300 余人次，借查阅档案案卷 3000 余卷，累计整理公司大事记 863 条，集体荣誉 900 余条，公司个人荣誉 942 条，为全面系统客观地记录公司发展历史和现状提供了有力的参考依据。

档案见证了筑港的发展历程，用视频、图片的形式复原了筑港发展的各个进程，以时间为轴，用时代的特征、生产工具、班子成员的变化等再现了筑港的光辉历程。

三、绿色发展展示档案共享理念

档案是汇集起来的记忆，是历史的镜子，是一份重要的文化财富和资源，在社会节奏快速发展的今天，档案的开发利用已成为经济发展中不可缺少的组成部分。

新时代、新梦想，中建筑港在档案工作中按照"注重利用，服务为本"的原则，大力提高档案的提供利用效果，为企业发展提供及时有效的服务，不断提高节能节约意识，积极学习党的十九大精神和绿色发展理念，开展丰富多彩的宣传教育活动，通过微信公众号推送形式开展"砥砺奋进的筑港"暨中建筑港档案图片展览，通过档案宣传，拉近职工与档案的距离，传播企业历史和文化，传承企业精神。

档案是在企业发展中积累形成的，是企业历史的真实记录，档案作为企业管理经验的积累是企业管理工作的基础，也成为企业再发展和再提高的重要资源，是提供服务、利用及经营管理的重要组成部分。企业的一切活动和企业创造及发展的全过程都反映在企业档案上，它见证了企业的昨天和今天，是后人了解过去的最重要途径。

在今后的工作中，中建筑港档案室将继续坚持服务大局、服务企业的方向，着力挖掘室藏档案资源，加大开发力度，拓展服务功能，为中建筑港持续稳定发展贡献力量。

鏖战渭南石鼓山　助力丝绸之路经济带

中建铁投　李　超

在秦岭北麓，渭河南岸，这里有着独特的黄土地貌，流水带走泥沙，沟壑破碎大地，一个个黄土塬矗立在沟谷的包围中。

作为宝兰高铁重点控制性工程，石鼓山隧道的建设是整条线路中至关重要的一环。2013年3月，石鼓山隧道破土动工，吹响了秦岭北麓这场鏖战的号角。

宝兰高铁项目全线通车

逢山开路，遇水架桥，然而在这片沟壑纵横的黄土残塬区，开了山便是河，过了河又是山。起伏剧烈的地势无疑加大了施工的工程量，但最大的困难却隐藏在这些山丘的腹内。

秦岭北麓一直是中国古冰川研究的重点地区之一，在这里，因为复杂的第四系气候演变和常年的水流侵蚀，形成了独特的黄土地貌。另外，地层多次的大规模断裂和抬升使得地层变形、岩石变质，泥岩、砾岩、砂岩、粉质黏土、黏质黄土等多种土层纠缠了数个世纪，地质结构尤为复杂多变，岩层极易崩塌，围岩十分软弱。在这样的条件下，把1300米的Ⅵ级围岩和3030米的Ⅴ级围岩同时纳入整个施工图来施工，这在中国的铁路建设史上是为数不多的。此外，黄土塬地区常年流淌的渭河支流提供了充足的地表水和地下水，在早年间养育着这里面朝黄土背朝天的人们，但对石鼓山隧道的建设而言，河水流过拱顶，地下水渗透着洞身，无不加剧着开挖的风险。

围岩软弱，土层富水，2015年4月，石鼓山隧道通过高风险认证。涌水、突泥、掉块、沉降还有塌方，这些风险时刻威胁着工程的施工，全体人员在雨季到来后更是进入24小时待命的紧张状态，生怕在某一个雨夜里，架起的钢架被沉降的黄土压成了金拱门。在这样的地质水文条件下，施工环境和施工风险压迫着每个人的神经，石鼓山隧道一榀一榀缓慢地推进着，在最困难的时期甚至一度陷入停滞。

为克服技术难题，加快施工进度，从2013年开始，在科学严谨的管理下，公司凭借对业内隧道技术的学习和先进经验的汲取，在中国铁路总公司和中国建筑股份有限公司的支持下，先后邀请中国工程院院士王梦恕和前铁三院设计大师史玉新等数十名路内知名专家参与到石鼓山隧道超长软弱围岩的研究中，逐步加强对BIM等业内新技术的创新应用，针对超长软弱围岩的开挖积累了十分丰富的实践经验，来自行业和上级单位的目光不断向石鼓山隧道聚焦，软弱围岩问题的解决愈发受到重视。

寒霜压翠柏，飞雪掩青苍。对于国家铁路基础设施建设者而言，攻坚克难是砥砺奋进的使命，是薪火相传的担当。为确保施工进度，建设石鼓山隧道的每个大年夜里，施工一线的技术人员都坚守在冷清的山上，北纬34°的阳光无法带来足够的温暖，西伯利亚的风越来越冷，呼号着灌进隧道里，施工现场裹着棉袄的技术员打起一个又一个的冷战，山坳间的雪地，映着和故乡一样的月亮。

直射点一遍又一遍地来回，凭借着钢铁般百折不挠的意志，在建设石鼓山隧道的 3 年中，公司十数名专业工程师以及数十名一线技术人员以石鼓山隧道为依托，针对《超长极软弱围岩高风险隧道超前加固与支护及设备配套研究》《超长极软弱围岩高风险隧道施工方法及施工工艺研究》《超长极软弱围岩高风险隧道施工风险管理技术研究》和《新意法（岩土控制变形分析法"ADECO-RS"）在软弱围岩隧道施工中的应用》的课题全力攻坚，最终完成了《超长极软弱围岩高风险隧道安全施工技术研究报告》，并取得了业内多项技术成果，有效地保证了现场施工安全有序地推进。

2016 年 8 月 5 日，在全体参战职工三年五个月的鏖战之下，石鼓山隧道顺利贯通。作为位列全国前三的高风险湿陷性黄土隧道工程，项目创造了 Ⅵ围岩浅埋地段单月开挖支护 40 米的纪录，向业内展现了中建铁投的实力。同时，石鼓山隧道软弱围岩的技术攻关为解决类似施工难题提供了宝贵的经验，也为国家铁路技术的创新发展画上了浓墨重彩的一笔，而这段在石鼓山隧道鏖战的经历也培育了许多优秀的专业技术管理人员。更为重要的是，宝兰高铁在"四纵四横"客运专线网中独特的战略位置对助力西北地区"丝绸之路经济带"的发展具有深远的意义。

丝路扬帆　幸福起航

中建丝路　范明月

2017年10月18日，中国共产党第十九次全国代表大会在人民大会堂隆重开幕，习近平总书记代表第十八届中央委员会向大会作报告。公司全体人员在会议室集体收看了开幕式盛况，聆听了习近平总书记的精彩报告。报告高屋建瓴、振聋发聩，讲出了人民的心声，指明了发展的方向，是党具有里程碑意义的政治宣言，具有划时代的重大意义。

通过对十九大报告全文及会议的新思想、新方略反复研读，笔者真切感受到以习近平同志为核心的党中央对人民群众的深切情怀，对党和国家事业的无限忠诚，对大政方针政策、改革发展稳定、内政外交国防、治党治国治军的深刻阐述和美好规划。报告总结和阐述了五年来党和国家事业发生的历史性变革和取得的历史性成就，充分反映了过去五年党砥砺奋进的伟大实践；精辟概括了新时代中国特色社会主义思想，提出"八个明确"和"十四个坚持"；做出了"中国特色社会主义进入新时代"的重大判断，明确了当代中国发展的历史方位；科学制定了新的战略目标，系统提出了"五大建设"新的战略部署，绘就了新时代建设中国特色社会主义的路线图。

通过学习，笔者深深感到，习近平总书记是当今中国共产党人的精神旗帜、领航灯塔，是深得全党全军全国各族人民衷心爱戴的领袖、核心，这是党之幸，更是人民之福。习近平新时代中国特色社会主义思想，为新时代建设中国特色社会主义伟大事业指明了方向，提供了强大的理论和思想武器，更为我们做好本职工作提供了根本遵循。

西安幸福林带项目效果图

作为中国建筑的一员，作为中建西安幸福林带建设投资有限公司负责人，笔者有幸带领一个全新的团队，致力于目前全球最大的地下空间综合体、全国最大的城市林带建设项目、陕西省和西安市"重点工程"——西安市幸福林带项目。光荣和责任同在，这时候更需要我们自觉地在政治方向、政治立场、政治言论、政治行为等方面与党中央保持高度一致。特别是要把十九大报告学习好、领会好、贯彻好，把深入学习宣传贯彻党的十九大会议精神作为当前和今后一个时期的首要政治任务。切实发挥示范和表率作用，进一步牢固树立"四个意识"，自觉维护党中央权威，在思想上政治上行动上同以习近平同志为核心的党中央保持高度一致。具体来讲，要做好以下几方面工作：

一、强化"四个意识"，传承"红色基因"

党的十八大以来，党和国家事业发生了历史性变革，充分体现了习近平总书记高瞻远瞩、运筹帷幄的领袖风范，驾驭全局、敢于担当的雄才伟略。

党的十八届六中全会确立了习近平总书记为党中央的核心、全党的核心，这是实至名归、众望所归，反映了全党全军全国各族人民的共同心愿。公司要站在政治和全局的高度，强化"四个意识"，高举习近平新时代中国特色社会主义思想伟大旗帜，推进和落实各项工作，把新时代中国特色社会主义推向前进。

国有企业是党和国家最可信赖的依靠力量，要时刻铭记央企的"根"和"魂"，铭记中国建筑的使命和担当，以十九大精神为根本遵循，自觉践行习近平新时代中国特色社会主义思想，一以贯之坚持党对国有企业的领导，不折不扣贯彻中建集团党组决策部署，落实中建西北区域总部（中建丝路）年度工作任务要求通过把党的领导内嵌到企业管理各环节，创新党建载体和形式，推动党建工作与生产经营深度融合，增强党建意识，夯实党建根基，打造党建品牌，传承"红色基因"，为企业改革发展提供坚强的政治保障，为中建集团推动国有资本做强、做优、做大，建设具有全球竞争力的世界一流企业提供坚强的思想保障。

二、聚焦企业发展，积蓄"蓝色力量"

党的十九大报告绘就了我国到21世纪中叶发展的宏伟蓝图，明晰了各行各业、各领域、各条战线的未来任务和发展目标。作为一名央企党员干部，当务之急就是要原汁原味、逐字逐句学习十九大报告，特别是关于国企转型发展的重要论述，真正搞清楚、弄明白报告的精神实质、核心要义，主动向党中央看齐，向党的理论和路线方针政策看齐，向十九大党中央治国理政新理念新思路新战略看齐，聚焦企业发展，自觉用十九大精神武装头脑，指导实践、推动工作，积极做到内化于心、外化于行。

在日常工作中，笔者带头学习新知识、新技能，强化业务素养，致力于打造一支高素质、综合型人才团队，贯彻以投资拉动、以全产业链创新驱动的"区域化"发展格局。在项目建设中充分利用并发挥中建投资、建设、运营一体化服务优势，积蓄"蓝色力量"，营造"聚似一团火、散若满天星"的区域整体局面，在大西安乃至西北地区建设中彰显中国建筑的使命担当。

三、抓好贯彻落实，推动"绿色发展"

十九大报告已响彻神州大地，公司要不忘初心、牢记使命，全面提升履职能力和业务本领，积极立足于企业和岗位实际，贯彻落实好十九大精神。抓住 PPP 模式带来的"窗口期"，借力高端智库、金融资本，锁定投资主业，复制"西安模式"，促进生产经营与资本经营深度融合、相得益彰，为"一带一路"倡议展现中建品质、共享中建经验、做出中建贡献发挥积极作用。

西安市幸福林带 PPP 项目落地后，公司将幸福林带总体定位为闪耀西安的"十个林带"，致力于将幸福林带打造成为市民生活的新天地、国际化大都市的商贸副中心、绿色与活力的城市森林，这一目标的最终实现与习近平总书记在十九大报告中多次提出的"绿色发展"理念高度吻合，这也必将是中建西北区域总部（中建丝路）落实新发展理念，打造新丝绸之路经济带沿线地区最重要的投资建设集团的经典之作。

"征程万里风正劲，重任千钧再奋蹄"。站在新的时代坐标系，公司肩负新使命，也将把握新机遇，努力开创全面从严治党和各项事业发展新局面，为幸福林带宏伟壮丽的事业，奉献中国建筑的力量，书写载入史册的华彩篇章！

西安幸福林带总体定位为闪耀西安的"十个林带"

叁

祖国，你就是我心中那首最爱的诗

中建四局六公司　唐海林

你是一个火炬，燃烧在广袤的大地
你是一个奇迹，翻腾在蔚蓝的海洋
你是一个神话，矗立在崭新的世纪

筚缕蓝衫，风雨兼程
96 年一路而歌，星星之火可以燎原
从南湖的红船起航
你是我，挂在眼角的泪光
你是我，吻在心底的爱恋
盘古开天辟地，仓颉创造文字
携滚滚长江的呐喊，拥绵绵黄河的怒涛
镰刀和斧头，从平平仄仄的岁月里
从弥漫战火的硝烟中走来
岁月铿锵着历史的脚步
从天安门城楼上那声庄严宣告开始
今生今世
祖国，你就是我心中那首最美的诗

员工以昂扬精神状态投入项目生产建设

一颗红心永远向党

以火药术为饵，用小米加步枪摸索

以指南针为向，用改革与开放领航

以造纸术为本，用繁荣和富强点赞

五千年的历史一脉相承，红色的气质与时俱进

抒不尽，纸上唐诗宋词的婉转

写不完，革命人砥砺前行的顽强

一种活字印刷，将中华文明向新而行地驰骋

从小岗村到南海诸岛

信念之笔摹下你 96 年红色基因已踏碎冰封

祖国，我亲爱的祖国——

你就是我心中那首最美的诗

你是一个寓言，簇新着中国的希望

你是一首史诗，描述着民族的图腾

你是一幅画卷，坦露着美好的向往

不忘初心，牢记使命

68载气势如虹，打虎拍蝇彪炳史册

从春天的故事讲述

你是我，映在脸上的微笑

你是我，荡在心底的自豪

社会长治久安，人民安居乐业

携巍巍长城的壮观，拥珠穆朗玛的海拔

合肥恒大中心项目员工庆祝党的十九大胜利召开

党风正民心淳，从日新月异的时代里

从峰回路转的跋涉中走来

中国传承着改革的奇迹

从人民大会堂中那经久不息的掌声

世世代代；祖国，你就是我心中那首最美的诗

一腔赤诚忠心为国

以新科技为先，用卫星互联网加速

以新发展为重，用改革与民声回应

以新常态为准，用制度和建设完善

五年来的变化天翻地覆，开放的中国傲立潮头

道不尽，航天壁上飞天的飘逸

唱不完，追梦人筑梦圆梦的辉煌

一种大国自信，中华民族重新屹立世界东方

从内地到海外项目

同一首歌唱出你68载四海迎春的波澜壮阔

祖国，我亲爱的祖国——

你就是我心中那首最美的诗

当春风吹开万物，从江南小镇到大漠边关

从站起来到富起来

新使命、新担当，开明开放的中国

当时间，站在了新的起点之上

从打虎拍蝇到正风肃纪，十九大，华夏儿女的共同期盼

攻坚脱贫，中国之治

这浴火重生的勇气

祖国：我愿是你盛开花蕊中，辛勤的蜜蜂

是你青藏高原的一道铁轨

是你中国建筑的一砖一瓦

是你绿色丛林里的那一棵树木

用枝繁叶茂，在绿水青山中凸显你的金山银山

绵绵的幽梦泼墨江南

祖国，你就是我心中那首最爱的诗

当阳光照彻大地，从偏远乡村到繁华都市

从富起来到强起来

新时代、新征程，不断发展的中国

当历史，正掀开那崭新的篇章

从"一带一路"到全球治理，十九大，举世瞩目的辉煌杰作

造福全球，中国方案

这涅槃重生的智慧

祖国：我愿是你梦幻雪被下，古莲的胚芽

是你灿烂文化的一个符号

是你领航世界的沧海一粟

是你希望的田野上那一棵水稻

用饱满粒穗，在曲水流觞中香飘你的花满乾坤

潇潇秋风舞醉了红叶

祖国，你就是我心中那首最爱的诗

江山如此多娇：邀风吟月，弄琴听瑟

人民对美好生活的向往

这首诗，伟大旗帜汇聚磅礴力量

从文化自信到道路自信

从道路自信到制度自信

戮力同心，让中国特色社会主义展现强大生命力

56个民族血脉相连

让这首诗，所有旗手共谱精彩篇章

从攻坚脱贫到决胜小康

从领航中国到造福人类

翻阅改革成绩单，新时代新突破，赶考路上

一个自强自信的中国

一个文明开放的中国

拥抱新时代，奔跑在复兴的大道上

一个更加光明更加辉煌的未来

不断超越，让我们走在世界创新型国家的前列

一种力量穿越时空

一个真理启迪未来

两岸同胞，海外侨胞，十三亿中国人昂首奋进

祖国，我亲爱的祖国

走进新时代——

中国号巨轮已经扬帆：乘风破浪，勇往直前

时代在进步，中国正青春

祖国，我伟大的母亲啊

中国——你就是我心中那一首最爱的诗！

中建新疆建工·写怀

中建新疆建工　蔡永丽

1950 年中国人民解放军建设边疆屯垦戍边

日月乾坤，航母巨轮，栉风沐雨，浴血奋战。六十八年立潮头，历尽风涛险，彩卷铺就路长长。有谁知，身虽老，鬓发白，心犹壮。

春来暖意浓，绿满微风岸。西北望京都，有无数英雄竞援手。京都中建，来去已是八年。上下求索间，东风助我，正是练兵好时节。破茧蜕变，新疆建工浴火重生。万箭齐发，风驰电掣，只为大业千秋。

抬望眼，大鹏正举，壮怀激烈，重来又是一甲子，霜雪再磨一剑锋。身在天山，心在天下。续传奇，甘愿拼如故。纳才百川，联动八局，营销四海，求创新，强存量，大增量，筑新高，成大势。

大道至简，大德至朴。广厦千万，民在居，家在城，小儿绿中闹，幸福空间驻，是以大德行道，大道载德，擎挺天力，感恩天下，筑建百家兴。

京新路上的日子

中建交通　赵建云

某一天，

你若听见打桩机的轰鸣吵醒了清晨的朝阳；

某一天，

你若看见值班测量后的疲惫浮现在少年的脸庞；

某一天，

你若踏上坐落在无迹戈壁滩上的这抹中建蓝。

这苍茫的沙漠会有哪些风景，

用回忆来叙说离别。

从 K0 到 K46 的距离原来只有三年，

却是中建人一千多个日日夜夜的坚守。

从二十岁到二十三岁的长度原来只有 46 公里，

却是我们挥斥方遒指点江山成长的开始。

我们脱掉校服换上工装，

褪去脸上的青涩，

染上岁月的沧桑。

钢筋混凝土挥霍着梦想，

峥嵘岁月里

拼搏在京新路上。

京新高速公路项目

从开工到完工，
承载着我们坚定的信仰。
从欢聚到分别，
蕴含着我们无言的离伤。
若干年后，
你若听见沙漠巨龙的奇迹，
那便是我们中建人的传说。
若干年后，
你若看见沙东青红柳郁郁葱葱，
那便是戈壁滩上的别样风光。
若干年后，
你若踏上这横贯东西的康庄大道，
那便是中建铸就的不朽工程。
不要讶异，不要悲伤，
曾经的京新路上有你有我，
我们即将分别，奔向新的远方。

瞥见那熟悉的中建蓝，
你会记得京新路上的笑与泪。
我们爱你，广袤无垠的戈壁滩。
我们爱你，坚强不屈的胡杨林。
我们爱你，默默奉献的中建人。
或许别人不会记得我们，
但是我们永远不会忘记，
曾经的京新路上。